U0687394

幼儿园活动区
玩具配备实用手册

YOUERYUAN HUODONGQU WANJU
PEIBEI SHIYONG SHOUCE

左晓静 乔 梅 主编

中国农业出版社
农村读物出版社
北 京

编　委　会

主　编　　左晓静　乔　梅

副主编　　顾春晖　丁文月　付　雁　梁燕京　史贝贝

编　委　　陈　立　张　平　汪京莉　齐振燕　赵燕燕
　　　　　蒋小燕　段　苣

前言

幼儿园应为幼儿提供健康、丰富的生活和活动环境，满足他们多方面发展的需要，使他们在快乐的童年生活中获得有益于身心发展的经验。"在托幼机构的历史发展过程中，形成了以游戏为基本活动、以活动区为空间基本结构的托幼机构教室的组织形式。我们通常把一个有着结构合理、内容丰富的活动区看作一个良好的户内游戏环境的表现形式①"。在本书中，幼儿园活动区是指幼儿在园生活、游戏和学习的重要场所，包括室内活动区和室外活动区。玩具配备是指在幼儿园活动区中为幼儿配备进行生活、游戏和学习所需要的基本材料和设备，包括玩具、游戏材料、图书等，可以分为成品、半成品、自制玩教具和收集的日常生活材料与自然材料。

幼儿园活动区的玩具配备是幼儿园教育环境创设工作的重要组成部分，是幼儿园改善办园条件和提高保育教育质量的一项重要工作。幼儿园教师通过有目的、有计划地配备和使用玩具、游戏材料、图书等，发挥物质环境对幼儿学习与发展的支持作用，更好地促进幼儿的主动学习。希望本书能够为幼儿园一线教师提供玩具配备方面的专业指导和实践参考，成为支持教师创设适宜教育环境的实用手册。

一、编写说明

（一）编写背景

在编写本书时，我们主要从政策要求、理论依据和实践需求三方面进行了如下思考。

1. 规范和改进幼儿园玩具配备工作，是国家相关教育文件对于提高幼儿园保育教育质量提出的明确要求

2011年《教育部关于规范幼儿园保育教育工作 防止和纠正"小学化"现

---

① 刘焱著《儿童游戏通论》，北京师范大学出版社，2004，608页。

象的通知》中提出，幼儿园要创设多种区域活动空间，配备丰富的玩具、游戏材料和幼儿读物，为幼儿自主游戏和学习探索提供机会和条件。

2016年《幼儿园教育工作规程》中提出，幼儿园应当将环境作为重要的教育资源，合理利用室内外环境，创设开放的、多样的区域活动空间，提供适合幼儿年龄特点的丰富的玩具、操作材料和幼儿读物，支持幼儿自主选择和主动学习，激发幼儿学习的兴趣与探究的愿望。

2018年《中共中央 国务院关于学前教育深化改革规范发展的若干意见》在第八项"提高幼儿园保教质量"下属第二十六条"全面改善办园条件"中明确提出，幼儿园园舍条件、玩教具和幼儿图书配备应达到规定要求。国家制定幼儿园玩教具和图书配备指南，广泛征集遴选符合幼儿身心特点的优质游戏活动资源和体现中华优秀传统文化、现代生活特色的绘本。各地要加强对玩教具和图书配备的指导，支持引导幼儿园充分利用当地自然和文化资源，合理布局空间、设施，为幼儿提供有利于激发学习探索、安全、丰富、适宜的游戏材料和玩教具，防止盲目攀比、不切实际。

2021年《教育部关于印发〈幼儿园保育教育评估指南〉的通知》中提出，评估幼儿园环境创设"旨在促进幼儿园积极创设丰富适宜、富有童趣、有利于支持幼儿学习探索的教育环境，配备数量充足、种类多样的玩教具和图画书，有效地支持保育教育工作科学实施"。并从空间设施和玩具材料两方面对环境创设提出了具体的评估指标。

以上政策文件都对幼儿园应创设多种区域活动空间、配备丰富适宜的玩具、游戏材料和幼儿读物等提出了明确要求，并将玩具配备与幼儿园的保育教育质量紧密联系起来。

2. 围绕幼儿主动学习的发展需求创设活动区环境和配备玩具，可以为幼儿园课程的形成、发展和实施创造良好的前提和基础

幼儿园为什么要创设活动区？一个最主要的原因是为幼儿的自主选择和决定创造条件。活动区意味着选择的可能性，意味着幼儿可以根据自己的兴趣和需要来决定自己做什么和怎么做，而兴趣、自由选择与自主决定是幼儿主动学习的基本条件。当幼儿能够做他自己想做的事情的时候，其活动的积极性、主动性最高。另外，活动区是教师为幼儿创设的活动环境，是教师教育意图的客体化和物质化。"玩具和游戏材料是社会文化历史经验的载体。为幼儿创设游戏环境，正是在为幼儿创设有'社会文化内容'的学习环境。通过创设丰富多样的游戏环境来支持和引导幼儿的学习活动，是适宜于幼儿身心发展特点的教学方式。"① 因此，在幼儿园的活动区中，无论是室内环境还是室外环境，都应该为幼儿配备与其身心发展特点相适宜的玩具和游戏材料。

幼儿的游戏虽然是一种自由自主的活动，但是幼儿的游戏活动与环境之间存在着相互作用与影响的关系，这就使得幼儿的游戏活动具有"可再造性"的特点。这种特点为我们通过创设活动区来影响幼儿的游戏和学习活动提供了可能性。"活动区既是幼儿的'游戏区'，也是幼儿的'学习区'。让幼儿在游戏中积极主动地学习，获得幼儿园课程期望幼儿掌握的各种有益的学习经验，这正是活动区创设的基本的教育学原理。"② "为幼儿创设刺激丰富的、能够激发幼儿探索的兴趣、想象和思考的游戏环境，就是在为幼儿创设有利于幼儿发展的学习环境，就是在为幼儿园课程的形成、发展和实施创造良好的前提和基础。"③

3. 教师越来越重视活动区活动对于幼儿主动学习和主体性发展的重要作用，但在玩具配备中仍然存在不少困惑和需求

多年来，广大幼儿园教师在落实《幼儿园教育指导纲要（试行）》（以下简称《纲要》）《3～6 岁儿童学习与发展指南》（以下简称《指南》）精神的实践过程中，越来越重视活动区活动对于促进幼儿主动学习和主体性发展的重要作用，也会花费很多时间和精力努力地创设幼儿园室内外环境。但是，无论是一些地区幼儿园玩具配备的现实情况，还是一些相关研究的调查结果表明，幼儿园在玩具的配备、选择和使用中，仍然存在着种类不够丰富多样、忽视幼儿年龄特点、重配轻用、重功能室建设、轻班级玩具配备等问题倾向，并且老师们在实际操作中还存在较多的困惑和需求，期望得到更有针对性的实践指导。

（二）编写思路

基于本书的实用手册定位，在构想本书框架结构时，我们重点考虑的是它不仅能满足广大教师的实际需求，还能引发部分教师的关注与思考，而且在理念、内容和形式上能突显自己的特点。

1. 满足教师的实际需求

在实际创设活动区环境时，教师们普遍会关注这样几个问题：每个年龄班的幼儿需要怎样的活动区环境？我该如何创设活动区环境才能更好地支持幼儿

---

① 刘焱著《儿童游戏通论》，北京师范大学出版社，2004 年，608 页。
② 同①.
③ 刘焱著《儿童游戏通论》，北京师范大学出版社，2004 年，584 页。

的主动学习？在幼儿摆弄玩具材料的过程中我该做什么以及如何做？本书围绕这些问题组织和细化各章内容，以切实满足教师的实际需求。

2. 引发教师的关注与思考

前述国家教育文件和游戏理论都告诉我们，玩具配备并非只是把玩具采购回来、摆放到活动区里那么简单。幼儿园不仅要考虑配什么、怎么配的问题，而且要跳出具体做法去关注其背后隐含的幼儿、教师、活动区三者之间的相互作用关系（如图），并围绕三者关系去思考以下三个方面的问题：

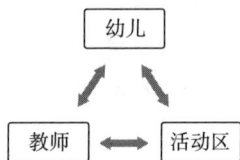

（1）幼儿作为学习的主体，在参与活动区活动时，如何通过与活动区环境（包括玩具、游戏材料、图书、设施设备等）的互动及教师的支持来进行主动学习，进而更好地获得主体性发展？

（2）教师作为幼儿学习的支持者、合作者和引导者，如何利用活动区环境支持幼儿与玩具、游戏材料、图书等充分互动，进而促进幼儿的主动学习？

（3）活动区作为幼儿学习与游戏的重要场所，其环境创设与玩具配备如何能够符合幼儿的身心发展特点和需要，进而实现其教育功能？

可以说，解决好这三方面问题，是实现活动区作为幼儿园课程形成、发展和实施基础作用的关键所在。本书希望通过梳理幼儿的相关学习经验，并基于幼儿年龄特点介绍针对各年龄班各个活动区玩具配备的重点、参考清单、使用建议和教师观察与指导案例，能够引发教师对这些问题的深入思考与实践探索。

3. 突显以下三方面特点

（1）在理念的科学性上，突出儿童本位、适宜适度、配用结合。

关于儿童本位：幼儿是环境的主人，幼儿园环境是为幼儿的学习与发展服务的，幼儿园玩具配备以满足幼儿多方面的兴趣和需求为出发点，以支持和促进幼儿的主动学习为落脚点。

注意适宜适度：幼儿园玩具配备既要考虑年龄的适宜性，符合幼儿的年龄特点和发展水平；又要考虑配备的适度性，并非数量越多越好，需要在保证基本配备的基础上，注意因地制宜、适度选择。

注重配用结合：幼儿园玩具配备通常是幼儿园的管理行为，需要考虑目的性和计划性。同时它又涉及教师和幼儿对于玩具材料的投放方式和实际使用的问题，因此也应具有一定的灵活性和开放性，以提高玩具配备的利用率。

（2）在内容的完整性上，包含基本问题、操作重点、具体建议。在每个活动区中都包含了清晰的功能定位、针对性的配备原则、简明扼要的分年龄班配备重点及具体可行的配备和使用建议。这些内容都有助于教师在实践操作中把握要点、明确重点、解决难点，可以为教师提供详尽、实用且好用的行动参考。

（3）在编写的形式上，注重图文并茂、结构简明、可读性强。本书在编写形式上，不仅对重点内容进行了有条理的归纳和总结，而且以表格和图片的形式提供了玩具配备参考清单、参考图例，还呈现了各年龄班的实践活动案例和点评。这种图文并茂、结构简明的呈现方式，增强了本书的可读性，可以为幼儿园一线教师提供清晰可见、拿来就用的操作内容，较好地满足广大教师的实际需求。因此，本书可以成为老师们的手边书、口袋书。

二、 内容简介

（一）整体概述

1. 活动区的划分

幼儿园的活动区一般分为室内活动区和室外活动区两大类。就室内活动区而言，"角色（表演）游戏区、积木区、美工区、益智玩具区是幼儿园班级常设的基本活动区。"① 此外，语言区、科学区也是很多幼儿园班级中常见的活动区。考虑到全国各地情况的差异性，本书室外活动区重点关注的是具有运动功能的游戏场地。由此，本书确定了七个常设的室内活动区和一个室外活动区，即角色区、表演区、建构区（包含积木游戏区和拼插玩具区）、益智区、科学区、美工区、语言区和室外运动游戏区。

2. 玩具配备的基本原则

依据《纲要》《指南》《幼儿园保育教育评估指南》、GB 6675－2014《玩具安全》国家标准等文件要求，本书提出以下六项玩具配备的基本原则。各活动区的玩具配备在以下原则的基础上，依据各自的功能定位对基本原则做出具体解释，并针对各个活动区特点提出其他原则。

（1）确保玩具安全卫生。将保障幼儿的身心健康和安全放在首位，保证

---

① 刘焱著《儿童游戏通论》，北京师范大学出版社，2004 年，609 页。

所配备的玩具材料符合中国玩具安全 CCC 认证及《玩具安全》国家标准的相关要求。配备的玩具材料应耐用结实、易于清洁消毒。尽量不提供过于细小的物品，防止幼儿吞食、塞入鼻腔和耳道。为幼儿提供的自制玩具、日常生活材料和自然材料应卫生、无毒、无害、无尖锐边缘等，符合安全、卫生的要求。

（2）适合幼儿发展水平。幼儿园玩具配备应适合幼儿的年龄特点和身心发展水平，针对小、中、大不同年龄班幼儿的兴趣、经验和发展需求，进行有重点的配备。注意克服和避免玩具材料配备的"小学化""成人化"倾向。

（3）满足幼儿多样化需求。每名幼儿有多方面的游戏兴趣和需求，同时幼儿间存在个体差异。因此，幼儿园玩具配备应种类丰富、数量充足，能够激发幼儿多样化的探索兴趣，满足幼儿多方面的游戏需求，并能满足幼儿的个性化需求。

（4）支持幼儿主动学习。幼儿园玩具配备应为幼儿在游戏中自由选择、主动探究创造良好条件，鼓励幼儿的想象和创造，支持幼儿动手动脑解决问题，帮助幼儿在与玩具材料相互作用的过程中逐步养成积极主动、认真专注、不怕困难、敢于探究和不断尝试等良好学习品质。

（5）促进幼儿全面发展。幼儿园玩具配备要以幼儿园教育目标和要求为重要依据，为幼儿提供丰富的感知觉刺激，引导幼儿认识周围的自然世界和社会生活，帮助幼儿获得健康、社会、语言、科学、艺术五大领域及学习品质的关键经验，促进幼儿在体、智、德、美、劳等各方面的发展。

（6）注重发挥实际效用。幼儿园玩具配备应注意配用结合，根据幼儿学习与发展及幼儿园教育活动的实际需要，及时更新和补充玩具材料配备，不断调整投放方式，充分发挥玩具材料的作用，克服和避免重配轻用、重功能室建设、轻班级玩具配备的倾向。充分利用当地的社会与自然资源，因地制宜，为幼儿提供具有当地文化和自然资源特色的玩具和游戏材料，丰富幼儿的学习内容。

（二）各章内容

本书一共八章，前七章分别对应着七个室内活动区，第八章指向室外运动游戏区。每章均包含以下六方面内容：

1. 该活动区的功能及玩具配备的原则

首先，概括性地说明该活动区对于满足幼儿游戏兴趣、需求所起的作用，及其对于幼儿发展所具有的独特教育价值。其次，提出了该活动区玩具配备的原则。在这些原则中除了安全性、适宜性、多样性（丰富性）等基本原则之外，各章还结合各活动区特定的功能定位提出了一些更有针对性的配备原则。例如，角色区的生活化和适应主题需要、表演区的情境性和优质性、建构区的结构性、益智区的自导性和层次性、科学区的互动性和科学性、美工区的艺术性和个性化、语言区的方向性和整合性、室外运动游戏区的挑战性和低结构化等。

2. 幼儿在该活动区可能获得的相关经验

幼儿的学习与发展具有整体性，无论从什么角度划分活动区，幼儿在活动区中的学习都具有整合性。虽然某一活动区会更突显某些领域的教育价值，但并不等于说幼儿在此活动区中的学习只局限于某一领域，而是伴随着多个领域经验的获得和学习品质的发展。因此，各章的这部分内容都是将幼儿在活动区活动中的学习与五大领域和学习品质的发展目标对接起来，以帮助教师在活动区活动中更好地落实《纲要》《指南》各领域的目标，更好地体现活动区活动作为幼儿园课程重要组成部分的课程价值。

3. 该活动区玩具配备的种类及功能

各章这一部分概括性地列出了需要配备的玩具种类及每类玩具所具有的教育功能。这些种类基本涵盖了该区域中主要的玩具类型，在大种类中又包含若干个小类别，为后面各年龄班的玩具配备参考清单提供了依据。

4. 各年龄班玩具配备的重点及建议

这部分内容是对上一部分玩具配备种类及功能的细化，针对小、中、大三个年龄班幼儿不同的年龄特点和发展需求，分别列出了该活动区各年龄班玩具配备的重点提示、参考清单以及在配备和指导幼儿使用时的具体建议。在玩具配备参考清单中，分别列出了该活动区玩具材料的大种类、小类别、举例、参考数量和配备（含使用）建议。其中"数量"一栏是以班为单位给出的基本量的参考数据，各地幼儿园需要根据当地实际条件和班级幼儿实际人数进行灵活调整。

5. 各年龄班实践案例

这部分呈现了小、中、大班幼儿在活动区游戏中的活动案例，重点体现了幼儿与玩具材料、同伴和教师互动的过程，以及教师对幼儿游戏行为的观察、解读与支持策略。每篇案例后面都附上了针对玩具配备和有效利用玩具材料促进幼儿主动学习的点评。希望这些案例和点评能帮助老师们将理论与实践紧密结合，能够发现其中的一些价值点并为己所用。

6. 各年龄班玩具配备参考图例

这部分内容对应着第四部分各年龄班玩具配备参考清单中的举例，按类别呈现出部分玩具材料图例，给老师们提供了更加直观、可视化的参考，但并不局限于此。各地区幼儿园及教师应根据自身实际，结合地域特点和现实条件进行灵活地选择和配备。

三、 使用建议

（一）全面了解，统筹规划

建议幼儿园拿到本书后，首先对它的结构和内容有一个全面了解，清晰各个常设活动区的教育功能、玩具配备的原则、种类和功能，根据本园现有玩具配备的实际情况进行查漏补缺，再进行统筹规划、整体调整。

（二）儿童本位，动态配备

对于本书各章中所列出的玩具材料，在类别上尽可能做到全面配备及有计划地配备，还要回归儿童本位的基本立场，依据班级幼儿的游戏兴趣、实际需求和活动进展情况，进行灵活选择、逐步投放、适度更换，以保证各活动区的教育功能依托玩具配备得到最大程度的实现。同时，也可以在动态配备玩具的过程中，让幼儿适度参与到选择、投放和更换玩具材料的决策过程中，以增强幼儿对于环境的参与权和决定权，提高玩具材料的利用率。

（三）因地制宜，适度优化

各地区幼儿园因实际条件存在差异，在实际配备中需要根据自己园所的实际条件进行适宜选择。条件不足的园所以满足幼儿游戏的基本需求为前提，原则上只要够用就行了，尽量做到大种类和小类别的基本齐全。条件优越的园所在保证种类和类别齐全的情况下，可以根据幼儿的游戏兴趣和发展需求适度增加数量，优化配置。而广大农村和边远地区的幼儿园，可以从地域特点、资源优势出发，尽可能就地取材、因地制宜，多选取自然材料供幼儿使用，也可以在保证安全卫生的前提下，利用废旧材料自制玩具，努力做到采购和自制互补，也可以达到理想的教育效果。

本书的编写团队由北京市西城区 8 位教研机构的研修员和 5 位幼儿园的业务骨干组成。她们中既有特级教师，又有市级骨干，既了解一线教师的实际需求，又拥有比较专业的知识储备和丰富的实践经验，这些都成为本书顺利完稿的必备条件。其中，第一章角色区由丁文月、史贝贝、蒋小燕编写，第二章表演区由顾春晖编写，第三章建构区由付雁、齐振燕编写，第四章益智区由汪京莉编写，第五章科学区由陈立编写，第六章美工区由梁燕京、段莅编写，第七章语言区由赵燕燕、左晓静编写，第八章室外运动游戏区由张平编写。在编写之初和完稿之后，本书还得到了德高望重的北京市特级教师沈心燕老师的专业指导和帮助。此外，北京市北海幼儿园、第六幼儿园、北京洁如幼儿园、公安部幼儿园、北京市公安局幼儿园、西城区的棉花胡同幼儿园、槐柏幼儿园、曙光幼儿园、教育研修学院附属幼儿园、长安幼儿园、洁民幼儿园、民族团结幼儿园、三义里第一幼儿园、名苑幼儿园、北京市铁路第二中学学前部、高井幼儿园、北京空军蓝天宇锋幼儿园、中国儿童中心实验幼儿园、中共中央组织部机关服务中心幼儿园等 19 所幼儿园为本书提供了实践案例和相关图片资料。在此一并对大家表示衷心的感谢！

　　由于学识和眼界的局限，本书难免存在许多不足之处。热忱地希望各位专家、老师和读者批评指正。

目录

第一章 角色区

一、 角色区的功能及玩具配备的原则

(一) 角色区的功能

角色游戏是最典型的游戏类型，是幼儿按照自己的意愿扮演角色，通过模仿和想象，创造性地反映现实生活的一种游戏活动。角色游戏对促进幼儿的社会性发展起到了至关重要的作用。米德认为，正是在像角色游戏这类自我想象类游戏中，幼儿实现了对社会性角色的最初体会。角色区是为幼儿开展角色游戏而创设的班级区角，其中角色游戏材料是角色游戏的物质基础，在幼儿角色游戏中起着激发游戏想法，支持游戏开展，促进游戏水平提高的作用。

角色区配备的玩具和游戏材料应结合幼儿的生活经验，关注幼儿近期的兴趣和需要，在游戏中支持幼儿再现和表达他们对社会生活的理解，发展幼儿融入集体生活、遵守基本的行为规范、建立集体归属感等社会适应能力，培养幼儿倾听、与同伴沟通、合作等交往技能，促进幼儿养成积极乐观的情绪情感。

(二) 角色区玩具配备的原则

幼儿在与角色区材料的互动过程中，获得了丰富的游戏体验。在选择和投放角色区材料时，需要在保障材料安全卫生、种类丰富、数量充足等基本要求外，兼顾角色区本身的独特功能，以充分满足幼儿进行角色扮演的需要，实现角色区的价值。角色区的材料配备应遵循以下原则：

1. 安全卫生

角色区玩具配备一般既可以有成品玩具或设备，又可以有自制玩具材料或生活中自然的材料，两类均需遵循安全卫生的原则。成品玩具材料涉及国家强制性安全认证的产品，比如家具、娃娃等需要有相应的安全认证标志。当自制玩具或将生活中的物品作为玩具时，材料要无毒无害，没有任何对幼儿身心有损害的成分，适宜幼儿使用。此外，材料的外观无安全隐患，物品本身不能过于尖锐、带刺等。

2. 生活化

幼儿的社会性发展有赖于丰富的生活经验。角色游戏的材料可以通过家园合作，就地取材，为幼儿创设一个符合其生活经验的、真实度较强的活动环境，让幼儿在已有经验的基础上进行操作。此外，材料投放还应根据幼儿的生活经验不断更新调整，例如当新年到来的时候，可以在娃娃家投放春联、福字、饺子等材料，让幼儿将生活中的节日经验自然迁移到角色区中，更有创造性地开展游戏，获得更多的快乐和体验。

3. 适应主题需要

角色区游戏有较强的情景化特点，一般有明确的主题，比如理发店、小医院等。材料的提供给幼儿角色扮演起到引导和提示的作用，满足相应主题的需要。例如娃娃家至少包括娃娃床、小型桌椅、厨具、娃娃及相应装扮材料等；可以在美发厅的墙面上张贴不同发型的海报；在蛋糕房的墙面上张贴各种蛋糕的照片等。某一主题的角色区可能会有大量的材料，要最大限度发挥材料的功能与作用。由于材料数量过多会让幼儿应接不暇，并且占用游戏空间，因此需注意适宜适量。有时一物多用使得游戏材料灵活地在多个不同的角色区发挥价值，给幼儿更多自主的空间，促进幼儿想象力和创造力的发展。

4. 突出年龄特点

关注年龄段的差异性，在投放材料和引导幼儿准备材料时应注意材料的投放符合幼儿的年龄特点。随着幼儿对周围世界认识范围的扩大，角色游戏水平有了一定的提高，角色游戏的内容和情节会更加丰富。例如小班多以娃娃家为主题，中班可以投入小医院、茶馆等主题，大班可以开设餐厅、超市等多种复杂的角色主题。此外，玩具的数量和种类还应根据小、中、大班幼儿不同的年龄特点和需要来决定，例如，小班需要投放同一种类、多个数量的玩具，中大班的玩具可以适当在种类上增多、数量上减少。

5. 动态调整

角色游戏有很强的创造性，教师需要多观察幼儿的自发游戏行为，了解幼儿的兴趣、需要和想法，以此为依据增加或减少相关的玩具或游戏材料。角色区的材料多为低结构材料，以支持幼儿产生更多具有操作性、探索性和创造性的游戏行为。随着年龄的增长和游戏需要，幼儿可以自己选择生活中的材料作为替代，参与到活动区材料的调整中来。

二、 幼儿在角色区可能获得的相关经验

在角色区中，幼儿通过扮演多种角色积极主动地再现现实生活，获得了丰

富体验，促进了其社会交往、语言表达、动手操作、创造性、问题解决等多方面能力的发展。

（一）社会认知与交往

（1）通过体验不同的角色，丰富对生活中不同社会角色相关场景、规则、形象、行为特点、功能及相互关系的感受与理解，发展社会认知及规则意识。

（2）在动态变化的游戏场景中，自主、灵活地应对各种情况，与同伴进行协商、合作、解决冲突，丰富社会交往经验及人际交往技能，增强社会适应能力。

（3）从不同的角度感知生活与看待问题，在有自己想法的同时了解到观点的多元性、差异性，学习尊重和理解他人，逐步减少自我中心倾向。

（二）语言表达与交流能力

（1）随着生活经验和游戏经验的丰富，逐渐学习和掌握与不同社会场景、不同角色相关的词汇、语言交流方式。

（2）在与同伴交往过程中，能大胆表达自己的想法，并有意识地倾听同伴的意见，自主进行日常会话，锻炼运用语言进行表达自我、分享对话、交流想法、建立关系、解决冲突等方面的能力。

（三）身体动作与劳动技能

（1）在制作道具、操作各类材料、使用工具等过程中，锻炼动手操作能力，发展身体动作的灵活性和协调性。

（2）体验不同社会角色的劳动过程，使用不同的劳动工具，掌握多种劳动技能，体验服务自我、服务他人以及创造劳动成果的快乐。

（四）情绪情感

（1）在宽松、舒适的游戏环境中，增强心理上的安全感，缓解焦虑情绪。

（2）在角色游戏的假想情境中，自由地表达、表现自己的情绪情感，在游戏中获得自信心和成就感。

（五）学习品质

（1）结合自己的生活经验，大胆地想象游戏情节，灵活地选择和利用游戏材料满足自己的游戏需要，创造性地解决在游戏中遇到的问题。

（2）能够根据同伴的反应，有意识地反思和解释自己的想法，调整自己的情绪和行为，逐渐理解别人的想法和需求，更好地与同伴进行协商与互动。

三、 角色区玩具配备的种类及功能

（一）支撑角色扮演的服装道具类

服装是社会角色外形特点的直接体现，也是幼儿对他人身份的直接感知，穿上服装道具能够直接把幼儿引入角色所处的情境中。按照不同角色的职业特征，提供相应的服装和道具，如服务员的工作服、厨师的厨师帽、医生的白大褂和听诊器等，能够快速、直接地将幼儿带入某一身份、角色，引发幼儿关于这一角色的原有经验与联想。

（二）与场景相关的设施设备类

不同的社会角色承担的社会分工、职责、工作场景等各异，因而所需使用的装备、设施、设备也各具特点，以满足实际任务要求。相应地，特定的设施设备在一定程度上创设了相应的社会角色场景，营造了社会角色活动现场的氛围和环境，例如，小床、衣柜是娃娃家里的典型家具，问诊台和医疗器械玩具是小医院的必备设备。

（三）满足角色扮演需要的材料工具类

在角色区，幼儿主要的游戏内容是"工作"——装扮成不同的社会角色，并按照自己对这一角色的理解操作和使用材料，完成"工作职责"，获得成就感和满足感。材料工具是所扮演角色相关的、幼儿能动手操作的物品，幼儿能够借助于这些材料表达自己对游戏的理解，锻炼手部肌肉的灵活性，发展选择和使用工具的能力，比如给"娃娃"穿脱的小衣服、洗澡用的各种材料等，"厨师"做饭所用的"菜"，"护士"开的"挂号条"等。

（四）营造角色游戏氛围的装饰标识类

标识是社会认知的重要组成内容，也是规则的象征。通过标识，幼儿逐渐学会理解和遵循特定社会场景中的要求与规则，掌握某些工作的标准与程序，进而不断提高社会化水平。同时，标识在营造特定角色氛围、延伸幼儿游戏内容中发挥着一定作用，例如在小医院的角色游戏中出现的红十字标志、问诊的流程图、保持安静的提示符号等。

（五）学习方法类

角色区游戏主要是围绕幼儿生活经验生发的游戏，需要依据幼儿的兴趣和需要，提供学习方法类材料，支持幼儿表达、记录、想象、创造。例如娃娃家的日历、生日帽，餐厅里根据季节调整的菜谱，理发店的操作流程图，快递公司的收寄单等都可以促进幼儿在游戏中思考和表征，支持游戏的开展。

四、 各年龄班玩具配备的重点及建议

玩具和游戏材料是支持幼儿游戏的重要载体，幼儿游戏的内容决定了玩具材料的选择与投放。在角色区，根据幼儿经常出现的游戏内容，我们可以将其理解为幼儿在进行不同社会生活场景的角色扮演活动。因此，我们在创设角色区时，可以按照幼儿假想的场景、内容或主题，有针对性地进行玩具配备和材料投放。

（一）小班配备重点

（1）特别关注材料的安全性。小班幼儿的安全意识与自我保护能力较弱，因而在进行材料投放时要考虑其年龄特点，避免意外伤害事故的发生。在对小班幼儿进行必要安全教育的基础上，要避免投放尖锐、带刺、小颗粒或易吸入口鼻的物品，同时定期对玩具、材料进行清洁、消毒和检查，如有填充物外露、材料破损干裂等情况时，要及时进行更换和修补。

（2）鼓励从生活中取材。家庭生活是小班幼儿游戏活动的主要内容，可以鼓励幼儿与家长在日常生活中将家庭不需要的玩具、衣物、日常用品等带到幼儿园，既有助于营造活动区的家庭氛围，丰富幼儿角色游戏的材料，废物利用，节约资源，又可以培养幼儿参与幼儿园集体生活的意识，增强幼儿的归属感。

（3）循序渐进地投放。小班幼儿游戏经验较少，选择和利用材料的目的性、计划性相对较弱，如果一次投放的材料较多、较杂，容易让幼儿在游戏过程中只关注摆弄材料，而非角色扮演的游戏体验过程，有的幼儿可能会无所适从，难以抉择。因而，教师要根据幼儿的生活经验、兴趣、游戏进度、动手操作能力、发展需要等，合理、适度地选择和投放游戏材料。

小班角色区玩具配备参考清单与建议见表1-1。

表1-1　小班角色区玩具配备参考清单与建议

场景	种类	类别	举例	数量（以班为单位）	建议
娃娃家	服装道具类	角色服装道具	婴儿衣服、围裙、领带、挎包等	各1件	①营造家庭般的温馨、温暖、安全的环境氛围，环境色彩柔和，材质柔软、舒适
		玩偶	布娃娃、动物玩偶等	3～5件	

（续）

场景	种类	类别	举例	数量（以班为单位）	建议
娃娃家	设施设备类	家具家电	圆桌、椅子、衣柜、床、沙发、自制电视、冰箱、电话或玩具手机等	各1件	②关注材料的可操作性，以低结构性材料为主，高结构性材料为辅。物品规格要参考幼儿的身高，方便幼儿自主使用 ③可以鼓励家长、幼儿从家庭中带来自己的衣物，在选择和投放时需要甄别、筛选和消毒，确保其安全、卫生、完整
		生活用品	澡盆、喷头、毛巾、被子、枕头、镜子、梳子、小推车等	各1件	
		厨房设备	灶台、橱柜、水龙头、案板、擀面杖等	各1件	
	材料工具类	操作材料	仿真蔬菜、水果等，半成品的面食、糕点等，面泥、皱纹纸等	各3～5类	
		餐具	小碗、盘子、小勺、叉子、水杯、奶瓶等	各3～5件	
		炊具	锅、盆、勺子、铲子等	各1～2件	
		劳动工具	垃圾桶、扫帚、抹布、洗手盆等	各1件	
	装饰标识类	家庭环境装饰物	家庭照片、窗帘、桌面摆件等	各1件	
		标识牌	区域牌、角色牌、安全标识等	各1件	
	学习方法类		生日帽、日历、操作流程图、菜谱等	1件以上	
小商店	服装道具类	服务员服装	头巾、工作服等	各2～3件	①可以请幼儿和家长收集生活中的包装盒、环保袋等，也可以根据游戏需要进行自制，经过消毒后投入使用
	设施设备类	结算设备	仿真秤、收银台、玩具POS刷卡机等	各1件	
		置物设备	货架、货柜等	各2～4件	

（续）

场景	种类	类别	举例	数量（以班为单位）	建议
小商店	材料工具类	仿真或自制商品	仿真水果、仿真蔬菜、仿真生活用品、包装盒、幼儿创作的作品等	各3～5类	②每次投放的材料数量不宜过多，可以结合幼儿的生活经验循序渐进地投放 ③可以逐步鼓励和引导幼儿学会收拾整理，还可以渗透分类、排序、数量、点数等简单数学经验
		购物工具	购物袋、购物篮、玩具硬币、仿真银行卡、玩具手机	各3～5件	
	装饰标识类	装饰物	店名挂饰、促销海报、有数量对应的价签等	各1件	
舒适放松区	设施设备类	家具、家居用品	帐篷、沙发、软椅、抱枕、地垫、地毯、桌椅等	各1件	①通过营造温馨、具有一定私密性的环境，缓解幼儿的紧张情绪，让幼儿身心放松、舒适 ②定期对活动区的材料、设备、装饰等进行清洗、消毒，检查有无破损等，避免布艺产品、毛绒玩具滋生螨虫、细菌或填充物外露 ③投放的材料可以是幼儿从家中带来的依恋物，如玩具、照片、抱枕等
	材料工具类	减压玩具材料	布娃娃、毛绒玩具、发泄球、解压玩具等	3～5件	
		低结构材料	沙盘、橡皮泥、软纸、颜料等	3～5件	
	装饰标识类	装饰物	纱帘、艺术画、星星灯串等	2～4件	

（二）中班配备重点

（1）结合中班幼儿的生活经验和社会交往的情况，拓展角色游戏的主题，提供更为丰富、多样、可选的游戏角色与材料。

（2）在提供体现角色典型特征的材料的基础上，可以适当增加体现角色日常行为的材料，如小医院还可以投放压舌板、治疗记录单等，通过材料投放引发幼儿更加多样的游戏行为，支持幼儿表现更加丰富的社会角色认知和社会体验。

（3）组织幼儿参与角色游戏环境创设和材料准备的过程，与幼儿共同收集、选择玩具材料，并根据幼儿的表现动态地调整材料投放，满足幼儿开展角色游戏的需要。

中班角色区玩具配备参考清单与建议见表1-2。

表1-2　中班角色区玩具配备参考清单与建议

场景	种类	类别	举例	数量（以班为单位）	建议
娃娃家	服装道具类	角色服装道具	四季服装、爸爸的领带、妈妈的裙子、围裙、爷爷奶奶的眼镜、假发等	各1~2件	①低结构化材料与高结构化材料结合进行投放 ②可以根据幼儿角色意识，考虑是否提供服装服饰类，如围裙、角色胸卡 ③生活用品类材料可适当丰富。可将家庭中闲置的小盆、小铁碗、塑料奶瓶类的材料投放到区域中
	设施设备类	家具家电	圆桌、椅子、床、衣柜、梳妆台、电视、冰箱、洗衣机（玩具或自制）、玩具电话等	各1件	
		生活用品	澡盆、喷头、被子、枕头等	各1件	
		厨房设备	灶台、橱柜、水龙头、案板、擀面杖等	各1件	
	材料工具类	玩偶	不同性别的娃娃（有条件的地区配备智能娃娃）、各种毛绒玩具	各2~3件	
		食物	油面或橡皮泥、各色蔬菜、水果、糕点模型等	10种以上	
		餐具	碗、盘子、小勺、水杯、奶瓶	4种以上	
		厨具	炉子、炒锅、铲子、勺子、玩具刀等	各1种以上	
		操作材料	各色菜品、食物的半成品、原材料或替代材料	各5种以上	
		劳动工具	垃圾桶、扫帚、抹布、水盆等	各1件	
	装饰标识类	娃娃家装饰物	墙面可挂家庭照片，用纱质垂帘营造温馨氛围	家庭生活场景照片若干	
		标识	区域牌、角色牌、安全标识、操作流程图等	各1件	

（续）

场景	种类	类别	举例	数量（以班为单位）	建议
小医院	服装道具类	医护人员服装道具	白大褂、白三角巾、医生帽或护士帽	符合幼儿身高的医护人员服装2~3套	①基本的家具可以购买成品，一些手头操作材料可以寻找日常生活中的物品或者自制来替代 ②小医院所需的角色服饰可以购买，也可以自己制作 ③鼓励幼儿用生活中常见的材料进行制作和替代
	设施设备类	门诊设施	桌椅、病床、挂号台、药品柜等	各1件	
	材料工具类	医疗器械	听诊器、压舌板、玩具温度计、手电筒、配合角色游戏用的记录单、药方、体检表等	玩具医疗套装1套	
		医护用品	玩具吊瓶、玩具注射器、药瓶、药盒、棉签、纱布、绷带、颗粒状材料（玩具药品）等	各3~5种，药瓶、药盒若干	
	装饰标识类	基本用品	红色十字标识、"小医院"挂牌、医生胸卡、护士胸卡、保持安静的提示标	笔、纸若干，角色区标志1套，配合角色用的标识若干	
小餐厅	服装道具类	角色服饰	厨师、服务员的衣服、帽子等	各1套	①再现生活中常见的餐厅场景，鼓励幼儿在较真实的环境中进行模仿游戏
	设施设备类	基础设施	餐厅：餐桌、消毒柜等 厨房：灶台、厨具等 顾客区：椅子、书籍等 收银区：收银机	各1套	
	材料工具类	食品制作材料	各色菜品、食物半成品、原材料或替代材料	各5种以上	

(续)

场景	种类	类别	举例	数量（以班为单位）	建议
小餐厅	材料工具类	点餐材料工具	仿真货币、点菜单等	3～5种不同面额的仿真货币，菜单2本	②增进幼儿对餐厅中角色的认识，发展角色意识
		劳动工具	塑料碗、塑料盘、勺子、儿童筷子、扫把、抹布等	餐具5份以上，清洁工具1套	③通过做菜、配餐等操作，发展幼儿手部精细动作
	装饰标识类	餐厅墙饰	食物图片、食物制作步骤图	常见的菜品照片3～5张，步骤图1～2张	
	学习方法类		菜谱、餐厅招牌、宣传单等	1件以上	
独处角	设施设备类	家居用品	地垫、桌椅、玩具筐、小靠垫等	1套	①给幼儿提供自我调节情绪的空间
	材料工具类	减压玩具材料	柔软的毛绒玩具、击打袋、发泄球、泡沫球、彩笔、画纸、软纸等	纸、笔若干，发泄玩具1～2件	②提供发泄物品，满足幼儿合理的情绪发泄的需要，同时练习调控情绪的方法
	装饰标识类	环境氛围装饰物	纱帘、绘画作品、小风铃等	能起到遮挡作用的装饰物1件	③所有物品选择柔软、无棱角的材质

（三）大班配备重点

（1）开放材料的投放形式，支持幼儿实现游戏愿望。大班幼儿思维活跃，游戏经验丰富，游戏更具目的性和计划性。游戏中，他们能够自主地收集各种材料，完成自己的游戏想法。在材料的投放和收集上，教师可以多听听幼儿的想法，放手鼓励他们大胆收集、利用自己需要的材料去完成游戏愿望。

（2）增加低结构材料的投放，发挥幼儿的创造性。大班幼儿的想象力、创造力都有了很大的提高，高结构材料已经不能满足他们想象、创造的需求，他们会用更多的低结构材料完成游戏。比如通过替代、制作、建构等一系列方式来丰富游戏材料，达成游戏的想法。这就需要教师为幼儿创设一个宽松的游戏氛围，在材料的使用上更开放、自主。

（3）丰富角色游戏内容，形成区域联动。大班幼儿喜欢有挑战性的游戏，对各种角色也有了更加深刻的理解，也有了初步的合作愿望和能力。角色游戏内容可以随幼儿兴趣和需求的变化进行调整和丰富，形成多个角色区间的联动，这样既可以增加幼儿间的交往与合作，又可以让幼儿的角色游戏更加丰富和有趣。

大班角色区玩具配备参考清单与建议见表1-3。

表1-3　大班角色区玩具配备参考清单与建议

场景	种类	类别	举例	数量（以班为单位）	建议
小餐厅	服装道具类	角色服装	厨师服装、厨师帽、围裙、服务员服装	各2～3套	①鼓励幼儿结合生活经验，利用各种材料自主搭建设施、布置场景等 ②鼓励幼儿收集家中的废旧物品并补充到游戏中 ③引导幼儿利用多种材料制作游戏所需的标识、道具等 ④教师需要对各类材料的安全性把关后，方可投入游戏中使用
		角色标识	厨师、服务员的胸牌	各2～3套	
	设施设备类	基础设施	商品柜台、厨房操作台、消毒柜、餐桌、餐椅、收银台、等候区	各1件	
		餐具	碗、盘子、筷子、小勺、调料瓶等	1～2套	
		厨具	铲子、勺子、玩具刀、锅、切菜板等	1～2套	
		买卖工具	秤、收银台、收银机	各1件	
	材料工具类	制作材料	橡皮泥（面泥或超轻黏土）、食物模型、食品模具、蛋糕托等	1～2套	
		货币	钱包、仿真货币、银行卡等	1～2套	
		辅助材料	纸、笔、菜谱、点菜单、快递单、收货单、餐盒、包装纸袋等	各1～2件	
	装饰标识类	场景材料	店名招牌、商店背景、宣传海报等	各1件	
		标识	区域标识、安全标识、操作流程图、地点标识、注意标识等	根据需要配备	

（续）

场景	种类	类别	举例	数量（以班为单位）	建议
小银行	服装道具类	角色服装	银行人员工作服、保安服装	2～3套	①鼓励幼儿充分调动原有经验，自主建构心目中的小银行 ②小银行可以联合小吃店、小超市等共同开展活动 ③结合小银行活动，开展简单的认识人民币的活动，并尝试制作游戏钱币投放到游戏中
		角色标志	角色胸牌、挂牌、警棍等	2～3套	
	设施设备类	设施设备	取号机、银行柜台、取款机、填写单据的桌子	各1件	
		其他设备	等候区椅子等	3～5把	
	材料工具类	辅助材料	记录单据、钱包、仿真钱币、银行卡等	1～2套	
		其他工具	纸、笔等	若干	
	装饰标识类	场景标识	银行标识、内部区域划分标识、安全标识等	根据需要配备	
公交站	服装道具类	角色服装	公交车司机、售票员、交通警察、交通协管员工作服，幼儿扮演的其他角色服装	各1～2套	①鼓励幼儿自主建构、制作，完成公交站环境的创设 ②鼓励幼儿充分调动原有经验，自主设计、制作各类所需的标识 ③结合幼儿游戏需求和进展，不断拓展游戏材料，自主设计、制作游戏所需内容 ④将文明乘车礼仪、安全标志融入游戏环境中，引导幼儿在游戏中学习乘车礼仪、交通规则等
		角色标识	司机、售票员等角色的胸牌或挂牌	各1～2个	
	设施设备类	设施设备	站台、车厢、自动购票机、刷卡机、汽车修理厂、加油站等	各1个	
	材料工具类	互动材料	公交卡、车票、驾驶证等	2～3套	
		辅助材料	安保人员工具	1套	
	装饰标识类	指示标识	站台、站名标志、交通标志牌、红绿灯	1套	
		规则类标识	排队标识、一米线标识、文明乘车标识、老弱病残孕标识等	1套	
		安全标志	上下车指示标、逃生标志等	1套	

（续）

场景	种类	类别	举例	数量（以班为单位）	建议
快递公司	服装道具类	角色服装	快递员服饰、帽子等	3～4套	①引导幼儿自主规划快递公司的布局，可以先画设计图再摆放　②鼓励幼儿调动原有经验，自主收集、制作所需的服装、角色标识　③鼓励幼儿收集各种类型、各种规格的包装盒、包装袋，设计、准备所需的单据等　④引导幼儿讨论快递公司的游戏规则、活动内容、路线等，并设计制作标牌、海报、线路图等
		角色标识	快递员名字胸牌	3～4个	
	设施设备类	快递存放区	大小不同的快递箱、不同的货物、货架、标记	若干	
		订单区	桌子、椅子、等候区、日历	1～2套	
	材料工具类	基本工具	剪刀、包装袋、胶条等	2～3套	
		订单材料	快递单、收货单、笔、大信封等	若干	
	装饰标识类	场景装饰	快递公司标牌、广告、宣传海报等	1～2个	
		自制活动区域地图、线路图等	线路图	根据需要配备	
	学习方法类		自制收发快递的区域地图、快递线路图	根据需要配备	
和平桌	服装道具类	情绪标识物	情绪帽（各种情绪）、安静帽	若干	①鼓励幼儿自主选择、设计适宜的环境，自主约定区域规则，并布置在环境中　②鼓励幼儿制作代表不同情绪的帽子，戴上代表某种情绪的帽子就表明自己的情绪，同伴可见、可互动。比如戴上"安静帽"代表需要安静，拒绝打扰　③与幼儿共同讨论调节情绪的方法，并提供相应的材料。比如可以把不好的情绪记录下来放到情绪瓶中，或者用录音笔录下来等
	设施设备类	场景材料	圆桌、小椅子、沙发、靠垫、地垫、玩偶等	1～2组	
	材料工具类	工具	纸、笔、情绪瓶、录音笔等	若干	
	装饰标识类	隔挡	用软隔断，如珠帘、纱帘等划分出安静的区域空间	1～2组	
		区域标识	提示幼儿轻声说话、倾听、表达的标识及规则	根据需要配备	

五、案例

（一）小班

让材料促使幼儿的角色游戏更加丰富多彩

新学期开始了，经过一个学期的幼儿园生活，孩子们对幼儿园的环境和同伴不再陌生，能很快融入自己的游戏中。娃娃家是孩子们很喜欢的地方，可是，今天的娃娃家很冷清，怎么回事呢？

故事一　冷清的娃娃家

宸宸是娃娃家的忠实"粉丝"，大部分的活动区时间里，宸宸都会选择来娃娃家当爸爸。今天活动区游戏玩到一半儿时，宸宸愁眉苦脸地找到我说："老师，我不想玩了，我想换区。"我有些惊讶地问："为什么呢？"宸宸说："娃娃家没有人，我做的饭都没人吃。"宸宸的话引发了我的思考。以前娃娃家门庭若市，孩子们非常喜欢在这里做饭、照顾娃娃、洗衣服。为什么现在却没人了呢？

【分析与调整】

通过持续几天的观察，我发现，原来娃娃家材料的投放相对单一和固定，造成的结果是当幼儿对材料非常熟悉后，便失去了对游戏的兴趣。在发现问题后，我把问题抛给孩子，在区域分享的过程中，与幼儿共同讨论："你们觉得角色区还需要什么？"在孩子们激烈的讨论中，我们发现孩子们的想法非常丰富，于是我问："你们的想法太丰富了，那我们怎么解决呢？"妮娜说："可以找老师帮忙。"萌萌说："或者我们自己带。"孩子们滔滔不绝地说着。在孩子们的热情参与中，娃娃家有了小围裙、妈妈的高跟鞋、娃娃吃饭的小盘子、梳妆盒等，教师也投放了半成品的食物、手机模型、空油瓶、各种果壳等。接下来，角色区又热闹起来。同时在孩子们的建议下，我们共同设计并调整了角色区的游戏空间，更方便孩子们游戏。

故事二　送外卖啦

这天，恩心在建筑区忙忙碌碌地搭着建筑，看到角色区正在热闹地做饭，就放下手里的积木说："我饿了，先去吃个饭。"结果刚吃完饭，就到了收玩具的时间，恩心非常不高兴地说："我还没搭完呢，吃饭的地方太远了。"这时，我想到之前讨论的时候，恩心说到的外卖箱。第二天，我悄悄把一个黄色小纸箱放到了角色区。小纸箱很快引起了恩心的注意。区域活动时，他来到我面前问道："老师，今天我是厨师，我还当外卖员，你要点外卖吗？"我惊喜地回答道："哇！正好我想点一份外卖，请问可以帮我送到美工区吗？"他开心地点点头说："可以啊，你想点什么？"我说："我想要一份炸酱面，谢谢你！"听完，恩心来到娃娃家，"叮叮当当"地做了很多丰盛的饭，随后把饭菜装进小纸箱中，送到了我的面前："老师，这是你点的炸酱面，我又送了你一杯豆浆。"我开心地接过来说："看着就香，谢谢你啦，小外卖员！"我们的对话引起了更多孩子的关注，恩心开始在班级中吆喝："送外卖啦！有没有人要点外卖？"小朋友们纷纷举起手，恩心有些忙不过来了，又说："今天的外卖太多了，我做不过来了。"思源来到恩心面前说："那你来送外卖，我来当厨师吧！"恩心答应了思源的请求。于是，小小外卖员的游戏在班里热火朝天地展开了。

【分析与调整】

材料的价值就在于调动孩子的原有经验，激发孩子的游戏创意。故事中一个小小的黄色箱子又引发了孩子们新一轮的游戏热情，游戏内容更加丰富，也萌发出新的角色扮演与体验。

➡ 游戏反思

角色区材料的不断调整，带给我许多思考：

（1）材料支撑着孩子们的角色扮演游戏越来越丰富。单一固化的材料，让孩子们的角色扮演游戏也变得单一，而且兴趣度不高。因此，教师需要投放多种角色扮演游戏材料，供孩子们选择使用。

（2）教师需要正确认识角色游戏。单一的角色带给孩子的是单一的扮演，丰富的角色会带给孩子"小社会"的体验。真正再现真实的生活情景，让每种角色都富有生命力。

（3）教师需要细心观察。教师要通过观察准确判断幼儿的游戏需要，及时开展谈话等活动了解幼儿的想法，让每个想法都得到有效的支持，让每天的游戏都丰富多彩。

（北京洁如幼儿园　董思思）

➡ 点　　评

（1）丰富的材料点燃幼儿的游戏热情。兴趣是幼儿游戏探索的基础，教师根据幼儿的游戏兴趣，及时丰富、调整游戏材料，以便满足幼儿持续的游戏热情。在材料的调整过程中，教师先观察，再和幼儿一起讨论，这种材料调整的开放氛围让幼儿的兴趣能够延伸下去。

（2）结合幼儿生活经验的材料激发幼儿更多的角色体验。角色游戏是幼儿依据生活经验，创造性地将经验再现的过程。社会生活是丰富多彩的，角色游戏也应该是多样的。在教师提供了一些快递箱、厨师帽、警察服等材料后，幼儿开始有了更强烈的角色体验需要，不单是扮演爸爸、妈妈、宝宝等角色，而是模仿家庭生活，多种角色游戏并存，这样更加自然，也更加符合幼儿游戏的需要。

（3）倾听幼儿需要，体现对幼儿游戏意愿的尊重。教师在游戏中倾听幼儿的想法，通过观察、谈话等活动了解幼儿的游戏意愿，这样的材料提供能让每个孩子都可以随心所欲地扮演自己喜欢的角色，主动迁移经验，不断丰富对游戏的想象与创造。

（北京市西城区教育研修学院　史贝贝）

（二）中班

案例一　在角色游戏中支持幼儿的自主发展
——以中班动漫城堡"小羊肖恩小水吧"游戏为例

开学初，经常能听到假期回来的孩子们自行结伴，小声交流着有关动画片的内容。

基于幼儿的表现，我们了解到幼儿对动漫非常感兴趣，就和孩子们开展了一次有关动漫游戏的谈话活动。幼儿在聊天中特别兴奋，说起自己喜欢的动漫形象滔滔不绝……通过商议，他们决定创建以下区域：以美丽勇敢的爱莎公主命名的爱莎小剧场，以热情开朗的托马斯命名的托马斯火车书吧，以可爱有趣的小羊肖恩命名的小水吧等。

阶段一　结合孩子的真兴趣，创建孩子心中的角色交往区"小羊肖恩小水吧"

历经一个寒假，有的小朋友在家养成了喝甜饮的习惯，不是特别喜欢喝白水，以致来园时经常有上火的情况。那么如何引导幼儿在喝水这一生活环节由被动变主动呢？我想可以从孩子们感兴趣的动漫形象入手，抓住孩子的兴趣，让他们成为游戏的主人，在游戏里和他们喜欢的动漫人物为伴。于是，通过讨论，大家按照少数服从多数的原则，投票决定把角色交往区命名为"小羊肖恩小水吧"。

通过动漫城堡各游戏区活动的开展，我们发现每一个游戏区都提高了孩子们参与活动的兴趣，他们把自己想象成动画里的角色，能变成爱莎、安娜公主演节目，能到小羊肖恩小水吧里做客，能去喜欢的托马斯火车里看书或旅行……这一幕幕场景成为幼儿每天来幼儿园的动力和牵挂，成为他们游戏中的一种需求。喝水的问题也在自发的游戏中自然而然地解决了，进而保证了幼儿的身体健康及极高的出勤率。

阶段二 相信孩子的力量，支持孩子在角色游戏中快乐发展

小羊肖恩小水吧游戏经过一段时间的"火热"之后逐渐淡出孩子们的视线，孩子们最初的热情减退了。重复的游戏似乎缺乏挑战性，孩子们到底想玩儿什么，他们自己能推进游戏吗？

三月是我们班的爱心月，我们班结合爱妈妈、爱老师、爱朋友等爱心节日，开展了"爱，要大声说出来"等系列活动。于是我提出了一个问题："小朋友们，大家都在感恩爸爸妈妈、老师、同伴对自己的关心与帮助，那么，有什么好的点子，可以让咱们的小水吧变得更有意义，让身边的朋友们能够感受到水吧的爱心与温暖呢？"

经过孩子们激烈的讨论，他们最终确定推出"菊花红枣茶"的爱心饮品。为了让大家品尝到爱心茶，他们还真是没少开动脑筋，不仅邀请大朋友为班里的小羊肖恩小水吧配制新材料，而且有的孩子还在爸爸妈妈的帮助下上网找菊花、红枣等相关资料，制作新品推荐海报等。水吧游戏区里，几位"工作人员"也在忙碌地尝试配制"菊花红枣茶"这一特殊饮品。

总是乐于助人的可喧小朋友还提议说："我们可以制作点菜的小菜谱，这样以后每个小厨师都能知道菊花红枣茶怎么做了。"谁来制作呢？"可以把这个任务交给海底创意小纵队的小设计师们，他们可以接受水吧的小订单。"可喧接着说道。在班级美工创意总设计师安宥然小朋友的带领下，他们一起制作新的水吧点菜单。宥然还特别在菜谱上强调了红枣和菊花的使用数量。很快，水吧在动漫城里恢复正常的运作，来品尝新饮品的客人还真不少。

阶段三 让孩子在参与、协商中体验角色游戏的真快乐

1. 挖掘孩子想法背后的真实原因——小水吧停业整顿了

又是一个清晨，小水吧传出一片争吵声，水吧的"经理"一本正经地对其他小客人说："今天停业整顿了。"孩子们很是不解。

"最近，我发现，有好多小客人总是自己冲到后厨来，拿着小水杯让我给他做饮料。"

"那你们商量出来什么好办法了吗？"老师顺势询问孩子们的想法。

"还没有，所以我们想停下来，等想到好办法了再开始。"

"好吧，我们可以借助爸爸妈妈的帮助，去看看咱们周围的餐厅、咖啡馆

等大朋友们是怎么工作的。老师相信你们一定能找到好办法的。"

虽然我们的小水吧今天无法开张了，但是孩子们的角色意识越来越明晰，而且一些社会规则也慢慢进入游戏当中，小水吧的游戏立刻丰盈起来。教育来源于生活，回归于生活。新的问题可以鼓励孩子们在生活中去寻找解决问题的方法。

2. 孩子们自己创设游戏区——装修我们的小水吧

几位参观过小窗口的小朋友决定自己动手制作"送餐窗口"。说干就干，男生力量大，他们搬来大空箱子，博兮和子堃还找来了废旧的纸壳。他们一边比画一边商量怎么弄。可是由于合作制作的经验有限，这个送餐口怎么做也立不起来。这可怎么办？孩子们开始求助老师，于是我带着几个小朋友成立了学习小分队，来到大一班的中国餐厅参观，他们那儿恰好也有一个送餐窗口。通过哥哥姐姐的经验分享及帮助，在大家的合作之下，一个组合好的送餐窗口就完成了。在接下来的几天，海底创意小纵队的设计师们还把送餐口进行了美化装饰，送餐窗口很醒目，也很特别。就这样，在孩子们的忙碌中，小水吧告别了三四天停业整顿，恢复正常运营了，而且生意越做越红火了。

⊙ 游戏反思

动漫城里真热闹，每个游戏区都在互相交往联动着。尤其是小小的"水吧"游戏成为孩子自主学习与发展的舞台，这里每天都上演着有趣的故事，孩子们五花八门的想法在这里得到实现。孩子们逐渐学会在生活实践中探寻答案，善于观察生活中的每一个细节，敢于动手操作，将想法转化为行动。在游戏中，孩子们加深了和同伴之间的交往，学会了分工合作，还发展了乐于探索的能力。作为教师，我们就是要站在孩子背后，充分尊重与相信孩子的力量，给孩子创设适宜的游戏空间，让孩子尽情地体验游戏的快乐，让孩子个性化的想法得到彰显与发展，让孩子真正成为游戏的主人！

（北京市北海幼儿园　肖小玲）

⊙ 点　评

"小羊肖恩小水吧"是个有趣的名字，在这个水吧里，呈现了生动活泼的角色游戏场景，展现了幼儿积极投入的学习者形象。

（1）根据幼儿的游戏意愿创设环境。在学期初，教师不是像以往一样，从教师角度，按照幼儿发展的五大领域类型创设相应的活动区，而是关注和倾听幼儿的想法。当幼儿提出创立小水吧时，教师给幼儿自主讨论的机会，鼓励幼儿说出并运用自己的经验创设小水吧。在游戏经验不断丰富时，幼儿提出自己制作"送餐窗口"，他们到哥哥姐姐的班级参观、向"创意小纵队"

求助。在活动中，我们能够看到随着幼儿想法的更新，环境不断丰富的过程。

（2）关注幼儿学习与发展的整体性。《指南》说明中特别强调了幼儿学习与发展的整体性。在"小水吧"的活动中，教师的着眼点不是一个一个的游戏情节如何"顺畅"地进行下去，而是将游戏过程作为幼儿发展的过程，关注幼儿的整体发展。

（3）关注幼儿游戏中的同伴交往能力。幼儿处于社会交往能力发展的关键期，基于幼儿的学习特点，他们是在"交往"中学习"交往"的。中班幼儿有基本的角色意识、初步的交往能力，但是在具体的游戏当中，还不能很好地处理角色之间的关系，不具备较强的交往技能。而在游戏情境中，幼儿倾听同伴的意见，逐步去自我中心，和同伴一起动手尝试，体验合作解决问题的快乐，逐渐习得交往技能。

（北京市西城区教育研修学院　丁文月）

案例二　我们班有个自由角色区

角色扮演游戏一直是孩子们比较喜欢的。角色游戏初期，孩子们往往玩得热火朝天，但是慢慢地因为种种原因人渐渐地少了，这是目前角色区面临的普遍问题。可是孩子们明明喜欢这种角色扮演游戏，为什么到最后却无人问津呢？也许是因为角色游戏的内容比较单一，也许是里面的材料太多收起来比较麻烦，也许是里面的东西都是假的，孩子们玩着玩着就觉得没有意思了，也有可能里面扮演的角色不是他们喜欢的……于是我们通过与孩子们聊天，问问孩子们想把角色区变成什么样子，想在里面玩什么，从而了解孩子们真正的兴趣。

阶段一　试一试，布置角色区

孩子们的想法五花八门，但是幼儿园哪有那么多的材料呢？于是孩子们争先恐后地把家里的东西带过来，还向全园的小朋友发起了"收集东，收集西"的倡议。经过讨论，孩子们决定将收集来的材料按角色分类，并在整理箱上贴上相应的标记，例如，在整理箱上画上医院的标志，这里就放关于医院的材料，以此类推。有一些不好区分的材料，我们就放在贴有其他标记的材料箱里，材料箱都带有轱辘，可以随时移动，方便幼儿取放（图1-1）。我们特意将睡眠的场地腾出来，方便孩子们游戏。天气好的时候，孩子们还可以搬着材料到室外去游戏（图1-2）。这里就像一个微型社区，孩子想玩什么就玩什么。通过这样的方式让孩子自己建构自己想玩的角色区，而不是玩老师准备好的活动区，孩子们的兴趣特别高涨。孩子还给这个区起了一个有意思的名字叫"自由角色区"，因为"在这个区可以想玩什么就玩什么"。

图 1-1

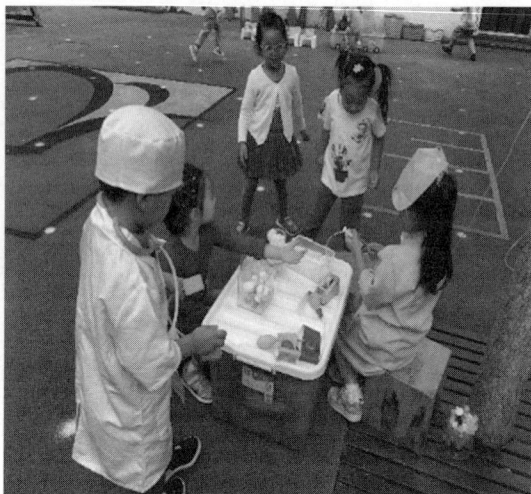

图 1-2

阶段二　对社会角色的深度体验

有一天，果果和萱萱来到角色区游戏，玩了 10 分钟左右，果果对萱萱说："你在家照顾宝宝，我要去上班了。"说完就穿戴上了警察的装备，开始在屋里跑来跑去，嘴巴里还不停地发出打枪声。朵朵见状说："果果你是警察，怎么能乱跑呢？警察是需要巡逻保护大家的。"果果说："可是角色区没有手枪啊，也没有警车，就只有警察的衣服啊！那怎么玩啊？"朵朵说："你可以请美工区的小朋友帮你做啊，魔尺就能折成手枪。"

每次户外活动的时候，孩子们在骑行区骑小车，有的小朋友总是逆行违反规则，于是孩子们主动要求有一名交警在骑行区指挥交通，帮助解决事故（图 1-3）。就这样，"警察"这一角色从班级中延伸到了户外游戏中，孩子们在自己创设的特定情境中进一步体验不同"警察"的工作，对角色游戏更感兴趣了。

【分析与调整】

角色区只有一身警察的衣服，其他的配件都没有，所以孩子们觉得自己穿上衣服就是警察。随着活动的深入开展，孩子们知道，警察还可以做很多事情，但是做这些事情需要一些道具。于是，经过商量，美工区的小朋友负责用

图 1-3

纸箱制作警车，益智区的小朋友负责用玩具拼插手枪。每个区的小朋友都一起帮助角色区的小朋友丰富游戏材料。

● 游戏反思

在班里开展这样开放式的角色区是我的首次尝试，这不单是对孩子的挑战，更是对我的挑战。在这个活动中，我感受到和孩子们一起成长的乐趣。

1. 分层次投放材料，让游戏有新经验的不断卷入

（1）提供更为丰富的材料。中班幼儿生活经验日益增多，在为幼儿提供游戏材料时可以结合幼儿的生活经验，提供贴近生活的、丰富的游戏材料。如在保留小班娃娃家的材料工具之外，还可以增加一些生活用品，如微波炉、电冰箱、烤箱、烧烤架、吹风机模型等。另外还可以提供一些书包、食品包装、旅行箱等物品。同时还可以增加一些专业人员的服装服饰，如警察、医生、护士的工作服、帽子，餐厅服务员、厨师的小围裙、小帽子，通过丰富的材料来促使幼儿与材料互动，关注幼儿的游戏兴趣，支持幼儿开展游戏。

（2）根据游戏主题提供材料。教师关注幼儿的游戏行为，根据幼儿的游戏内容、游戏行为、游戏情节和幼儿前期经验，与幼儿协商材料的投放。

（3）师幼共同参与收集材料。在提供游戏材料时，还要注意和幼儿共同收集游戏材料。大家都知道，材料引发幼儿的游戏行为，幼儿在与材料的互动中，通过对物体的操作及情境的再现反映社会活动，认识周围世界，建构新的经验。因此，在提供材料时，教师要与幼儿共同收集与他们生活息息相关的各种材料，引发他们对生活经验的回顾与再现。

（4）提供的材料要低结构、可变化、可操作。因为低结构游戏材料带给幼儿的是更广阔的空间，孩子们用最简单的材料玩出最具想象力的游戏，自主性可以得到充分的发挥，从而学习就以最自然的方式发生，经验以最自然的方式建构。皮亚杰曾说过"儿童的智慧来源于操作"，当高结构材料固定了形象、固定了玩法、没有了变化的空间，渐渐地就失去了对幼儿的挑战，幼儿就不会再产生兴趣与之互动了。因此，在材料的提供方面，应注意材料的低结构、可变化、可操作，为幼儿在操作中获得直接经验提供可能。

（5）依据幼儿使用材料的情况适时进行调整。教师依据幼儿与材料的互动情况，对材料进行适时调整。在观察幼儿游戏的过程中，教师要留意幼儿对哪些材料感兴趣，与哪些材料经常发生互动，为什么；对哪些材料不感兴趣，甚至根本就不动；幼儿还需要哪些材料。教师要根据幼儿的游戏行为与需要适时进行材料的增减与调整。

2. 教师"退后"，让幼儿做游戏的主人

在游戏中，教师的位置可以退后，让环境和材料发挥作用，支持幼儿的游戏。因为当开放的环境帮助幼儿独立地选择游戏、拿取材料、合理使用材料时，环境就可以潜移默化地帮助幼儿自我约束，例如，以前孩子们缺少材料时总是找老师帮忙解决，但是自从创建了这个自由自主区域之后，孩子们会很主动地自己寻找所需要的材料。开放的活动空间给予孩子的不光是游戏，还是一次自主探索的学习机会。当学习环境自主开放时，会激发幼儿极大的学习热情，孩子们犹如缺水的海绵，会按照自己的兴趣和需要，不断吸取所需内容，学习效率高，学习容量大，是一个强大而自信的主动学习者。我们要相信孩子，将游戏的权利交还给孩子，自己做到管住手、管住嘴、竖起耳、睁大眼，这样才能发现孩子们的兴趣、需要和孩子们的真游戏，以这些为基础才能设计出幼儿喜欢的游戏活动。

（北京市西城区棉花胡同幼儿园　王芳芳）

➲ 点　评

"角色区玩着玩着就没意思了"是中班角色游戏中经常出现的情况，自由角色区创造性地解决了这个难题，为我们提供了一个创设角色区的新视角，它所体现的理念和价值是值得我们进一步思考的：

（1）自由角色区的开放性，满足了中班幼儿表达自己关于社会生活体验与理解的需要。在现实的社会生活中，每个人都会与不同的社会角色互动，同时自身的角色也是多元的。例如，一个人既是商店里的售货员，又是家庭中的一分子。随着生活经验的丰富，中班幼儿对周围的人、事、物有了更多样化、更复杂的体验，而自由角色区开放的材料、多样的情境、灵活的规则给了幼儿创造和表达自己的空间。游戏中多元的情境和角色，给了幼儿更大选择的范围，而多元的角色之间相互作用，让幼儿获得更加丰富的、多变的游戏体验，在这种持续的相互作用下实现了幼儿经验的持续、立体建构。

（2）自由角色区的挑战性，促进幼儿多方面的发展。在自由角色区中，幼儿不仅需要自己选择角色、扮演角色、参与游戏，而且要布置场地、选择材料、与更多社会角色进行交往、制定规则等，自己成了游戏的发起者、创造者。由于每次游戏的场景都会随着加入者的不同而产生变化，幼儿的游戏情境不再是固定的或重复的，游戏过程更具变化性和挑战性。从而，幼儿的人际交往能力、语言表达能力、问题解决能力、思维的灵活性等得以更充分地锻炼，发展的主体性也得到进一步彰显。

（3）相信儿童是游戏的专家，积极给予关注和回应。在案例中，教师放下了对角色区的固有认识，面对并积极地回应幼儿对于游戏的真实需求，大胆地放手，让幼儿创造自己喜欢的角色区，体现了自由、自主、自然的游戏精神。与此同时，教师能够用欣赏的眼光看待幼儿的游戏行为，敏锐地发现幼儿的新变化、新需求，持续跟进幼儿的游戏进程，丰富幼儿的经验，支持幼儿成为自己游戏的主人，实现了区角环境与幼儿游戏的交互作用，从而让自由角色区具有了活力和生命力。

（北京市西城区教育研修学院　史贝贝）

案例三　我们的"自选小超市"

进入中班后，相对于小班时期，幼儿对生活的观察范围更广了，感受到了自己的成长和自身的价值。因此，中班幼儿在角色区的游戏中对生活情节的还原度更高了。随着幼儿胜任感的增强，他们希望在角色游戏中尝试更有趣、更贴近生活、反映现实的游戏情节，从而发挥自己的主观能动性，自己掌控在角色区中玩什么，怎么玩。

阶段一　"小超市"支持真操作、真体验

很多幼儿在日常生活中都有和父母一起去商店购物的体验，购买自己喜欢的物品是非常快乐的事情。在孩子们的诉求下，角色区的小超市成立了。小超市里可以卖什么呢？孩子们展开了讨论。

从孩子们的回答中我们发现幼儿渴望买一些真正可以在班级使用的物品和材料。顺应幼儿的需求，我们发现孩子们的建议很不错，往常都是教师在美工区投放很多画笔、画纸等材料，材料太多的时候，收纳也成了一个问题。而采纳幼儿的想法后，很多美工区的材料就可以投放到角色区的"小超市"中，有

需求的幼儿可以到小超市去"买"，假戏真做，让班级的"小超市"角色区"活"起来。经过筛选，幼儿将美工区的材料包、装饰物、彩纸等都投放到了"小超市"。"小超市"里每天都会有不少小朋友去光顾，需要什么就自己去买，就连卖东西的"服务员"也不会因为无人光顾而发愁了。

角色区并不是一个封闭式的角色游戏天地，幼儿更渴望能够以自己的角色和同伴互动，很多角色区的幼儿不想只在这个区域里游戏，更渴望和其他区域互动。开放式的角色区模式更受幼儿的喜爱，更能满足幼儿在真体验中交往的需求。

阶段二　"小金币"的运用，丰富角色情境，促进幼儿多方面的发展

大家会问："孩子们在这个小超市里用什么购买商品？"为此，我为孩子们准备了仿真的小金币。幼儿处于中班的年龄，他们的计数发展水平处在点数阶段。因此，为了方便幼儿点数，满足幼儿体验买卖的过程，我们提供可以点数的金币，并在给商品定价格的时候，总价不超过 6，孩子们是可以自主进行操作和交往的。

阶段三　"小超市"里的"格子店"，创设具有个性化和归属感的空间

区域总结的时候，稳稳向大家介绍了自己逛格子店的体验："周末的时候，妈妈带我逛商场，我们到了一个叫'格子店'的地方，那里有很多小格子，卖的东西放在格子里，都是手工制作的。"稳稳的这一番介绍可吸引了不少小伙伴。确实，"格子店"是个很好的形式，能让班级的"小超市"别具一格，可以试一试。

平日里孩子们在美工区手工制作的热情不减，如果把幼儿制作的手工作品放到自己认领的小格子里进行买卖，也能够提升幼儿的胜任感和成就感。

随后，我们在"小超市"开辟了一面"格子墙"（图 1-4）。可是小格子是有限的，怎样能够满足班级所有小朋友认领小格子的心愿呢？孩子们商量采用轮流的方法共享。之前没有关注过手工制作的幼儿，也都纷纷到美工区制作自己的作品。孩子们每天都会关注自己"格子店"的东西有没有卖出去，思考怎样能让自己做的东西更吸引大家。一个个"小格子"调动了幼儿主动参与、主动学习的积极性。

图 1-4

阶段四 自主定价、标价，增进幼儿交往

在"小超市"里的买卖行为中，"买"的幼儿需要通过点数交钱，"卖"的幼儿需要通过点数来核对收的钱。从幼儿的游戏中我发现，孩子们会因为不同的点数能力产生误差，有时会给错金币的个数。可见幼儿的点数能力影响了他们的游戏行为。因此针对游戏难点，我开展了一次关于点数的数学活动。活动中，请孩子们对自己钱包里的小金币进行点数、画点、核对记录（图1-5）。在活动中，幼儿通过点数、记录、验证、统计来巩固点数计数的能力。然后结合"小超市"的角色区游戏，举行了一场"小市集"的活动，继续巩固"买家"和"卖家"对金币的点数能力。

图1-5

阶段五 有"租"有"卖"多项选择，丰富幼儿买卖情节和经验

持续了大概两周的"格子店"，每天都会有幼儿来到"格子店"增添新的手工作品。大多数孩子们带来的都是手工作品，一些有个性的幼儿想出了新的注意，尧尧说："我想从家里把我的玩具带来可以吗？"我说："可以呀。但是你确定要卖掉你心爱的玩具吗？"尧尧马上反驳："不，我不会卖的。"稳稳提问："那你是免费给我们玩？"大家都笑了。对话定格了几秒钟，尧尧也有一点点小失落。这时候，我给孩子们出了一个新的主意：可以把玩具出租。

这样一来，有的孩子拿来玩具，有的拿来地球仪，还有的拿来自己喜欢的图书，"格子店"里的物品丰富了起来（图1-6）。不仅如此，班级益智区里装不下的玩具也调到了"小超市"，幼儿也可以在区域时间租班级的玩具玩。

图1-6

➡ 游戏反思

　　班级角色区的"小超市"和"格子店"与以前组织的"小超市"相比，主题相同，但是内容有了多重突破。这些突破也是源于新时代幼儿的新需求和新情趣。以前，我们基于幼儿对超市的观察，提供很多"空瓶子""空包装"的假道具，幼儿如果选择了"小超市"，就只是在这里反复重演自己的角色，没有什么新的情节发生。而现在，随着幼儿眼界的开阔，需求更高，我们的角色游戏也有了"革新"：

　　（1）材料的可操作性满足了幼儿的真玩、真操作、真感受，实现了区域之间的联动。角色区的发展功能不止于角色体验本身，更促进了幼儿多领域的发展。

　　（2）"格子店"的新形式满足了幼儿的胜任感和归属感，也激发了幼儿参与活动的兴趣和主动性，让角色区的每一个角落都为幼儿所用（图1-7）。

图1-7

　　（3）"买""卖""租"的形式，丰富了游戏情节，促使幼儿更多的交往行为发生，吸引幼儿更投入地游戏。

　　（4）自主定价、标价，促进幼儿数学能力的发展。新形式下的"小超市"使幼儿体验到了交往的快乐、成功的喜悦。关注幼儿的角色游戏，倾听幼儿的想法，让幼儿成为角色游戏的"小主人"。创新形式下的角色区对幼儿的能力发展、社会情感发展都发挥着更大的作用。

（北京市西城区棉花胡同幼儿园　孙硕）

➡ 点　评

　　超市是幼儿生活中常见的场景，是幼儿经常能够亲历其中、亲身体验和参与的，幼儿对于超市有着丰富的经验。本案例中，教师能够结合幼儿的兴趣和经验创建角色区，并在观察、了解幼儿需求的基础上，结合中班幼儿的年龄特点支持幼儿深入游戏。

（1）游戏环境的创设注重发挥幼儿的主动性。在小超市的案例中，游戏材料均来自幼儿的游戏区域，是幼儿熟悉的、买回去能够运用的材料和物品。这些物品是幼儿自己能够收集、整理、摆放的。随着游戏情境的丰富，教师鼓励幼儿将自己的玩具带到幼儿园，又进一步增加了游戏材料的种类，充分发挥了幼儿在环境创设、材料投放中的主动性。

（2）随着游戏深入，灵活调整游戏材料。不同于以往的小超市游戏，本案例中，随着幼儿的实际需求以及教师对幼儿需求的解读，游戏内容不断拓展延伸，比如从买卖游戏到租赁游戏，这都是教师与幼儿共同协商确定的。随着游戏内容的丰富，材料也随之进行了灵活调整，如游戏材料的来源、小金币的诞生等。

（3）游戏材料突出与幼儿、区域间的互动性。从一开始小超市的创建，我们就能够看到区域材料与幼儿之间的互动，小超市里的材料不是"摆设"，而是真正能够买来用的，这也让角色区和美工区联动起来。同时，随着游戏的深入，无论是买卖作品还是租赁游戏，每个幼儿都与小超市发生着联动，让材料"活"了起来，也让游戏更加有趣和生动。

（北京市西城区棉花胡同幼儿园　蒋小燕）

（三）大班

我们的　"爱心医院"

十一过后，我发现每天早上孩子们都在谈论关于保健医晨检的话题。孩子们心中萌发了一个愿望——成为一名"小医生"，穿着医生服为大家看病，于是"爱心医院"的故事就这样开始了。

故事一　"爱心医院"诞生啦

在孩子们有了建小医院的想法后，我们开展了一次讨论。通过讨论，我了解到孩子们近期遇到的困难：由于班级空间较小，孩子们不知道小医院建在哪儿更合适。我并没有马上给予幼儿支持，而是把问题又抛给了他们："那你们想怎样解决这些问题呢？"孩子们提出了很多解决问题的办法，可是选择谁的办法最好呢？于是大家进行了自由分组，对每一种解决问题的办法都进行了尝试。在孩子们的努力下，小医院的位置选好了。小医院有了地方，但是"小医院"里面都有什么呢？我们要准备哪些材料呢？带着这些问题，我们进行了讨论。孩子们说可以看视频了解一下小医院里面都有什么。桐桐说："我妈妈在医院工作，我可以问问妈妈。"通过看视频，孩子们知道了医院里都有谁，需要准备什么东西。他们迁移自己的游戏经验，运用万能工匠制作了输液架（图1-8），还收集了很多药盒（图1-9），桐桐的妈妈还带来了很多医院的材料。就这样，在孩子们的共同努力下，我们的"爱心医院"诞生啦。

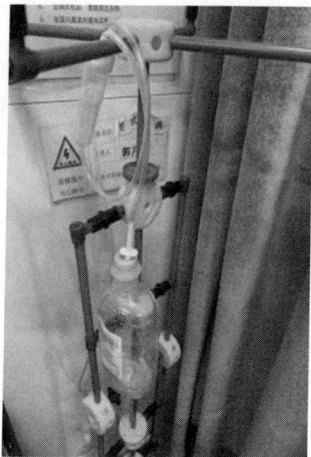

图1-8

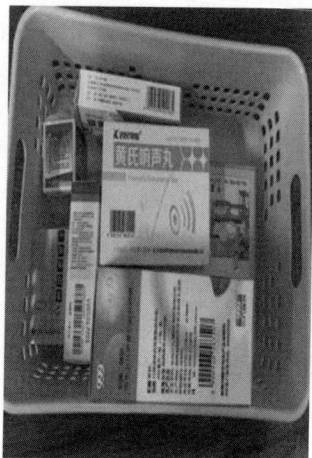

图1-9

【分析与调整】

由于活动是由孩子们发起的，因此在整个小医院的筹建过程中，能够看到他们在活动中的主动性，在遇到困难时用讨论、协商、尝试、调整等方法克服遇到的困难。小医院最初的设计、材料的准备、角色的明确都是幼儿自己确定的，能够感受到孩子们建立医院后的喜悦。

故事二　我们的"小轮椅"

今天早上，小医院刚营业，就来了一位一瘸一拐的小病人，小保安们顿时手忙脚乱起来，有的保安想背他可是背不动，有的保安想搀着他，可是病人说自己不能走路了，就这样大家一直都没有想到解决问题的办法。这时辰辰提出了一个办法："我们准备一个轮椅推着病人去看病吧。"辰辰的提议很快就得到了大家的支持。可是接下来问题又出现了——轮椅怎么做呢？辰辰看到大家都没有想出好办法，于是立刻大声地说："我帮你们做吧。"然后将自己的想法和大家交流。辰辰的办法得到了大家的响应，有几个小朋友愿意和辰辰一起完成轮椅的制作，他们找来小推板、小椅子、麻绳后就开始做了起来（图1-10、图1-11）。在辰辰的带领下，大家边试边做，很快两个轮椅就制作完成了（图1-12）。当小病人坐在轮椅上的时候，我看到辰辰脸上露出了灿烂的笑容。

| 图 1-10 | 图 1-11 | 图 1-12 |

【分析与调整】

辰辰喜欢有挑战的事情，如在拼插区愿意挑战难度高的拼插作品，每次成功后，都能看到他一个人默默地欣赏自己的作品。但是辰辰性格比较内向，不太喜欢和同伴交往，每次我都会看到他一个人在游戏。在近期我对辰辰观察的一段时间里，我发现他的游戏轨迹都是在帮助别人有目的地做事情，他在用自己的方式与大家相处了。同时，在孩子们制作轮椅的过程中，能看到他们开始结合自己的经验寻找解决问题的办法，并通过一次又一次的尝试进行调整，而且遇到困难后已经养成了自主讨论、协商的习惯。

➡ 游戏反思

兴趣是孩子最好的老师。在兴趣的支持下，幼儿能够安静地进行游戏。通过小医院的活动，我意识到游戏是幼儿的基本活动形式，深得幼儿的喜爱。角色游戏在众多游戏中占有重要地位，它可以让幼儿按照自己的意愿扮演角色，通过模仿和想象，独立自主地、创造性地反映出现实生活的活动；它是解决幼儿希望参与成人的社会活动，而由于知识、经验能力的缺乏却不能真正参与这一矛盾的最好方法；它给了幼儿一个充分展示自己才能的机会。大班幼儿即将升入小学，开始一段崭新的社会生活，而提高交往能力和问题解决能力是能力培养中非常关键的环节。

实践证明，真环境、真材料、真情境、真体验是支持幼儿开展角色游戏的关键。只有在真实情境下的体验，才能不断地扩展幼儿的游戏经验，并激发幼儿在游戏中的主动性。角色游戏活动中有自我解决、自我发现、自我处理、自我教育的机会，有相互配合、相互合作的环境，孩子们通过不同的角色体验、尝试，每个人都有不同的感受，使幼儿能在游戏活动中互相影响、互相合作。作为教师，要充分发挥游戏的作用及价值，根据不同幼儿的需要和能力水平创设游戏区域，提供不同层次的游戏材料，让幼儿在自主的游戏中得到全面发展。

（北京市西城区民族团结幼儿园　黄冰、郭月瀛）

⊙ 点　评

"爱心医院"为我们展示了一个生动的幼儿学习过程，一次深入的幼儿游戏行为解读，一系列有效的教师支持策略。

（1）做自己喜欢的事。做自己喜欢的事，是角色游戏能够持续开展的基本前提。教师和幼儿在讨论的基础上，确立了"爱心医院"的游戏主题。这是每个幼儿都有经验的主题，幼儿将自身的经验迁移到游戏中。

（2）解决自己发现的问题。幼儿的学习是一个经验建构的过程，既然是一个建构的过程，就需要幼儿在不断操作、尝试中建立新、旧经验之间的联系，这是幼儿发现问题从而连接新经验的过程。在游戏过程中，幼儿遇到了很多问题，比如"小医院"建在哪儿、都有哪些材料、"做小轮椅"的问题，游戏中遇到的问题是幼儿解决问题的契机，幼儿乐于展示自己在解决问题中的创造性。

（3）呈现自己的想法。每位幼儿都有独特的想法，作为教师，就是要在幼儿动手尝试的过程中，给幼儿更多解决问题的可能。在案例中，在环境创设的过程中，我们看到幼儿参与到环境创设中，教师经常询问幼儿的是"你们想怎么玩""你们想用什么材料""你们还有什么办法"，材料对幼儿的游戏起到了支持作用。

作为教师，我们最终不是让幼儿玩上自己创设的"小医院"，而是在这一过程中让幼儿感受到自己的力量，感受到"我的想法受到了重视、我的观点有人倾听、我的尝试能有结果"，这种自信会伴随幼儿的一生。

（北京市西城区教育研修学院　丁文月）

◆ 附：角色区各年龄班玩具配备参考图例

小班				
种类	**举例**			
服装道具类	假发	裙子	围裙	头纱
				厨师服

（续）

小班					
种类	举例				
设施设备类	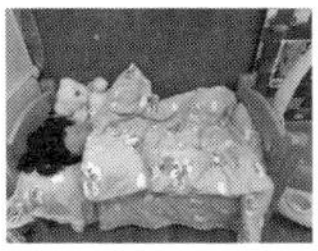 小床	 厨房操作台	 餐桌	 沙发	 冰箱
材料工具类	 玩具刀	 食物模型	 超轻黏土	 包装纸袋	 蛋糕托
装饰标识类	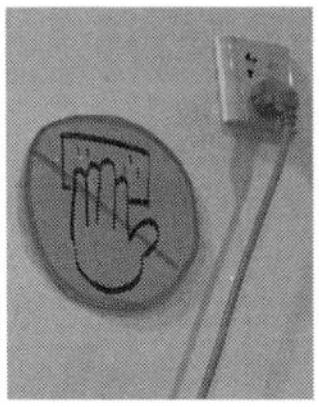 安全标志	 区域名称标牌	 角色胸牌	 家庭生活照片	 做菜流程图
学习方法类	 生日帽	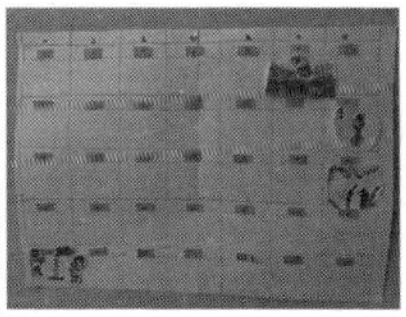 日历	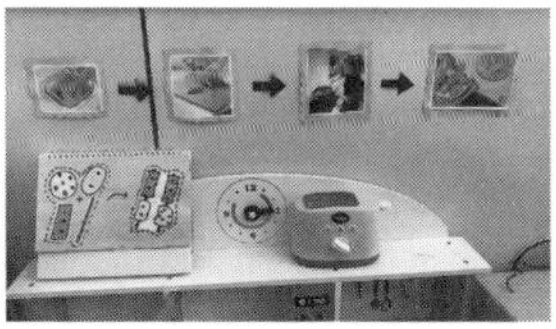 操作流程图		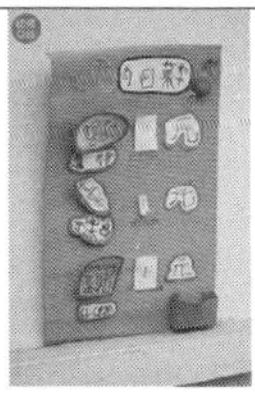 菜谱

中班					
种类	举例				
服装道具类	 警察制服	 医护服	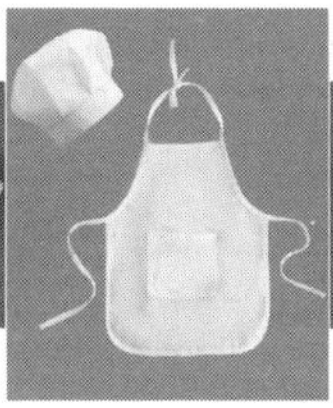 厨师服	 护士服	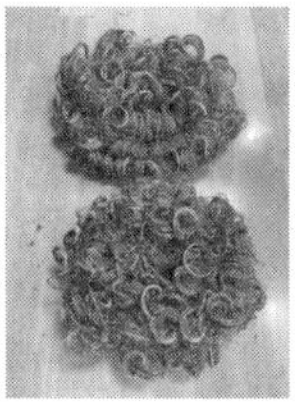 假发

（续）

中班				
种类	举例			
设施设备类	小衣柜	淋浴设施	洗衣机	厨房操作台 收银机
材料工具类	餐具	拖把	体检单	自制菜谱 切菜板
装饰标识类	做菜流程图	游戏规则示意图 保持安静示意图		美食挂图 吊饰
学习方法类	菜谱	餐厅招牌	宣传单	

（续）

大班	
种类	举例
服装 道具类	 钱包　　快递员帽　　围裙　　消防员服装　　头纱
设施 设备类	 餐桌　　收银机　　商品柜台　　小衣柜　　淋浴设施
材料 工具类	 菜谱　　餐具　　劳动工具　　快递单　　仿真货币
装饰 标识类	 美食挂图　　店名招牌　　进区牌　　宣传海报　　游戏规则示意图

（续）

大班		
种类	举例	
学习方法类	订单	快递路线图

第二章　表 演 区

一、 表演区的功能及玩具配备的原则

（一）表演区的功能

表演区主要是为满足幼儿装扮和表演需求而创设的区域，是发展幼儿感受美、表现美和创造美的重要环境。其中的游戏内容涉及故事表演、歌舞表演、乐器演奏、时装表演、木偶和皮影表演等多种艺术表现方式。借助舞美道具、乐器、木偶、视听类材料等，表演区的活动有助于幼儿丰富情绪情感体验，提高对语言、表情、肢体动作的理解能力和表现、表达能力，促进幼儿想象力、创造力和美感的发展以及健全人格的形成。

（二）表演区玩具配备的原则

表演区的设施设备和各种玩具、游戏材料在保证安全、卫生、不会对幼儿造成危险和伤害的前提下，在配备玩具时还需要基于其自身的功能遵循以下几项原则：

1. 多样性

表演区游戏内容包含多种艺术表现方式，所以投放的玩具材料应涉及多个种类，满足幼儿不同的兴趣以及参与不同艺术表现形式的游戏需要。如道具类，包括故事表演材料、歌舞表演材料、游戏操作材料等；玩偶有毛绒玩具、布袋偶、木偶、皮影等多种。多样的乐器也很重要，兼顾金属类、木质类、散响类、鼓类等，每一类里也尽量包含多种，如金属类里仅铃就有单棒铃、串铃、手摇铃、腕铃、课铃等多种。材质不同、使用方式不同的乐器，可以满足幼儿的好奇心，丰富幼儿不同的操作体验和听觉感知。

2. 开放性

除了依据幼儿的年龄特点等普遍规律外，表演区玩具配备还可以随着幼儿的兴趣需要而调整，包括随班级或小组活动的变化而调整，如幼儿对京歌（加

入京剧音乐元素的歌曲）《龟兔赛跑》产生浓厚兴趣，老师可以带领幼儿一起搜集有京味特点的乐器和音乐作品，投放在表演区；还包括针对特殊需要的幼儿来投放，如某些幼儿在外学习二胡、架子鼓等乐器，表演区中就可以相应投放与这一乐器有关的材料和资源，又如一些幼儿在外学习舞蹈，相关的服饰道具、音视频文件也可以适量投放在表演区。幼儿的兴趣和需求很多，应尽量给幼儿提供一些具有开放性的玩具材料，如纱巾、大块的布、手绢、彩条等，供幼儿依据实际需要创造性地使用。故事表演的灵活性很大，教师应鼓励幼儿自制或以物代物。幼儿尝试表演的过程比结果更为重要，应充分给予幼儿自由操作、探索材料、摸索表演经验、想象创造的空间，不要求幼儿按唯一的、标准的方式使用玩具材料，鼓励、支持幼儿个性化地学习与表达。

3. 情境性

幼儿易受环境影响，所以表演区应注意通过设施设备、玩具材料的投放营造表演的氛围，激发幼儿表演的欲望，吸引幼儿积极参与。例如，表演的舞台、装扮的家具设施和服装配饰、乐器道具等。

4. 优质性

审美的发展离不开环境的浸润，表演区作为艺术教育的重要阵地，应尽可能为幼儿提供具有艺术性的优质环境，如乐器的音质、视听设备的音响效果、视听资源的艺术品位等。特别是有音高的乐器（如铝片琴、音钟、小钢琴等），需注意音准。

二、 幼儿在表演区可能获得的相关经验

（一）艺术表现与创造

（1）感受环境及艺术活动中的美，加深对各种艺术表现方式的理解。

（2）通过大胆而个性化的表现方式发展想象力与创造力。

（3）通过参与，积累歌唱、舞蹈、演奏、故事表演等各种艺术表现技能及表演经验。

（二）社会性与情感

（1）在参与活动的过程中，获得愉快、丰富的情绪体验。

（2）通过扮演各种角色、展开相应的实践活动来了解、理解世界，积累社会认知经验。

（3）在与他人的表演交流和协作中进一步认识自己，理解自己与他人的关系，学习交往合作，形成积极的人际互动。

（三）语言能力

（1）对音乐中的声音和节奏做出回应，发展听觉感知和语音记忆能力。

（2）充分运用语言与同伴交流、协商。

（3）通过故事表演、演唱歌曲的过程，感受和理解文学、艺术语言，丰富语言经验。

（四）身体动作与协调性

（1）通过知觉和控制自己的身体，感知空间和距离，发展身体平衡和协调能力，完善基本动作技能。

（2）在自我操作、自我服务的过程（如敲击乐器、穿脱演出服、使用道具和设备等）中发展精细动作，培养自理能力。

（五）科学感知与探索

（1）对各种玩具材料的充分操作，可以丰富许多科学经验，如对长短、大小等各种量的感知、对材质的认识等。

（2）可以引发对一些科学现象的好奇和探索，比如皮影戏中蕴含的光影秘密、乐器中蕴含的声音秘密等。

（六）学习品质

（1）对各种艺术表现形式好奇，愿意大胆尝试。

（2）乐于参与不同形式的艺术活动，积极探索，从而发现自己的身体潜力和创造潜力，树立自信。

（3）运用想象和创造，对已知信息进行个性化地理解和建构，形成个性化的表演经验，提升解决问题的能力。

（4）为了更好地实现表演效果，不断克服困难，坚持练习和改进，磨炼意志。

（5）借助反思不断调整表演行为，达成期望的表演效果，发展反思和解释的能力。

三、 表演区玩具配备的种类及功能

表演区的游戏涉及歌舞表演、故事表演、乐器演奏、时装秀、木偶戏等多种艺术表现方式。依据不同表现方式的需要，其玩具配备大致可以分为乐器类、服装道具类、视听类和学习方法类四种。

（一）乐器类

（1）乐器便于操作，声音悦耳，易于激发幼儿参与表演活动的兴趣。

（2）不同乐器所带来的丰富声音可以引发幼儿对声音的好奇，并在操作中感知和分辨声音的不同，体会不同的音色特点，促进听觉的发展。

（3）对乐器的充分操作能够满足幼儿喜欢探究的需要，帮助幼儿建立手的动作与声音之间联系的认识，体会不同操作所带来的不同声音效果，积累科学和艺术经验。

（4）借助乐器给音乐作品伴奏，能够促使幼儿感受音乐的节拍、节奏，分辨音乐的强弱、快慢，发展幼儿的节奏感及对音乐的理解力，丰富各种音乐经验（如音色、快慢、结构等）。

（5）尝试多种乐器的齐奏与合奏，可以锻炼幼儿与同伴间的协调配合能力，培养合作意识及良好的操作习惯。

（二）服装道具类

（1）整洁而富有美感的环境陈设布置以及丰富有趣的道具，可以引发幼儿对表演游戏的兴趣，激发幼儿参与表演的愿望。

（2）道具呈现了表演的角色和内容，为幼儿大胆表演、展示自己提供条件，同时也可以激发幼儿的创新，使表演更富有情趣和个性。

（3）不同功能的道具（如彩带、扇子、手绢等）经过充分使用，能够促进幼儿多种能力的综合发展，体验表演带来的乐趣，进一步激发其对艺术的美好情感和创造性。

（4）幼儿可以加以改变的、具有开放性的游戏操作材料（如纸杯、塑料圈等），既为幼儿的学习提供了支架，又有利于幼儿在亲身操作中探索和创造，不断挑战、不断发展。

（5）一些可以按照自己的想法自由操作的材料一旦与表演相结合（如模仿"关节小人"摆造型、用纸笔记录表演动作、用手电筒创造光影表演等），能够引发幼儿的好奇心，激发幼儿的创造性，并渗透多方面的学习。

（6）尝试使用不同道具的过程可以发展幼儿的自理能力，而参与制作、使用的过程能更好地培养幼儿的自主性。

（三）视听类

（1）丰富有趣的视听资料能够吸引幼儿参与艺术活动，从中获得快乐的情绪体验，培养初步的表演兴趣。

（2）视听材料可以丰富幼儿的表演情境，烘托表演气氛，使幼儿能尽快进入表演状态，增加幼儿对表演的兴趣。

（3）围绕幼儿具体的表演内容而提供的更为开阔、多样、支架性的信息资源，可以为幼儿提供理解的基础和借鉴、模仿的对象，有助于丰富其表现经验。

（4）视听材料的辅助可以更好地支持幼儿的表演，满足幼儿情感表达的需求，帮助其获得丰富的情绪情感体验。

（四）学习方法类

借助一些支架性方法类材料，如乐器使用图示，幼儿能够看懂的节奏卡乐谱舞谱、剧本等，可以发挥教师的间接指导作用，推动幼儿游戏的深入和拓展，在提升艺术表现的同时渗透前阅读、前书写等学习能力的培养。

四、 各年龄班玩具配备的重点及建议

（一）小班配备重点

（1）易操作。小班幼儿的身体肌肉尚在发育之中，自我服务能力也正在发展，所以提供的玩具材料应易操作，具体来说就是乐器易抓握、服装易穿脱、材料易取放。如碰钟有带柄碰钟和带绳碰钟两种，小班幼儿更适合带柄碰钟；装扮类中的夹子，最好是塑料夹子，过紧的燕尾夹、竹夹子等就不太适宜。

（2）同种多量。小班幼儿好模仿，在投放玩具材料时，可适当注意同种类玩具配备的数量多一些，满足小班幼儿平行游戏的需要。

（3）情境化。小班幼儿极易受环境影响，展开想象投入角色中。优美、亮眼的表演环境以及形象熟悉、可爱的服装道具材料可以更好地营造一个表演的情境，吸引他们参与其中。

（4）陈列展现。小班幼儿的思维处在具体形象思维阶段，活动会受到所看事物的影响。将玩具材料尽可能地陈列展现出来，有利于引起幼儿注意，吸引他们的参与。

小班表演区玩具配备参考清单与建议见表 2－1。

表 2－1　小班表演区玩具配备参考清单与建议

种类	类别	举例	数量（以班为单位）	建议
乐器类	金属类	手摇铃、带柄碰钟、串铃、单棒铃、课铃等	10 件以上	①小班幼儿小肌肉发育尚未完善，所以应提供便于幼儿操作的乐器（如易抓握、易敲等）②小班幼儿一般更喜欢柔和些的音色，所以镲、锣等具有强烈声音刺激的乐器应少投放。乐器的音色和手感应尽量优质，争取给幼儿更好的操作体验
	木质类	单响筒、响板、木鱼、打棒等	10 件以上	
	散响类	沙蛋、沙锤等	5 件以上	

（续）

种类	类别	举例	数量（以班为单位）	建议
乐器类	鼓类	小鼓、铃鼓、地鼓、棒棒糖鼓等	4件以上	③小班幼儿对乐器缺少经验，所以好奇心强，特别喜欢动手探索。教师应允许幼儿对乐器进行反复的、开放性的操作，满足幼儿的好奇心，在充分的探索中感知乐器，积累经验
	固定音高类	手敲琴、铝片琴、小木琴等	1件以上	
服装道具类	装扮类	形象可爱、熟悉的角色头饰、服饰；蓬蓬舞裙等	5件以上	①小班幼儿非常需要大胆表现的鼓励，所以表演区的环境布置以及材料投放应更多地吸引幼儿参与，例如闪亮的舞台帷幔、逼真的麦克风、漂亮可爱的服装服饰等 ②小班幼儿自我服务能力有限，所以装扮服饰要易于穿戴，方便表演。有些饰品需要注意其安全性，避免尖锐和打结 ③小班幼儿喜欢形象可爱、熟悉的角色，教师应投放形象生动、特征突出、幼儿熟知的装扮材料。故事表演所用的道具也应具体形象，与故事吻合度高，以利于幼儿投入到角色中 ④小班幼儿喜欢模仿，所以同种道具要多投放一些 ⑤小班幼儿身体动作能力正在发展，道具类材料不宜过大或过小，应易于他们操作使用
		大块的布、串珠、彩带、夹子、大镜子等可自由装扮自己的材料	5件以上	
	场景类	小舞台、帷幔或幕布等营造舞台氛围、分割区域的材料	1件以上	
		如树、房子等与幼儿近期故事表演相关的场景材料	2件以上	
	道具类	如篮子、苹果、拐杖等与幼儿近期故事表演相关的操作材料	3件以上	
		纱巾、飘带、麦克风等歌舞表演操作类材料	6件以上	
视听类	硬件设备	录音机、CD机、音频播放器、DVD机、计算机等能够播放音视频文件的设备	1件以上	幼儿听觉发展需要良好的声音环境，教师应尽力给幼儿提供音质好的视听设备和资料
	视听资料	故事、音乐、歌舞等音视频资料	音频10个以上 视频1个以上	音视频资料应符合小班幼儿的特点，如故事中的角色形象个性鲜明，故事短小有趣、语言简短、重复语句多；音乐短小工整、节奏鲜明、曲调优美、中速为主等

（续）

种类	类别	举例	数量（以班为单位）	建议
视听类	视听资料	故事或动作图片、海报等	1件以上	将故事或者动作图片张贴起来，便于引发幼儿兴趣，反复阅读，助力表演
学习方法类		自制乐器演奏说明书	1件以上	将幼儿经过观察模仿、操作探索而发现并达成共识的乐器演奏方法拍照做成说明书，供幼儿日常学习

（二）中班配备重点

（1）玩具材料更丰富多样。中班幼儿的生活经验、艺术经验、表演经验等都更加丰富，他们渴望涉猎更多的艺术表现形式，接触更多的艺术材料。所以在表演区，教师需要投放更为多样的玩具材料，满足幼儿的求知欲和发展需要。如增加模仿自然界声音的特制乐器，以及可以随音乐游戏操作的纸杯、塑料圈等。

（2）玩具材料的投放更有利于体现幼儿的自主性。中班幼儿各方面的能力都有所增强，教师可以为幼儿创造更多自主做事的机会，例如投放易于操作的音频播放设备，便于幼儿在游戏中自主使用；鼓励幼儿自主制作一些玩具材料，激发幼儿参与游戏的愿望，满足个性化表演的需求。

（3）玩具材料的投放更有利于幼儿自理能力的发展。玩具材料的增多，对幼儿的收纳整理提出了挑战。教师需要投放一些大小适宜的收纳箱、收纳盒、衣架等，做好标记，保障幼儿能够分类整理。

中班表演区玩具配备参考清单与建议见表2-2。

表2-2　中班表演区玩具配备参考清单与建议

种类	类别	举例	数量（以班为单位）	建议
乐器类	金属类	串铃、碰钟、腕铃、三角铁、小镲、手摇铃等	12件以上	①中班幼儿已具有一定的音乐经验，对声音的感受探究欲望更强，所以乐器的配备应更多考虑丰富性、多样性，从而能够更好地促进幼儿听觉的发展。可以投放同类不同质的乐器，引发幼儿的感知、比较、
	木质类	打棒、双响筒、响板、果壳腕铃、砂板、木鱼等	12件以上	

（续）

种类	类别	举例	数量（以班为单位）	建议
乐器类	散响类	沙锤、雨声筒、金属沙筒等	5件以上	比如金属腕铃和果壳腕铃的不同，塑料沙锤、木质沙锤、金属沙筒的不同等。另外还可以投放一些模仿自然界声音的特制乐器，如雨声筒、海浪鼓、砂板等，进一步激发幼儿对乐器声音的好奇，尝试不同的创作和表演 ②可以选择当地有特色的乐器，传承民族文化，如京西太平鼓、达卜、口弦、八角鼓、梆子等 ③鼓励幼儿参与自制简单的小乐器，激发游戏兴趣，并从中感知声音的多样性，比较音色、音质，积累科学和艺术经验
	鼓类	小鼓、大鼓、铃鼓、海浪鼓、棒棒糖鼓、地鼓等	5件以上	
	固定音高类及弹拨类	音钟组、铝片琴或小木琴、小钢琴或电子琴、玩具弦琴等	2件以上	
服装道具类	装扮类	形象可爱的各类角色头饰、服饰，民族服装，自制服装等	6件以上	①中班幼儿的故事表演以动作和道具为主要表现手段，所以教师要注意投放丰富的服装和道具材料，引导幼儿通过有意识的装扮来理解艺术形象，丰富表现经验 ②中班幼儿故事表演游戏目的性还不够强，所以配备有一定逼真性、能够代表角色身份和推动情节发展的服装道具对他们来说还是有一定必要的，通过材料的一定结构化来帮助幼儿增强游戏的目的性和持久性
		大块的布、纱巾、彩条、发饰、夹子等可自由装扮的材料	6件以上	
		梳妆台、梳子、化妆盒、大镜子等帮助幼儿装扮的设备和工具	1件以上	
	场景类	小舞台、自制背景板、幕布、屏风等营造舞台氛围、分割区域的设施	1件以上	
		如桌子、树、房子等与幼儿近期故事表演相关的场景设施	1件以上	

（续）

种类	类别	举例	数量（以班为单位）	建议
服装道具类	道具类	如王冠、食物、魔法棒等与幼儿近期故事表演相关的操作材料	3件以上	③材料增多，需要培养幼儿自我整理和收放。教师可以和幼儿一起讨论收纳规则，制作标志，并引导幼儿主动学习一些整理方法，帮助幼儿养成良好的收纳整理习惯
		如手绢、扇子、彩穗、纱巾等歌舞表演操作类材料	8件以上	
		纸杯、小石头、塑料圈、"关节小人"等游戏操作类材料	8件以上	
	玩偶类	动物、植物、人物等，各种形象的布袋偶、纸偶、毛绒玩具等，相应的表演台等	5件以上	
视听类	硬件设备	录音机、CD机、音频播放器、DVD机、计算机等能够播放音视频文件的设备	1件以上	①投放一些易于操作的小设备，如音频播放器等，鼓励幼儿自主操作 ②和幼儿一起讨论设备的使用方法及保护措施，培养幼儿的自主性 ③音视频资料应比小班更加多样和复杂，如故事角色更多，情节内容更为丰富，语言句式更为复杂。音乐题材更广泛，曲风更为多样，变化更多等
	视听资料	故事、音乐、歌舞等音视频资料，故事表演用的图书	音频15个以上，视频2个以上	
学习方法类		具体形象的节奏卡	1套以上	教师可结合教学，投放具体形象生动的节奏卡（如荷叶与青蛙、盘子与苹果等），供幼儿玩节奏游戏使用

（三）大班配备重点

（1）投放数量更多、种类更丰富的玩具材料。大班幼儿合作游戏会更多，玩具材料的数量种类相应也要增加，以满足他们合作游戏的需要。另外，大班幼儿思维活跃、经验丰富、求知欲强烈，喜欢接触、了解一些新奇的事物，所以适时投放一些比较新鲜、独特的玩具材料，如锣、腰鼓、快板、提线木偶等，能够使大班幼儿保持对表演区游戏的兴趣，丰富游戏内容，拓展他们的经验。

（2）让幼儿更多地参与材料投放工作。大班幼儿的自主性更强，各方面能力都有了很大提升，会根据自己的需要主动做事。教师可以鼓励幼儿更多地参与到环境创设中，搜集、制作、分享玩具材料，比如一些小乐器、与表演区有关的图书、道具等。

（3）材料配备更开放，与班级活动相结合。到了大班，班级的活动会更加丰富、有挑战性。孩子们会围绕一些重点内容开展共同学习，整合许多区域的游戏活动。因此，表演区的玩具材料会更多地随着班级的一些活动而调整，例如毕业典礼的筹备、给弟弟妹妹演童话剧等。

大班表演区玩具配备参考清单与建议见表2-3。

表2-3 大班表演区玩具配备参考清单与建议

种类	类别	举例	数量（以班为单位）	建议
乐器类	金属类	碰钟、三角铁、串铃、锣、镲、腕铃、课铃、风铃等	15件以上	①大班幼儿听觉得到进一步的发展，因此教师需要适当添加有音高区分的乐器，比如音砖、双响筒、三响梆子等，来加强幼儿对音高的感知 ②幼儿需要发展协调配合能力，所以投放乐器要考虑多样性、典型性，以便幼儿能够更好地搭配组合，来表现自己对音乐作品的感受 ③大班幼儿动手能力强、自主性强，教师可以鼓励幼儿自己制作声响乐器，这既可以激发幼儿对声音的科学探索，同时能够更好地调动幼儿参加表演活动的积极性
	木质类	双响筒、打棒、蛙鸣筒、多音响筒、高低（三响）梆子、响板等	15件以上	
	散响类	沙锤、铃圈、金属沙筒、雨声筒等	5件以上	
	鼓类	铃鼓、大鼓、腰鼓、小军鼓、架子鼓、非洲鼓等	6件以上	
	固定音高类及弹拨类	小钢琴或电子琴、音砖、音钟组、玩具弦琴、小手风琴等	2件以上	
服装道具类	装扮类	各类角色头饰、服饰；风格多样的民族服装、自制服装	6件以上	①幼儿有较强的表现欲望，且已有一定的表演经验，教师可以更为放手地让儿童参与准备和表演的全过程。如利用废旧物制作所需道具、制订演出计划、布置演出会场、组织节目彩排等 ②大班幼儿的表演游戏更为复杂多样，所需道具种类数量多，教师可以让幼儿自己商定分类摆放方式
		纱巾、彩带或彩条、项链、发饰、大块的布等可自由装扮的材料	6件以上	
		梳妆台、梳子、化妆盒、大镜子等帮助幼儿装扮的设备	2件以上	

（续）

种类	类别	举例	数量（以班为单位）	建议
服装道具类	场景类	小舞台、自制背景板、幕布、屏风等营造舞台氛围、分割区域的设施	1件以上	③大班幼儿游戏的目的性大大增强，以物代物的能力也更强，服饰、道具的功能已经从增强角色意识向多样化探索转移，教师应支持幼儿创造性地使用材料，当缺少相应道具时，教师可以鼓励幼儿寻找替代物来表演
		一些独特的艺术表现形式所需的场景设施，如演双簧的椅子、光影表演的白幕布等	1件以上	
	道具类	山洞、宝剑、锄头等与幼儿近期故事表演相关的操作材料	4件以上	
		手绢、扇子、水袖、棍、飘带、手电筒、快板等艺术表演操作类材料	10件以上	
		纸杯、瓶罐、塑料圈、节奏卡等游戏操作类材料	10件以上	
	玩偶类	动物、植物、人物类玩偶等，各种形象的布袋偶、提线木偶、皮影等，相应的表演台等	6件以上	
视听类	播放、拍摄设备	录音机、CD机、音频播放器、DVD机、计算机等能够播放音视频文件的设备 平板电脑、相机等拍摄设备等	1件以上	①大班幼儿自主能力增强，可以让他们自主使用更多的设备，比如用平板电脑拍摄自己表演的视频，以便回顾调整；自己播放视频，跟着视频学习；自己录制故事旁白等 ②大班幼儿的求知欲望强烈，可以投放一些欣赏类的材料，甚至鼓励幼儿参与搜集，丰富相关的资源储备，如民族舞蹈、国内外乐器、著名艺术家的表演作品等，从而接触更多的艺术表现形式，或对某种表现形

（续）

种类	类别	举例	数量（以班为单位）	建议
视听类	视听材料	故事、音乐、歌舞等音视频资料、图片或画报，剧本等	音频 20 个以上，视频 3 个以上	式进行深入研究 ③大班幼儿进行故事表演的题材更加多样，可与班级图书区联系，互为辅助
	学习方法类	节奏卡、舞谱、自创剧本等	1 件以上	对大班幼儿来说，前阅读前书写准备愈发重要，教师应鼓励幼儿将自己的节奏创作、舞蹈创作、故事创作记录下来，在区角游戏中使用

五、案例

（一）小班

《爸爸去哪儿》 唱起来

曾经有一档亲子真人秀节目《爸爸去哪儿》特别火热，不仅吸引了成人的眼球，而且孩子们也喜欢跟爸爸妈妈一起看，每天都能听到小朋友们不由自主地哼唱其中的主题歌。

我知道小班幼儿喜欢新鲜的事物、好奇心强、行为受情绪支配、爱模仿、喜欢游戏……所以决定从表演区的环境及游戏材料入手，营造相应的情境，以生活化、游戏化的状态来支持幼儿感受、学唱《爸爸去哪儿》这首歌。

我在表演区张贴了《爸爸去哪儿》的宣传海报以及各位爸爸和孩子的照片，还投放了这些主人公的头饰（图 2-1）。《爸爸去哪儿》的主题曲是由爸爸和孩子共同演唱的，投放他们的头饰，一是因为小班的孩子爱模仿，他可能会因为喜欢其中的某一个人而愿意去模仿"他"；二是戴上头饰，孩子们会觉得很好玩，像在玩游戏，没有什么心理负担。

表演区的游戏开始了，超越第一个来到这里。他特别喜欢石头的爸爸郭涛，大部分时

图 2-1

间，超越都是拿着郭涛的头饰，靠在郭涛照片的旁边，偶尔跟着歌曲哼唱几句（图2-2）。我发现超越的爸爸跟郭涛有点相似，也许就是因为有爸爸的影子，超越才会喜欢靠在郭涛的照片旁。情感的需求促使超越参与到表演区的游戏中来。

图2-2

叮当从始至终戴着"森碟"的头饰认真地唱着歌。在这样有点"吵闹"的氛围中，她不受其他小朋友的影响，似乎化身"森碟"本人在舞台上表演一般。还有的小朋友也戴着头饰投入唱歌，有时还会点头拍手来打节拍，有的一边唱歌，一边跳舞。每当唱到"我想带你去火辣辣"等好玩的乐句时就特别高兴和大声。

表演区里《爸爸去哪儿》海报、人物图片以及主人公头饰的投放吸引了幼儿的注意力，满足了幼儿的情感需求，帮助他们完成了角色转换，进而激发了他们学习新歌、大胆表现的可能性。孩子们沉浸在表演区的游戏中，积极地与材料进行互动，用自己的方式学唱新歌，诠释对这首歌曲的理解与感受。

（北京空军蓝天宇锋幼儿园　秦玲）

⊙ 点　评

小班幼儿表演经验少，题材有限的音乐作品、种类不太多的乐器、简单重复的动作……这里的表演区似乎经常"玩不起来"。秦老师敏锐地发现了本班幼儿的兴趣，在材料提供上开动脑筋，投放了人物头饰以及配套的海报，借助孩子们喜欢的人物来吸引幼儿，搭建幼儿与歌曲、与表演区游戏的桥梁。同时，教师理解和尊重不同幼儿的个性表现，支持幼儿以不同的方式、不同的进度参与其中。从孩子们的表现来看，这一环境材料的投放是成功的，他们有的被这些材料唤起情感，沉浸在歌曲中；有的因这些材料而更加热情地参与，与歌曲交融。就这首歌来说，教师一句都没有教，但孩子们却在快乐、主动地参与，一遍遍地聆听、模仿哼唱、大胆跟唱中慢慢掌握了歌曲，还得到了情感的满足，享受着音乐的快乐，增强了表现的欲望。

（北京市西城区教育研修学院　顾春晖）

（二）中班

案例一　从"趣味拍拍乐"到"最炫服装秀"

暑期，我们班的孩子到祖国各地去游玩了。回到幼儿园，孩子们都兴奋地交流着自己的见闻，小小更是拿出自己身穿漂亮的蒙古服的照片说个不停。恰逢开学第一课中，大班哥哥姐姐们穿着各个民族的服装进行表演，一下子吸引了我们班小朋友的眼球。看到孩子们的兴趣，我们班老师以"大美中国"为主题，将少数民族的衣服摆成不同的姿势，粘贴在 KT 板上，然后用刻刀沿轮廓裁下，用鱼线悬挂起来，制成"趣味拍拍乐"投放在表演区。孩子们可以自由选择喜欢的民族服饰，站在它们后面摆出各种各样的造型，露出最欣喜、最甜美的笑容（图 2-3）。

图 2-3

过了几天，恬恬有点不满足了，说："我想穿民族服装表演，我觉得一定很漂亮！"果果说："这是个好主意！我们可以一起找找音乐和衣服！"于是大家开始积极地搜集音乐。经过筛选，孩子们最终选出维吾尔族歌曲《尝葡萄》、傣族歌曲《孔雀舞》、藏族歌曲《布达拉》、苗族歌曲《苗族舞曲》作为表演曲目。

选好音乐后，老师和孩子们一起到园里的资料室，挑选了一些喜欢的服装服饰带回班里，整理好放在表演区。一清还细心地自制了小标签，将不同民族服饰的特点画上去，贴在相应的衣服上，便于同伴寻找。

这天，诺诺换好衣服后说："我在舞蹈班学过孔雀舞，我教你们吧！"诺诺小老师吸引来很多小朋友，孩子们一起学习孔雀的舞步和手势，伴随着音乐翩翩起舞。

游戏持续了一段时间，学过走秀的依依冒出了新想法："我们还可以来一场民族走秀！"孩子们对这个提议特别感兴趣，纷纷应和。依依起劲地和同伴分享怎么走模特步、怎样摆姿势、在哪里做定点姿势，小伙伴们学习得也特别积极和认真。为了让走秀更好看，孩子们又去美工区自制了一些首饰、头饰装扮自己。老师和依依应大家要求去寻找适合走秀的音乐。考虑到场地的要求，大家还动手将楼道作为"民族走秀"的 T 台，一场民族走秀火热进行起来（图 2-4）。

图 2-4

⊙ 游戏反思

从大家热烈谈论假期出游、小小介绍自己穿着蒙古族服装的照片、入神观看哥哥姐姐的民族表演，到趣味拍拍乐、民族舞蹈表演、最炫服装秀……，孩子们对民族服饰充满兴趣，并由此引发强烈的表演欲望。由于教师敏锐捕捉到了幼儿的需求，得以促成一系列精彩的表演区游戏。教师时而主动提供玩具材料，如趣味拍拍乐材料就像一个神奇的触发器一样打开了孩子们民族表演的窗户；时而配合幼儿做事，如到资料室找材料，创设楼道 T 台；时而借助一些策略推动幼儿的游戏，如引导幼儿寻找舞蹈学习资料并整理成学习图册……孩子们受兴趣驱使，不断产生新想法，进而主动搜集民族服装服饰，寻找民族音乐、舞蹈视频，自制道具，主动学习表演……教师和幼儿一起创设了一个富有吸引力的表演区环境，满足了幼儿的情感和认知需要，使他们能够在自主参与、自由表达中充分发挥创造力，感受民族美、民族情。

（北京空军蓝天宇锋幼儿园 白娜）

➜ 点　评

从"趣味拍拍乐"到"最炫服装秀"，孩子们始终热情而投入地参与到表演区的游戏中。很显然，这离不开教师每一步的支持。教师精心制作的"拍拍乐"材料满足了孩子们分享表达对各地风土人情感受的需求，也成功激发了他们表现的愿望。在孩子们的主动参与下，之后的材料提供更多是教师被幼儿推动，并在与幼儿共同谋划、共同行动的过程中成就幼儿的想法、促成幼儿的表演游戏。孩子们想跳民族舞蹈，于是师生共同找服装、搜舞蹈视频和动作图片，教师还会细心地关注、引导幼儿将这些材料加以整理，培养幼儿良好的学习习惯，也为幼儿后续的自主学习舞蹈奠定了基础。孩子们想走秀，于是师生一起挑选更为合适的场地，创建新的舞台，丰富服饰材料……在这个过程中，我们充分感受到教师追随幼儿学习的脚步，不断调整环境材料，支持幼儿的创造，成就孩子们的精彩。

（北京市西城区教育研修学院 顾春晖）

案例二　音乐剧《蚂蚁蚂蚁去旅行》

这段时间，一本《蚂蚁蚂蚁排排走》的绘本吸引了我们班的小朋友。孩子们被书中的情节深深吸引，阅读时总能看到他们用肢体和语言即兴表演着书中小动物们拒绝蚂蚁时的动作和神态。

我意识到孩子们对这个故事有表演的需求了，就开始调整表演区的环境，将这一游戏内容加入其中。我搜集了故事中各种小动物的服装、头饰，还特意挑选了一些熟悉的、可能与此故事表演相关的音乐，如《小蚂蚁》《螃蟹体操》《动物狂欢节》《幽默曲》等，以及可能会用到的乐器，如三角铁、雨声筒、鼓等，以备幼儿表演所需。最后还在舞台环境中张贴了醒目的图书封面。一切都准备好了！

第二天游戏时，孩子们立刻被表演区《蚂蚁蚂蚁排排走》的海报吸引，积极热情地投入角色的装扮和表演中来，开始了新的快乐游戏……

随着游戏进一步开展，孩子们用自己的办法解决了"抢角色"的问题，还修改了剧本，《蚂蚁蚂蚁排排走》变成了《蚂蚁蚂蚁去旅行》。为了更好地实现表演效果，孩子们希望添加道具。为此，我和孩子们收集了一些低结构材料，共同制作了演出需要的小房子、香蕉林、苹果树……大家迫不及待地将做好的道具搬到小舞台上使用（图2-5）。

图2-5

经过大家的积极准备，《蚂蚁蚂蚁去旅行》的音乐剧逐渐成形，精彩上演。孩子们还制作了门票，邀请爸爸妈妈和幼儿园的朋友一起观赏，自信、大方地展示着自己。

◎ 游戏反思

这次的表演与以往不同，是由一本有趣的绘本引发的。而教师依据幼儿的兴趣需要有意布置的表演环境发挥了重要作用，成功打开了孩子们故事表演的行动之门。对故事的喜爱、对角色服装的兴趣等都淋漓尽致地体现在孩子们的表演游戏中。这种内在动机也自然驱使着他们对表演的持续探究，使一本绘本演变成了一台幼儿自编、自导、自演的音乐剧。

让我惊喜的是，在故事表演的过程中，孩子们自然融合了乐器使用、角色扮演、节拍律动、语言表达等多元艺术形式。特别是之前一直被冷落的乐器，这回被发挥了很大作用。我很庆幸自己在投放材料时能够秉持丰富多样的原则，没有受限于绘本本身，同时特别关注幼儿的行为表现，从中捕捉支持的灵感，从而促成幼儿游戏发展、学习发展的多种可能性。

（北京市西城区槐柏幼儿园　郭胜楠）

◎ 点　评

依据幼儿的想法和需求来提供环境材料，与提供丰富的材料、创设有准备的环境，从而为幼儿创造更多学习的可能性是不矛盾的，这个音乐剧游戏案例就很好地体现出了二者交织互促的关系。教师在解读到了幼儿想要表演这个故事的需求后，精心设计、投放了大量材料，涉及舞美服装道具、乐器、视听等各门类，真的是做好了充分准备。这样的环境与幼儿一拍即合，幼儿的表演兴趣一下子被激发出来，积极投入其中。值得注意的是，教师并没有将所有的材料强加于幼儿，而是密切关注幼儿对材料的反应，与材料的互动。由于给了空间，幼儿能够自由地游戏，不断产生新想法，创造性地使用这些材料完善表演。于是故事表演与音乐相遇了，属于孩子们自己的音乐剧诞生了。所以，在环境材料的配备上，教师需要不断转换角色，实现观察幼儿与配备玩具材料的循环往复，让表演区的玩具配备更加贴合本班幼儿的游戏需要。

（北京市西城区教育研修学院　顾春晖）

（三）大班

有趣的京歌　《龟兔赛跑》

最近，孩子们发现了一首很有特色的京歌（加入了京剧音乐元素的歌曲）《龟兔赛跑》，对里面发出"俏皮"声音的锣镲十分好奇，也萌发了对中国传统乐器的兴趣。他们喜欢跟着锣鼓点走圆场、亮相，更喜欢用锣鼓镲等乐器进行伴奏，表演区的游戏热闹起来。

老师和孩子们共同搜集了各式各样的带有"京味"的乐器——锣、鼓、镲、木鱼、响板等，带着自己的想法和感受开始了为京歌伴奏的游戏。

随着乐器种类越来越多，进表演区的小朋友也越来越多，合奏的难度也加大了。孩子们想出了一个好办法，他们用熟悉的小纸杯创编不同的节奏型，玩节奏游戏（图 2-6）。还轮流当指挥，指挥大家共同演奏。在这个过程中，孩子们逐渐体会到演奏时看谱子和指挥的重要性。

图 2-6

后来孩子们还商量出合适的节奏型，用自己独特的符号记录节奏谱，实现了分组分乐段演奏京歌。浓浓的"京味"蔓延开来，孩子们开始尝试用这些乐器给更多的歌曲伴奏。

⮚ 游戏反思

"京味"小乐器打开了孩子们对中国文化的好奇心。在探索的过程中，孩子们逐渐发现乐器的各种声效，以及不同乐器一起合奏时的美妙，更萌发了对京剧的好奇。对孩子们来讲，好的玩具是能激发他们无限潜能的玩具，就像这些乐器。他们在敲敲打打中创造玩法，在合作演奏中相互配合，在探索中感受博大精深的中国文化，在投入表演中自信、快乐地成长。

孩子们对京剧的好奇得到了家长的积极回应，亲子共同查找资料，了解其中的秘密。几个小朋友将生旦净末丑的图片和头饰带到幼儿园，其中京剧丑角滑稽的扮相得到了孩子们的"特别关注"，他们产生了一个大胆的想法——把丑角的表演形式融入《龟兔赛跑》的表演里。教师鼓励幼儿以小组的形式来探索。孩子们跟着锣鼓点做各种京剧亮相动作，通过观看"报灯名"的视频了解丑角的表演方式，随后分成小组默契分工与配合，有戴丑角官帽扮演"乌龟"的，有敲锣鼓镲帮忙打鼓点的，在玩中感受京剧角色的表演魅力，并爱上京剧艺术（图2-7）。

图2-7

（北京市第六幼儿园 王怡暄）

⮚ 点 评

优秀的音乐作品开启了幼儿探索音乐、了解中国传统文化的大门。教师在分析音乐作品、观察幼儿需求的基础上做出了最适切的环境支持——搜集、投放相应的"京味"乐器。有了这些真实的乐器，孩子们亲身感知到它们的独特和有趣，并逐渐萌发随乐演奏、合奏的需求。这时，极具开放性的纸杯、纸笔等道具得以发挥作用，灵活变身为孩子们进行节奏练习的材料，帮助他们在合奏的学习上不断进步。同时，教师也在满足幼儿对京剧的好奇，借助生旦净末丑的图片、经典片段的视频等支持幼儿了解京剧知识，感受京剧魅力，并创造性地将这些表现方式运用到自己的表演之中。当看到戴着丑角官帽的"乌龟"角色以及锣鼓镲默契配合时，我们能够深刻体会到教师在玩具材料上的及时呼应发挥了巨大作用。

（北京市西城区教育研修学院　顾春晖）

◆ 附：表演区各年龄班玩具配备参考图例

小班	
种类	举例

种类	举例
金属类	手摇铃　串铃　带柄碰钟　单棒铃　课铃
木质类	单响筒　响板　木鱼　打棒
散响类	沙蛋　沙锤
鼓类	小鼓　铃鼓　地鼓　棒棒糖鼓

（续）

小班		
种类	举例	
学习方法类	乐器道具使用图例	音乐游戏图谱

中班				
种类	举例			
固定音高类	铝片琴或小木琴	手敲琴		
金属类	腕铃	碰钟（撞钟）	串铃	小镲	三角铁
木质类	打棒	双响筒	果壳腕铃	响板	砂板
散响类	沙锤	雨声筒	金属沙筒		

（续）

中班				
种类	举例			

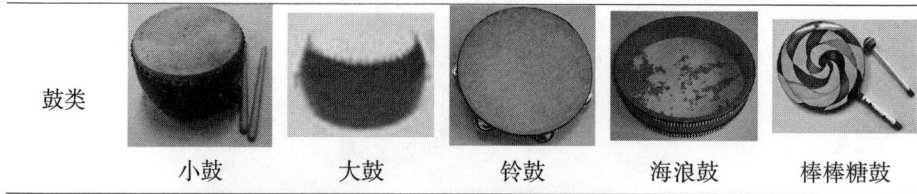

| 鼓类 | 小鼓 | 大鼓 | 铃鼓 | 海浪鼓 | 棒棒糖鼓 |

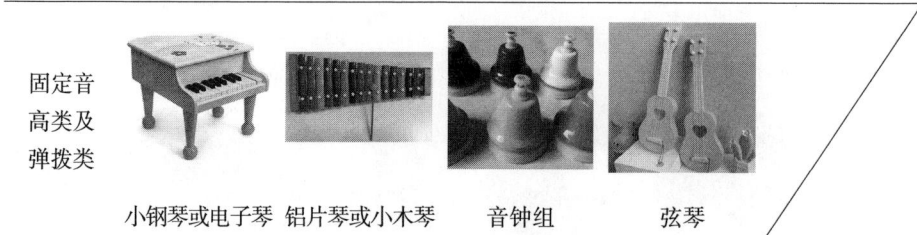

学习方法类

形象节奏图谱

大班			
种类	举例		

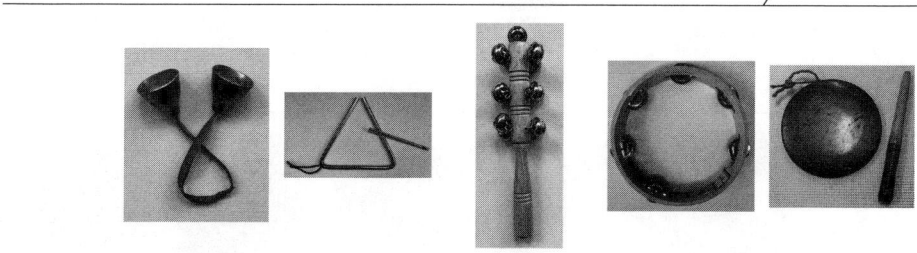

固定音高类及弹拨类

小钢琴或电子琴　铝片琴或小木琴　音钟组　弦琴

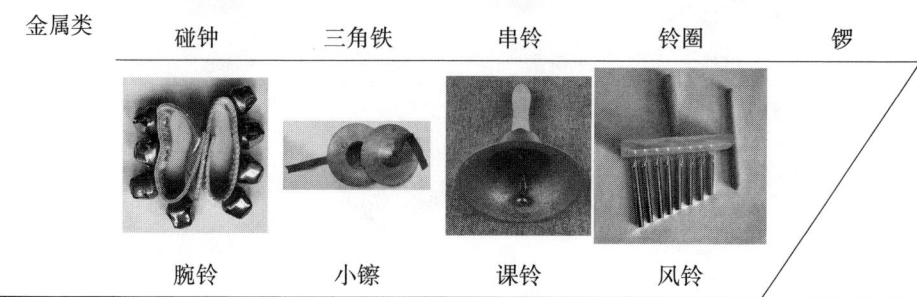

金属类　碰钟　三角铁　串铃　铃圈　锣

腕铃　小镲　课铃　风铃

（续）

大班	
种类	举例

木质类

   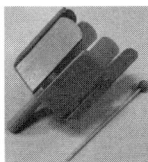 

双响筒　　　　高低梆子　　　打棒　　　多音响筒　　　蛙鸣筒

散响类

沙锤　　　　雨声筒　　　金属沙筒

鼓类

铃鼓　　　大鼓　　　腰鼓　　　小军鼓　　　小架子鼓

固定音高类及弹拨类

小钢琴或电子琴　　　音砖　　　音钟组　　　弦琴　　　小手风琴

学习方法类

舞谱　　　　自创剧本　　　自由组合节奏卡

第三章　建　构　区

一、 建构区的功能及玩具配备的原则

（一）建构区的功能

建构区是幼儿利用各种建构材料进行结构造型游戏的区域，建构游戏是幼儿自主地选择、运用各种材料塑造物体形象，反映自我经验和周围生活的游戏活动。幼儿园的建构区，是幼儿非常感兴趣的区域，幼儿可根据自己的兴趣、经验选择游戏内容、材料进行建构，获得各种操作体验，有利于实现身体、社会性、认知、表达、审美以及情感态度等多方面的综合发展。

（二）建构区玩具配备的原则

建构区在保证区域设施设备和各种玩具材料安全、卫生、不会对幼儿造成危险和伤害的前提下，在配备玩具时还需要基于其自身的功能遵循以下几项原则：

1. 适宜性

建构区玩具非常丰富，不仅现成的玩具种类多，而且生活中的自然材料都可以成为建构区的材料，配备时要注意适宜性的原则，既要符合幼儿的年龄特点、身体动作发展的特点，也要分析幼儿的发展需要，为不同年龄班提供大小、种类、数量适宜的玩具，注意保持现成玩具与自然材料的平衡，避免因为替代而影响了幼儿的思维发展。

2. 多样性

建构区的玩具种类丰富，幼儿在操作过程中可以获得多种感官的体验以及多种动作的协调发展，因此配备玩具时需注重考虑玩具种类的丰富性，使幼儿在建构过程中可以获得更丰富的感知体验。例如，投放玩具时，在符合幼儿年龄特点的基础上考虑不同材质、不同形状、不同大小的建构玩具都要

有，符合不同发展水平幼儿的需要，以便幼儿在操作过程中获得丰富的感受体验。

3. 开放性

建构区的灵活性比较强，幼儿的想法可能会随游戏情境、时间、分享讨论等因素逐步建立联系和拓展，可能会将多个作品连接在一起，空间场地也会随之发生变化，因此需要教师具有灵活开放的理念，在确保幼儿安全的情况下，鼓励并支持幼儿大胆地扩展游戏和创新。例如，幼儿在围绕主题的建构过程中，可能会出现场地小、玩具少的限制因素，这时老师可以与幼儿协商解决问题的办法，支持幼儿的想法，在确保安全的前提下拓展场地，将班级中可用的其他建构材料融入其中，或者与美工区、益智区的游戏内容结合起来，共同丰富建构主题。

4. 结构性

建构区的玩具结构性、功能性较强，整套玩具可能蕴含着一定的结构比例关系，幼儿在自主搭建的过程中会逐步发现材料间蕴含的比例关系，并能运用玩具比例关系解决遇到的问题，所以在投放玩具材料时一定要注意整套提供，更好地发挥玩具的价值。例如，成比例的积木玩具有助于幼儿发现图形之间的结构关系，自然材料的替代可能帮助幼儿轻而易举地达到造型的目的，却减少了思考、发现结构与数量关系的机会。成套的积木一定要按套投放，不随意拆分。

二、 幼儿在建构区可能获得的相关经验

(一) 身体动作与协调性

（1）在建构中通过对不同大小、种类的材料进行抓握、堆积、放置、拼接等操作及整理的过程，可以促进幼儿手眼协调、大小肌肉、精细动作的灵活协调发展。

（2）在搬运、取放较重材料及携带积木等材料行走时，幼儿身体平衡能力、控制身体重心的能力得到有效发展。

(二) 社会性与情感

（1）幼儿在建构游戏中经常表现出自己对周围事物的所见和所感，在与玩具、材料互动的过程中逐步形成热爱自然、热爱生活、热爱祖国的积极情感及生活态度。

（2）在围绕某一主题进行搭建的过程中，幼儿会经常与同伴进行沟通、协

商、交流、分享，共同制订计划、合作解决问题，学习处理自己与他人的关系、个体与群体的关系等。

（3）幼儿在建构作品的诞生、展示及分享过程中感受主体精神，体验成功的快乐，获得自信，增强自豪感。

（三）科学认知与思维能力

（1）幼儿在自主操作、观察、思考的过程中获得对积木、拼插玩具材料的颜色、形状、大小、空间比例关系等的认识，在个性化的表征中增强对数量、图形与空间结构关系的理解，发展观察、比较、概括、识图等能力。

（2）幼儿在建构中时常会遇到问题，在发现问题、反复探究解决问题的过程中，形成初步的科学态度和探究能力。

（3）幼儿在建构和收放玩具时，进行分类、比较大小、粗细与长短、数量、模式、等量代换等活动，发展空间感知和逻辑思维能力。

（四）艺术表现与创造

（1）幼儿在建构中表达自己对于周围世界的感受、理解、想象及情绪体验，释放着创造的热情和愿望。在表征事物的过程中，通过不断观察、比较、欣赏的方式，感知和积累平衡、对称、颜色搭配等审美方面的知识经验，不断提升审美能力。

（2）幼儿在建构中利用多种材料以及不同的表现手法表达自己对作品的感受和想象，获得想象力、创造力的发展。

（五）语言能力

（1）幼儿在制订小组建构计划的过程中，表达自己的搭建想法、建议，发展倾听、表达的能力。

（2）幼儿在小组建构过程中，解决搭建中遇到的问题，发展愿意与他人讨论、积极主动回应等文明的语言习惯。

（3）幼儿在游戏结束后的分享活动中，敢于在反思环节提出问题，梳理提升经验的过程可以发展语言表达和概括能力。

（六）学习品质

建构的过程是一个从简单到复杂持续深入的过程，需要不同玩具材料结构组合而成，可以发展幼儿之间的分工合作能力，有助于培养幼儿认真、耐心、细心、克服困难、坚持不懈等良好的学习品质。

三、 建构区玩具配备的种类及功能

(一) 积木类玩具

在幼儿园区域游戏中,积木游戏始终占有相当重要的地位,其奥妙在于,单元积木能充分满足幼儿多方面的兴趣,提高幼儿多角度的思维能力。幼儿在使用积木进行建构游戏时,可以自主体验建筑师的工匠精神;对搭建出自己心中作品的渴望,激励着幼儿体验设计师的探索与创新;对建构作品的过程性思考使孩子们在问题中学习,在学习中理解。在积木游戏之后的分享回顾活动,又可以充分展示孩子们的自信与勇敢。

1. 单元积木

利用各种形状的单元积木玩具,幼儿可以对见到的事物进行随意造型、创造性搭建并命名,语言、思维能力随之获得发展。在垒高、平铺的过程中感受平衡、对称,幼儿可以理解空间、守恒等数学关键经验;在玩具造型推倒重来的过程中,可以满足幼儿的多种兴趣,发展幼儿坚持不懈、专注投入、想象与创造、反思与解释、敢于挑战并乐在其中等良好的学习品质;在搬运、收拾和整理中,幼儿大小肌肉的力量与灵活性不断增强。

2. 桌面积木

小型的积木比较适合在桌面上进行搭建,它的色彩鲜艳、形状多样,加上图纸的配备,有效支架了幼儿搭建的技能和快速造型,使幼儿从中获得快乐、自信与满足。由于桌面积木小巧,因此更易于实现幼儿的游戏意图,可以吸引更多孩子的加入,还可以促进幼儿的建构经验不断迁移,获得快乐与发展。桌面积木有彩色、多种形状的,也有本色、单一形状的,还有蕴含主题内容的主题积木等。

3. 辅助材料类

根据搭建主题和幼儿的需求,建构区还应具备一些辅助材料,如图书绘本,人物、动物模型,房屋、桥梁、花草树木模型,交通工具、信号灯、指示牌、家庭用品等模型材料。以及家庭废弃且可用的照相机、具有照相功能的旧手机等。这些辅材在幼儿有需求时可由幼儿与教师共同收集和制作,以便支持幼儿丰富主题游戏,扩展幼儿视野,激发幼儿的创作兴趣,发展幼儿细致观察的能力,进而使幼儿获得整体性发展。

(二) 拼插类玩具

拼插类玩具种类丰富,造型灵活多变,富有情境,深受幼儿的喜爱。幼儿通过有意识地操作,主动表达自己对事物的理解,获得感性经验和心理满足。

拼插类玩具可以激发幼儿的创造力，促进幼儿积极主动地思考和表达，提高幼儿不断发现问题和解决问题的能力。

1. 自由插塑类

由于插塑类玩具种类丰富多样，因此更容易贴近幼儿的想法和经验，幼儿可按照自己的想法、经验进行自主造型，更容易体验成就感，发展想象力和创造力，促进发散思维的发展。自由插塑类玩具从造型上大体可分为片状插塑类、管状插塑类、条状插塑类、块状插塑类等。

2. 主题建构类

主题建构类玩具因为有主题的情境，所以更容易贴近幼儿的兴趣，聚焦幼儿的生活经验，建构起来更能引发幼儿的深入探索，促进聚合思维的发展。主题建构类玩具从功能上大体可分为乐高类、场景类等。

3. 工具辅材类

工具辅材类的材料在建构过程中可以起到辅助、支持幼儿深入游戏的作用，可以丰富幼儿的认知经验，帮助幼儿建立平面与立体的关系，解决搭建过程中的问题，梳理搭建经验等。这类材料包括工具类和辅材类。

（三）设施设备类

在建构区配备积木柜、收纳箱、地垫等设施设备材料，使我们看到幼儿对积木的认知探索中也伴随着整理、收纳的知识经验和理念，并在游戏中形成良好的秩序感。适宜的设施设备，可以很好地支持幼儿学习对物体的观察分类、记忆理解和判断，并找出它们的内在联系，建立规则意识。在收拾整理时，同伴间的相互配合与合作，还有助于发展幼儿的社会性交往。

1. 玩具柜

玩具柜的高度要适合班级幼儿身高，便于幼儿取放积木。由于单元积木较重，玩具柜的隔板间距不要太大，控制积木摆放的层数，以免过高倒塌，存在安全隐患。玩具柜最好每层都设有后背板，防止积木从后面滑落，造成不必要的危险。玩具柜摆放时，要求地面平整、坚实，靠墙摆放或两组柜子背靠背摆放，防止幼儿攀爬、依靠、拉扯时倒塌。玩具柜最上面一层尽量不摆放积木，防止积木滑落砸伤幼儿。

2. 收纳箱

对于块儿数较少、体积较小的异形积木，可以放到大小适宜的塑料收纳箱中，使幼儿在游戏中养成分类收纳的好习惯。小班初期，幼儿对于积木的形状、分类经验不够丰富，建构区里的异形零散积木数量不宜过多，可以混合放入一个中型塑料收纳箱里，收纳箱上的标记可与幼儿协商，只要与积木柜上的标记一一对应即可。

3. 地垫

在相对固定的区域投放环保地垫，单色地垫更容易凸显作品。幼儿脱鞋进入时可以起到隔凉、降低噪音、划定游戏场地范围的作用。相对固定的区域有利于幼儿在积木游戏中的深度学习。环保地垫一次投放数量应充足，以免二次投放时材料不匹配，造成地面不平整，影响搭建。如需使用地毯，应注意地毯质量、厚度，确保地毯的稳定性，以免幼儿走动时地毯变形，导致搭建作品倒塌，影响幼儿的游戏情绪。

（四）学习方法类

学习方法类材料可以为幼儿提供搭建的素材和经验，对幼儿搭建起到提示、吸引、支持等作用，能够唤醒幼儿的原有经验，支架幼儿与材料互动，进而建立新经验，进一步调动幼儿参与游戏的愿望，呈现持续深入的学习。

1. 图书模型类

提供与幼儿搭建兴趣、水平相适宜的建构类图书，图片、图纸、立体模型等，能够引发丰富幼儿搭建的素材。

2. 支持学习类

幼儿游戏计划单、记录单、可为幼儿照相使用的旧相机或手机以及记录游戏过程、方法的照片等，都可以成为吸引幼儿参与、拓展幼儿建构经验、支持幼儿持续深入学习的支持性材料，展现出幼儿生动、主动学习的过程。

四、 各年龄班玩具配备的重点及建议

（一）小班配备重点

（1）易操作造型。小班幼儿小肌肉尚在发育之中，手指灵活性有待提高，所以提供的玩具材料应易操作，体积较大、数量适度（30块之内）、造型简单、易于成型。

（2）同种多量。小班幼儿好模仿，在投放玩具材料时可根据材料大小、多少等注意同种玩具配备两种以上，满足小班幼儿平行游戏的需要。

（3）便于取放整理。小班幼儿的思维处于直觉行动思维向具体形象思维过渡的阶段，选择活动会受所看到的材料影响，所以玩具材料的摆放应便于幼儿看到和取放，既能吸引他们参与游戏，又能利用标记将玩具柜和游戏材料的摆放位置建立一一对应，培养幼儿收放玩具的好习惯。

小班建构区玩具配备参考清单与建议见表3-1。

表3-1 小班建构区玩具配备参考清单与建议

种类	类别	举例	数量（以班为单位）	建议
积木类玩具	单元积木	长方体积木（基本块、二倍积木、四倍积木）、正方体积木、三角体积木、高矮不同的圆柱体积木、部分异形积木	3套	①小班投放的积木数量以不低于200块为宜，数量过少将不利于幼儿搭建能力的提高，也容易出现社会交往方面的问题 ②积木的块数、形状应遵循幼儿的年龄特点、游戏需求，形状由少到多逐渐增加，且应更多地投放幼儿生活中常见的、认识的形状 ③随幼儿的特点和需求，逐渐投放不同形状的积木 ④以投放基本块、二倍积木、四倍积木为主，既满足幼儿的游戏需求，又易于取放，同时减少安全隐患 ⑤同种形状的积木数量应多一些，可以减少幼儿之间争抢玩具的情况发生
	桌面积木	桌面套装彩色积木	1～2套	①建议32粒或54粒，根据本班幼儿的具体情况选择 ②每套包含长方体、正方体、圆柱体、三角体等基本形状 ③幼儿刚开始接触玩具时，为降低难度，游戏后可将积木放入塑料筐中随意收纳 ④当幼儿的游戏经验逐渐丰富后，可以指导幼儿逐渐学习将积木合理地摆入积木盒中收纳，帮助幼儿在收放中初步获得空间感知经验

（续）

种类	类别	举例	数量（以班为单位）	建议
拼插类玩具	自由插塑类	片状插塑类：如大号圆形雪花片、彩色水晶积木	2套	①小班幼儿适合颜色鲜艳、体积较大、数量适中（30块以内）、便于取放、造型简单、易于成型的操作材料 ②同样的材料可以投放两种以上，符合小班幼儿好模仿的特点 ③鼓励幼儿按照自己的想法进行尝试、探索，注重幼儿操作摆弄的兴趣和过程，不刻意追求结果 ④利用标记将玩具柜和游戏材料建立一一对应，培养幼儿分类收放玩具的好习惯 ⑤为幼儿提供展示和分享的空间
		管状插塑类：如大颗粒水管道积木、小班插管吸管积木玩具	2套	
		条状插塑类：如磁力棒亲握积木、万能工匠	2套	
		块状插塑类：如大号立体造型积木	2套	
	主题建构类	乐高类：如大颗粒经典乐高玩具	2套	
		场景类：如农场动物家族、小车套装、木质轨道拼搭玩具	2～3种，每种1～2套	
辅助材料类	场景类	小动物、人物模型玩具等	5～6件	①配备模型玩具可以增强游戏的情境性，容易激发幼儿建构的兴趣，可根据幼儿的游戏需求和建构主题灵活配备 ②可以配备不同大小的模型玩具，激发幼儿搭建不同大小的房子等建筑物
	交通工具类	常见的小汽车玩具等	5～6件	
学习方法类	图书模型类	与搭建主题相关的图书、场景图片等	数量以教师的教育需要为宜	背景简单、造型独特的图书、场景图片等
	支持学习类	展示幼儿积极参与搭建过程或成果的照片	数量以教师的教育需要为宜	拍照、记录幼儿搭建过程中有教育意义的照片，形成展现幼儿的想法、鼓励幼儿积极参与、愿意表达和创造的学习环境

(续)

种类	类别	举例	数量（以班为单位）	建议
设施设备类	玩具柜	玩具柜	1~2组（与单元积木数量相匹配）	①玩具柜的高度应适合小班幼儿的身高，便于幼儿取放 ②玩具柜的隔板间距不要太大，3~4层为宜，且每层都要设有后背板，防止积木从后面滑落 ③玩具柜的摆放要求为地面平整、靠墙摆放或两组柜子背靠背摆放，防止幼儿攀爬、倚靠、拉扯时造成倒塌 ④幼儿玩桌面积木初期，将积木收放入盒存在困难，最好配备小号整理盒，便于小班幼儿收放 ⑤较小的积木或辅助材料可放到中号整理箱中，帮助幼儿养成分类收纳的好习惯 ⑥在相对固定的区域投放单色环保地垫，以凸显作品，幼儿脱鞋进入时可以隔凉、降低噪音、划定范围 ⑦使用地毯时，注意地毯质量、厚度，确保地毯的稳定性，以免幼儿走动时地毯变形，导致搭建作品倒塌，影响幼儿游戏情绪
	收纳箱	小号整理盒、中号整理箱	各2~3个（与积木数量相匹配）	
	地垫	地毯或环保地垫等	1~2块（与建构区面积相匹配）	

（二）中班配备重点

（1）丰富多样。中班幼儿的生活经验、认知经验以及搭建经验等都更加丰富，小肌肉更加灵活，喜欢操作更多的玩具材料。所以在玩具的数量、种类上可以丰富，在大小上可比小班稍小一些，满足小肌肉灵活发展的需要，便于幼儿搭建较复杂的造型。

（2）自主选择。中班幼儿精力旺盛，各方面能力都有所增强，有积极主动参与游戏的愿望，教师可以为幼儿提供更多自主的空间，允许幼儿自主选择玩具、场地以及游戏同伴，鼓励同伴间的协商、互助、合作，确保幼儿的游戏时间和空间。

（3）环境支持。中班幼儿逐步愿意展示作品，教师要为幼儿创设展示的环境，鼓励幼儿分享表达，帮助幼儿建立思维的逻辑和联系，逐步形成目的性、计划性。

中班建构区玩具配备参考清单与建议见表3-2。

表 3-2 中班建构区玩具配备参考清单与建议

种类	类别	举例	数量（以班为单位）	建议
积木类玩具	单元积木	长方体积木（基本块、二倍积木、四倍积木）、正方体积木、高矮不同的圆柱体积木、不同形状的三角体、半圆体、异形积木（手枪形状、桥等）	6套	①随着中班幼儿对积木游戏的兴趣渐浓，以配备300块左右的积木为宜，以丰富幼儿对多种形状的感知经验 ②配备外形独特的异形积木，以引起幼儿的注意，可以发展幼儿的观察、比较能力，特别是发展幼儿的好奇心，引发其对积木多种形状的进一步探究 ③异形积木在中班初期先少量投放，后面随着幼儿的游戏需求逐步增多
	桌面积木	包含长方体、正方体、圆柱体、三角体、拱形等形状的木质原色积木或彩色积木	1~2套	①中班幼儿想法增多，小手灵活性有待提高，小型桌面积木可以满足不同幼儿的搭建需求，发展幼儿的表征能力 ②鼓励幼儿自主操作桌面小型积木，主动感知常见几何形状的基本特征
拼插类玩具	自由插塑类	片状插塑类：如中号雪花插片、彩色水晶积木、齿轮积木、彩窗磁力片	2~3种	①中班适合配备颜色鲜艳、体积、数量适中（60块之内）、便于取放、造型稍复杂、较易于成型的拼插玩具 ②中班幼儿建构内容逐渐丰富，造型较复杂，注重给予幼儿充分的探索时间和空间 ③在建构过程中，有意识地引导幼儿克服困难，实现自己的想法，鼓励幼儿的合作行为 ④为幼儿提供展示和分享的空间，鼓励幼儿大胆分享展示自己的作品、想法以及遇到的问题等，明晰后续建构的目的性、计划性
		管状插塑类：如万能工匠、管道连接玩具	2~3种	
		条状插塑类：如磁力棒亲握积木、竹节棍儿、大魔珠	2~3种	
		块状插塑类：如大方块积木、多彩镜子积木、彩虹金字塔堆叠玩具	2~3种	

（续）

种类	类别	举例	数量（以班为单位）	建议
拼插类玩具	主题建构类	乐高类：如小颗粒乐高玩具	1～2套	⑤伴随幼儿的建构过程，提供相应的环境支持，通过互动墙饰引发、记录幼儿的建构过程，鼓励并支持幼儿更深入的思考
		场景类：如磁力棒益智积木职业套装、交通运输套装、小小工程师——主题乐园	2～3种	
辅助材料类	交通工具类	大小、功能不同的汽车等交通工具、常见交通标志等	5～6件	①辅助材料需要根据幼儿的搭建兴趣、游戏需求、建构主题和活动进程，进行灵活、有目的地投放，以更好地支持幼儿游戏的开展
	场景类	花坛、小树、人物、动物模型等	5～6件	②辅助材料要有固定的存放位置，注意整洁、便于幼儿取放 ③辅助材料的提供可由幼儿与教师共同完成 ④鼓励幼儿根据自己的想法
	低结构材料	纸杯、纸箱、PC管、易拉罐、瓶罐、木块等	若干	和游戏需求按需选择、自主使用，尊重幼儿的想法，减少对幼儿不必要的干扰 ⑤注意辅助材料的安全与卫生，定期进行检查与更换
学习方法类	图书模型类	与搭建主题相关的图书、图片、模型等	每种1～2份	①按需投放游戏计划单、照相设备，支架幼儿利用相机记录自己的学习过程，便于幼儿共同反思发现、解决问题，逐步具有目的性、计划性
	支持学习类	幼儿搭建的基本方法示意图、家庭废弃且可用的照相机、具有照相功能的旧手机、游戏计划单及记录幼儿参与建构过程或成果的照片	照相设备1～2部，游戏计划单若干	②形成展现伴随幼儿不断发现和解决问题而逐步深入的学习过程性环境

（续）

种类	类别	举例	数量（以班为单位）	建议
设施设备类	玩具柜	玩具柜	3～4 组（与积木数量相匹配）	①柜子高度应适合中班幼儿身高，便于取放 ②玩具柜的摆放要求为地面平整、靠墙摆放，或两组柜子背靠背摆放，防止幼儿攀爬、倚靠、拉扯时倒塌 ③将单元积木收放进玩具柜里，幼儿在收放积木时会关注积木形状和玩具柜的空间大小，有助于发展幼儿的空间感知能力和收纳能力 ④小号整理盒用来收放桌面小积木 ⑤中号整理箱用来收放小块的单元积木或辅助材料 ⑥在相对固定的区域投放单色的环保地垫，以凸显积木作品，可以起到隔凉、降低噪音、划定范围的作用 ⑦环保地垫一次投放数量要充足，以免二次投放时材料不匹配，造成地面不平整，影响搭建 ⑧使用地毯时，注意地毯质量、厚度，确保地毯的稳定性，以免幼儿走动时地毯变形，导致搭建作品倒塌，影响幼儿游戏情绪
	收纳箱	小号整理盒、中号整理箱	各 3～4 个（与积木数量相匹配）	
	地垫	地毯或环保地垫	1～2 块（与建构区面积相匹配）	

（三）大班配备重点

（1）投放多组合变化的玩具材料。大班幼儿动手能力强，建构经验丰富，思维活跃，可投放多种组合变化的玩具材料，满足幼儿分工合作以及深度探索的需要。

（2）注重提供展示分享的空间。大班幼儿想法多，操作能力强，能用多种材料和方法搭建较复杂的结构造型，逐步表达对事物的深入理解，所以要为幼儿提供展示分享的时间和空间，帮助幼儿将其已有经验不断建立联系和拓展，提升想象力、创造力和思维能力。

（3）玩具材料的投放使用更灵活开放。大班幼儿思维活跃，想法多样，发现、解决问题的能力明显增强，玩具材料使用的灵活开放更能调动幼儿参与的积极性、活动的坚持性以及探索的持续深入性，鼓励幼儿与周围环境互动，更好地实现自己的想法，促进思维逻辑性与灵活性的发展。

大班建构区玩具配备参考清单与建议见表3-3。

表3-3　大班建构区玩具配备参考清单与建议

种类	类别	举例	数量（以班为单位）	建议
积木类玩具	单元积木	长方体积木（基本块、二倍积木、四倍积木）、正方体积木、高矮不同的圆柱体积木、异形积木	8套	①由于大班幼儿的搭建经验和建构能力都有了明显的提高，且对积木的数量有了较高的需求，所以需要配备数量更多的积木，以500块左右为宜　②基于大班幼儿的搭建经验和结构的复杂程度，需要提供更多种形状和数量的异形积木　③根据大班幼儿的年龄特点、搭建需求以及幼儿解决问题的能力、坚持性等的不断提高，可以适当减少四倍积木的数量，增加基本块积木的数量，以支持幼儿增加替代性行为，并进行更加细致、复杂的表征（如搭建房子的门窗等）
	桌面积木	桌面套装本色积木、桌面砖房积木	1~2套	大班幼儿时常会利用桌面积木来进行与单元积木建构主题相关的游戏，应鼓励幼儿运用在小型积木搭建中获得的经验来解决单元积木建构中遇到的问题，支持幼儿实现桌面积木与地面积木游戏之间的联动

（续）

种类	类别	举例	数量（以班为单位）	建议
拼插类玩具	自由插塑类	片状插塑类：如小号雪花插片、彩色水晶积木、齿轮积木、彩窗磁力片	2～3种	①大班幼儿经验逐步丰富，动手操作能力较强，要相应增加玩具的种类和数量、建构的难度以及多种组合的变化等②大班幼儿想法多，建构能力强，可在发现幼儿兴趣的基础上，提供更多的自主探索时间和空间，支持幼儿有目的、有计划地展开持续深入的探索和创造性建构，注重鼓励小组的分工合作③支持幼儿选择适合的方式记录自己的游戏过程，便于幼儿间的交流分享④为幼儿提供展示和分享的空间，鼓励幼儿大胆灵活地分享自己的想法以及遇到的问题等，发现后续可能的探索学习⑤伴随幼儿的建构过程提供相应的环境支持，通过互动墙饰展示幼儿的探索过程以及参与幼儿的独特发现、想法、创造等
		管状插塑类：如万能工匠、管道拼接玩具、磁铁轨道拼装玩具	2～3种	
		条状插塑类：如磁力棒亲握积木、竹节棍儿、大魔珠	2～3种	
		块状插塑类：如创意塑料积木、多多积木块、多面体积木块	2～3种	
	主题建构类	乐高类：如小颗粒乐高玩具	2套	
		场景类：如野生动物、恐龙情景套装、小小工程师—主题乐园、百变木匠工具大套	2～3种	
辅助材料类	低结构材料类	纸杯、纸箱、PC管、易拉罐、瓶罐、木块等	若干	①辅助材料可根据幼儿的需求和建构主题灵活配备，鼓励幼儿按需选择使用，以不干扰幼儿的自主建构为宜②根据幼儿的活动进程按需投放，鼓励幼儿自主收集和运用辅助材料进行表达和表现

（续）

种类	类别	举例	数量（以班为单位）	建议
学习方法类	图书模型类	与搭建主题相关的图书、图片、模型等	每种1~2份	与主题相关，师幼可共同按需投放
	支持学习类	幼儿搭建的基本方法示意图、家庭废弃且可用的照相机、具有照相功能的旧手机、游戏计划单、空白记录单及幼儿参与建构过程或成果的照片	照相设备1~2部，游戏计划单或空白记录单若干	①支持幼儿多元记录自己的兴趣点、疑惑之处及解决办法，支架幼儿梳理、表征自己的思考过程，相互启迪 ②增强目的性、计划性以及合作能力 ③形成展现伴随幼儿不断发现和解决问题而逐步深入的学习过程性环境
设施设备类	玩具柜	玩具柜	4~5组（与积木数量相匹配）	①柜子高度应适合大班幼儿身高，便于取放玩具，以三层为宜 ②玩具柜最上面一层尽量不摆放大块积木，以免掉落 ③玩具柜摆放注意地面平整、靠墙摆放，或两组柜子背靠背摆放，防止幼儿攀爬、倚靠、拉扯时倒塌 ④将单元积木分类收放进玩具柜里，幼儿在收放积木时会关注积木形状和玩具柜的空间大小，有助于发展幼儿的空间感知能力和收纳能力
	收纳箱	小号整理盒、中号整理箱	各1~2个（与积木数量相匹配）	①小号整理盒用来收放桌面小积木 ②中号整理箱用来收放辅助材料 ③收纳箱靠边摆放，以不影响幼儿游戏为宜

（续）

种类	类别	举例	数量（以班为单位）	建议
设施设备类	地垫	地毯或环保地垫	地毯1块，地垫18块（与建构区面积相匹配）	①在相对固定的区域投放单色的环保地垫，以凸显积木作品，可以起到隔凉、降低噪音、划定范围的作用 ②环保地垫一次投放数量充足，以免二次投放时材料不匹配，造成地面不平整，影响搭建 ③使用地毯时，注意地毯质量、厚度，确保地毯的稳定性，以免幼儿走动时地毯变形，导致搭建作品倒塌，影响幼儿游戏情绪

【其他配备建议说明】

除班级建构区外，幼儿园还可以创设全园性的建构区，投放各种不同层次的建构玩具和辅助材料，并根据场地的大小有计划地安排不同班级幼儿进入建构区活动，或者不同年龄班的幼儿在一起共同建构，创设同伴间自然学习的机会，体验共同建构带来的快乐和发展。

五、案例

（一）小班

案例一 小动物，上楼房

动物是小班小朋友喜欢的、熟悉的主题，因此他们喜欢在建构区用各种形状的积木搭建动物园。

一天，匡匡和小一来到建构区，想给小动物搭个新家。他们先是选择用圆柱体当小栅栏，围了一圈。匡匡从辅材筐里选择了一只狮子，他边摆弄边学大狮子"嗷……嗷……嗷……"地叫。小一看到匡匡找来狮子，她把小鱼的玩具放到她的围栏里，说："我这里是海洋馆！"玩了一会儿，他们想要给小动物的住所盖上屋顶。

不一会儿，小一把所有的鱼类都放到了她的海洋馆里，匡匡手里拿了好几只豹子、老虎、狮子。他把小动物放到地垫上，开始轻轻地拆第一层一侧的围栏，把找来的几只小动物放进去（图3-1）。匡匡也学着小一的样子给他的狮子房盖起了顶，但是他并没有停止，而是继续选择长条积木，用垒高的方法在两侧进行搭高。小一看到了匡匡的"楼房"，说道："我也想让我的小动物住在楼房里。"之后开始模仿匡匡，很快就让自己的小动物都住上"楼房"了。

就这样，在两个孩子的互相学习下，同样用了比较、搭高、围拢、调整、盖顶的方法，两栋三层的楼房终于搭好了。最后，在房顶上用几块三角形积木和异形积木做了造型（图3-2）。

图3-1

图3-2

⊙ 游戏反思

在整体的搭建中，他们会根据动物不同的高度搭建合适的房间，从而获得空间认知能力的发展。幼儿对房子的结构比较了解，知道房子是围起来的密闭空间，并且能对接生活经验，在比较、尝试后选择适当形状的积木摆出相应的造型。

模仿是小班幼儿最主要的学习方式，他们喜欢模仿周围人的动作、行为。在这个案例中，"楼房"围拢、搭高的搭建技巧，以及让小动物住上楼房的想法，都是在两名幼儿在游戏中通过互相影响和模仿习得的。这也说明两名幼儿在游戏中关注到同伴的游戏，有一定的同伴交往能力。

⊙ 指导策略

（1）教师成为幼儿的玩伴和倾听者，适时肯定幼儿的想法及搭建行为，增强幼儿自信心，引发幼儿继续搭建的兴趣。

（2）给予更多的关注及陪伴，满足幼儿的心理需求。

（3）根据幼儿的兴趣与需要，提供搭建活动中适宜的支持性材料，如增加小动物的数量、种类，投放青菜、青草、树木等情景性支持材料。

（4）发挥家长资源的作用，引导家长参与到家园共育中来。

（5）将幼儿的奇思妙想用照片的形式记录下来，展示在环境中，让环境支持幼儿的搭建。

（北京市第六幼儿园　岳雅楠）

⚫ 点　评

3～4岁幼儿喜欢探究事物的空间关系，在不断重复探究中获得快乐。他们喜欢用积木表现自己最喜欢、最熟悉的事物，同时会加入自己的想象。小班幼儿在搭建中，能够对空间形成一定的感知，如高低、大小、上下等。同时，模仿也是小班幼儿主要的学习方式之一。案例中，幼儿的活动由区域环境中的辅助材料——小动物引发，幼儿充分调动自己的生活经验，融入了自己的感情，发展了同理心，在更好地照顾小动物的目标引领下，感知楼房的上下、高矮与密闭等关系，玩在其中，学在其中，乐在其中！

（北京市第六幼儿园　齐振燕）

案例二　我是轨道拼搭设计师

轨道玩具中包括轨道、拱桥、小人、小车、树木、房屋、交通指示牌、家禽动物等（图3-3）。拼接轨道的材料有10种，包括直行轨道、转弯轨道、分叉路轨道、上下坡轨道等。幼儿分析路况（障碍物、设计的轨道方向等），寻找合适的轨道材料，拼起轨道，建构不同的组合，发展想象力、精细动作能力和逻辑思维能力。

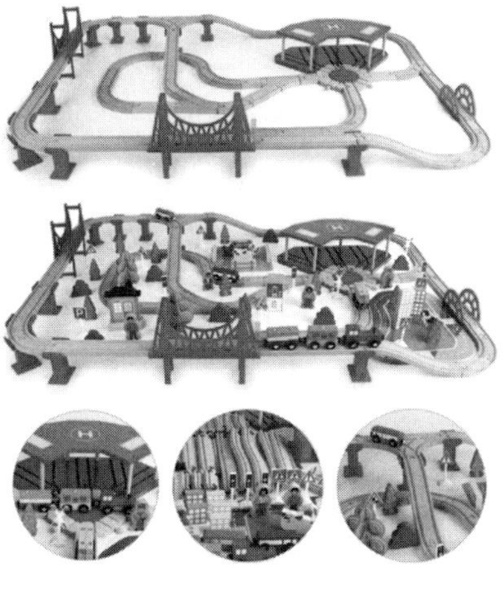

刚进入幼儿园生活的小班幼儿的头脑中没有那么多条条框框和规矩，他们没有明确的区域概念，适合玩轨道玩具的场所就是教室空旷的地方，这也正符合我们的教育理念，把我们班打造成一

图3-3

个开放的、像家一样的环境，更好地帮助小班幼儿做好入园适应。

小班幼儿对车非常感兴趣，我们便投放了主题建构类的轨道玩具，吸引幼儿在区域之间自由摆弄探索，不设置固定的游戏场所。

炮炮非常喜欢这套玩具，第一天来园就拿着这筐玩具蹲在地上，玩得专注投入，而且很熟练的样子。与家长沟通后我知道，他家里也有这个玩具，他经常蹲在地上玩。班级中有这样的环境和材料吸引着他，所以他的情绪很稳定。

炮炮的兴趣带动了其他的小朋友加入游戏中，由于没有固定场地的限制，可以随玩具连接延伸，幼儿之间没有交集，也没有争抢，在同一空间内进行着平行游戏（图3-4）。炮炮因为经常玩，所以对玩具材料和场地非常熟悉，他不仅可以快速地寻找合适的轨道材料，进行轨道的设计和拼搭，而且可以先观察路况，思考"轨道可以通往哪里"，然后选择材料拼搭，当他遇到玩具柜或其他障碍时，可以选择适宜的材料拐弯，有时还能绕过柜子腿进行搭建。直到把所有的轨道材料都用完，他才开始使用其他辅材设置交通标志，摆放小车等其他材料。有一次孩子们玩了一个多小时，炮炮一个人自始至终都专注投入轨道游戏中，用完了所有的材料，然后用手开着小车尝试所有的道路，觉得不好走时他还能自己调整道路。泡泡的表现改变了我们对于小班初期幼儿的游戏认知，这一切都源于他对轨道、小车的浓厚兴趣，也源于他执着、喜欢独立思考的学习品质。

图3-4

（北京市西城区长椿街幼儿园　张紫云）

> ● 点　　评

主题建构玩具"轨道拼搭设计师"提供了丰富的游戏场景，里面的玩具都是小班幼儿特别感兴趣的材料，特别能够吸引幼儿主动选择和建构。教师创设的开放、像家一样的游戏环境又契合了刚入园不久的幼儿想在家玩的需求，很容易吸引幼儿投入游戏，忘了分离的焦虑。同时这样的大场地也避免了幼儿争抢玩具，满足了小班幼儿平行游戏的需要，也为不同幼儿提供了深入探索的空间。案例中的炮炮是玩轨道游戏的高手，虽然处于小班阶段，但他能沉浸游戏长达一个多小时，能独立解决遇到的各种问题，灵活运用开放的场地，按自己的想法把所有的材料建构在适宜的位置，还能在玩小车的过程中不断调整不适宜的搭建，让我们感受到兴趣对幼儿主动学习和发展的重要影响。

只要相信幼儿的能力和自信，为他们提供探索的时间和空间，鼓励支持幼儿的主动探索，小班幼儿同样有能力成为学习的主人！

（北京市西城区教育研修学院　付雁）

（二）中班

案例一　一起搭个树屋吧

幼儿园里有很多大型玩具，其中树屋是我们班小朋友最喜欢玩的。每次户外活动，小朋友们都要求在树屋多玩一会儿。结合孩子们的兴趣，我们对树屋展开了讨论，小朋友们诉说着自己对树屋的想法，进一步增加了对树屋的喜爱。渐渐地小朋友们开始在建构区搭起树屋。

阶段一　"树屋工程"开工

为了支持孩子们的兴趣，我和他们一起用照片记录了树屋的样子，把它印成一张大图片放在建构区，这样可以在忘记的时候随时看一看（图3-5）。

图3-5

一天，我看到糖宝直接用积木在地上围出了方形。谦谦指着墙上的图片提醒，糖宝看后很快反应过来，从柜子里拿出了圆柱。观察到树屋有一定的高度，两人分别在每一角都放了三个圆柱叠高，作为树屋悬空的支撑柱（图3-6）。随后，谦谦拿着厚厚的长条积木，搭在了两个柱子之上，然后用相同的动作在另一边的柱子上也覆盖了长条积木。对于如何封顶，两人犯了难。了解了他们的问题后，我想到用蜘蛛网的样子引导他们解决问题。两人用手比画着蜘蛛网，我也拿笔画在纸上演示（3-7）。我用不同颜色的笔标记出一部分让他们观察。"哦！我知道了。"谦谦很快反应过来。"糖宝，咱们用长条积木横着放就行了。"说着拿过一个薄薄的长条积木横着覆盖在刚刚的两根长条积木上，学着蜘蛛网的样子，完美解决了封顶的问题。

图3-6

图3-7

⊙ 游戏反思

教师主要从以下两方面支持幼儿的游戏：

（1）利用图片和环境，支持幼儿的游戏。幼儿的记忆是短暂的，照片的支持在幼儿的搭建过程中起着提示和对照的作用。

（2）利用有效互动促进幼儿思考，与幼儿一起解决问题。面对孩子们的问题，我没有直接告诉他们方法，而是用生活中的蜘蛛网，将他们当下面临的问题和熟悉的事物相连接，引导幼儿独立思考、迁移方法，尝试自己解决问题。

阶段二　楼梯怎么搭？

由于小朋友们有搭建房子的经验，树屋很快就初具规模了。今天贝儿、萱萱、小顾的计划是去搭树屋的楼梯。他们很快选择了自己要用的"柱体"（圆柱体、长方体、小正方体积木）和短的长条积木。萱萱和小顾一起搭左边的楼梯，贝儿搭另一边的。萱萱和小顾的材料比较单一，用的都是圆柱体。他们先是把圆柱一个个垒高,跟树屋的底部基本持平,然后在两个圆柱上放上一块长条积木。在两人的配合下,很快楼梯就搭好了,最后一节台阶就是小圆柱的高度。另一边的贝儿是从下边开始搭的。他将一块短的长条积木作为楼梯的第一层。然后用小圆柱一点点加高台阶,时不时抬头看看是否与门对齐。搭到后边,圆柱不够了,他就用长方体的柱子和"小正方形"代替继续搭。"我们的楼梯有多少层呢?"小顾问。"咱们数数吧!"萱萱回答。点数完发现,贝儿的楼梯比他们的多一层。于是他们模仿贝儿的楼梯,也在自己的楼梯下面加了一块长条积木。就这样,树屋的楼梯建好了(图3-8,图3-9)。

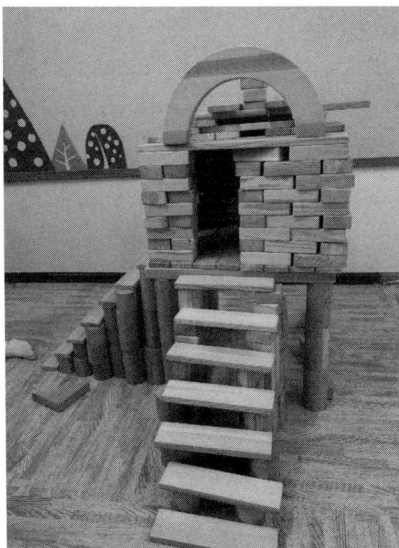

图3-8

图3-9

● 游戏反思

教师主要从以下两方面支持幼儿的游戏:

(1)提供充足的空间场地,促进幼儿进行创意搭建。树屋作为幼儿喜爱的建筑,幼儿能利用积木实现对树屋的再现。为幼儿留有足够的创作空间和场地,有利于幼儿的学习,发挥建构游戏的价值。

(2)利用回顾分享游戏经验。幼儿在分享的过程中表达自己的想法,输出自己的经验。教师利用回顾将幼儿的发现和好的学习品质进行分享和记录。

(北京市第六幼儿园　蔡明慧)

● 点　　评

心理学研究表明,5岁左右的幼儿,其分类活动主要是依据物体直接可感知的特性或自己的生活经验。案例中的小朋友，选择自己最感兴趣的建筑主题进行搭建，在过程中能够运用建筑方法——悬空，表征出树屋的主要特征。在搭建台阶的过程中，能够通过反复尝试操作，各自利用自己的方法，选择不同的积木材料，利用高度差、插接的方式搭建楼梯。幼儿在游戏过程中不断丰富对空间关系的理解。丰富的积木材料发展了幼儿的思维及创造力。教师顺应幼儿的想法，支持他们不再追求"像"，而是更多地思考自己在树屋里如何进行游戏和体验，让静态的建筑"动"起来，不但促进幼儿形成建构经验，而且在游戏中获得快乐体验。

（北京市第六幼儿园　齐振燕）

案例二　百变提拉磁力片玩具的"百变多玩"

百变提拉磁力片玩具，是一种通过磁铁的磁性组装拼接的低结构玩具材料（图 3 - 10）。该玩具中含有各种形状的磁力片，幼儿根据自己的想象和创造组合成多种二维及三维造型。它和其他建构类材料的重要区别，首先在于它具有磁性，便于拼接拆分；其次在于能提拉，通过提拉成形，让造型从平面瞬间提拉为 3D 立体造型，幼儿非常喜欢。

图 3 - 10

故事一　我的作品最闪亮

中班幼儿小肌肉动作更灵活，思维更活跃，愿意积极探索周围的环境，喜欢新颖和多变的材料，因此百变多玩的磁力片备受幼儿欢迎。游戏初期，幼儿喜欢自由拼搭和按图拼搭，于是我鼓励幼儿按意愿自主搭建，同时为幼儿提供生活中常见的物体搭建图示，满足支持不同需要的幼儿。幼儿在游戏中充分感知了磁片神奇的组合功能，也感知到平面图形与立体体积间的差异，越来越喜欢自由拼搭了。

今天小骆拼了一栋高楼并兴奋地跟我说："看，这是我搭的房子!"小笛子也说："我搭的星星是不是也不错?"展示分享完后她们提出要求："可以留着吗? 第二天玩时不够再拆。"因为大家都喜欢玩这个玩具，过渡环节也有小朋友选择，所以我们一般会在分享后就拆掉。我意识到幼儿有保留作品的强烈愿望，希望得到老师与同伴的关注和表扬。于是，我与幼儿重新商量游戏规则，并为他们提供自主选择展示作品的空间。调整后，幼儿更喜欢运用此玩具进行创意拼搭了（图3-11，图3-12）。

图3-11

图3-12

◯ 游戏反思

游戏探究初期，我为幼儿创设了宽松、自由的游戏空间，鼓励其随意搭建，满足幼儿感知操作的需要。幼儿逐渐熟悉材料后，萌生了展示作品、获得认可的意愿，我及时回应了幼儿需求：与幼儿共同商量，调整游戏规则，满足幼儿展示自我的需要；为幼儿搭建相互学习的平台，支持幼儿在相互借鉴及沟通的过程中产生新创意与游戏契机。

故事二 我的汽车跑起来了

伴随着对玩具的熟悉，孩子们创造的作品更丰富了，思维也更灵活。今天洪睿和月月搭建了喜欢的汽车，并展开了一次有趣的"较量"。洪睿认为自己拼搭的汽车比月月的好，月月不服气。我说："你们可以比一比谁的好。"二人协商后决定比一比谁的车跑得远。

他们用手推动让汽车跑起来，结果遭到了旁观幼儿的质疑。小朋友们发现汽车不是自己跑起来的，是他们用力推，汽车就跑得远，不用力就跑得近。我问："怎么让汽车自己跑起来呢?"大彤彤提出:"将小汽车放在一个斜坡上,汽车就能自己滑下来,谁的汽车滑得远,才算赢。"彤彤把以往的游戏探究经验变成了解决问题的办法,还找来积木变成了小坡道,他们的汽车果然能从小坡上自己滑下来。孩子们兴奋极了,月月欢呼着,因为他的小汽车以微小的距离获胜。

月月和洪睿发起的汽车挑战游戏掀起了磁力片游戏的高潮,幼儿的想法使搭建的作品开始从静态向动态游戏发展,幼儿纷纷投入到汽车比赛的探索中(图3-13、图3-14)。月月更是积极主动,为了确保比赛结果的准确性,他找来了测量尺和班级以往游戏中用到的自制点数记录尺帮助测量。孩子们愿意大胆运用班级材料解决问题的积极性被充分调动起来,也在其中体会到成功、分享的快乐。

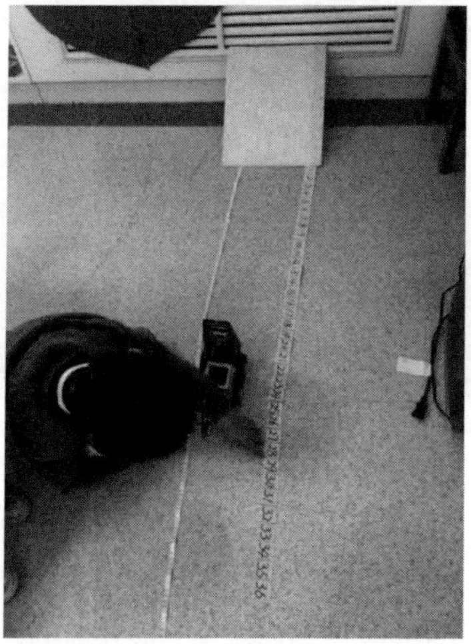

图3-13

图3-14

● 游戏反思

中班幼儿以具体形象思维为主,操作活动是其认识周围世界、积累经验的重要方式。我抓住幼儿的兴趣点,提供探究的空间,关注幼儿的游戏过程,允许他们大胆选择场地和材料,在直观的对比操作中发现、解决问题。也注重运用同伴资源共同讨论解决问题,支持幼儿不断实现想法。另外,中班幼儿的社会性也在逐步发展中,开始关注同伴及教师对自己的评价与看法,渴望得到同伴及成人的赞许。成绩记录区的创设为幼儿提供了记录、展示的机会,鼓励幼儿继续挑战,逐步培养其做事的目的性和计划性,促进思维灵活、深入地发展。

(北京市西城区槐柏幼儿园 郑爽)

⊃ 点　评

　　百变磁力片玩具的建构过程，充分体现了教师对幼儿年龄特点以及建构水平的尊重和把握。在游戏过程中，幼儿敢于大胆表达想法，敢于大胆选择使用材料、场地，不断实现想法，建构出新颖有趣的游戏内容。教师充分运用分享展示的机会了解幼儿的需要，调动幼儿的智慧，鼓励幼儿运用身边的资源不断发现并解决问题，拓展探索的内容，逐步培养幼儿的目的性、计划性，促进思维的联系和逻辑化。百变多玩的背后是教师与幼儿之间相互信任、倾听、理解、支持关系的不断建立。

（北京市西城区教育研修学院　付雁）

（三）大班

案例一　我们的 "中国零一号"

　　学期初，孩子们在建构游戏的过程中有了"我想搭一艘船"的设想。在自由搭建一段时间后，又了解到了"南海一号"的故事，从而提出搭建一艘大一班的船来玩藏宝游戏的想法，船的名字就叫"中国零一号"。

故事一　想藏宝，船要大

　　"我负责搭建船头，我想做一个尖尖的船头。"小小指着建构区的《揭秘船舶》说。壮壮说："我和你一起吧。"大羽说："文轩，那咱们就搭船身吧。"小组计划结束后，四个好朋友就开始今天的游戏了。不一会儿，船的雏形就建好了。文轩拿出一个小宝箱，和搭建的小房间比了比之后，把刚搭好的"配电室"短边拆除，又拿了几块小长方体积木把"配电室"的围墙加长加高。大羽突然说："诶！文轩你干吗？为什么要拆？"文轩说："咱们的配电室根本放不下一个宝箱，房间太小了。"大羽："可是，你这样做，我的小剧场就没有地方了。"壮壮听见了他们的讨论，说："那你们把船搭大点不就行了。"然后指了指墙上小朋友们设计的"中国零一号"说："你看，剧场边上还有一个卫生间，你们都没地方了。"大羽和文轩看了看墙上的设计图，又看了看自己的搭建作品，"那怎么办呢？我们的船都围起来了。"文轩走到船尾处，把短边拆除，"那咱们把船加长呗！"说完，两人赶紧取来更多的长条积木，围起船身和中间的房间分隔墙（图 3 - 15）。回顾环节，两人在计划上打了叉，在反思的空格里画上了船身要大的符号，分享环节和小朋友们解释了原因，计划第二天继续把船身搭大。

图 3 - 15

教师主要从以下三方面支持幼儿的游戏：

（1）鼓励幼儿小组学习，提供小组记录单，支持幼儿分工合作，自主协商游戏，分享小组协商和解决问题的好办法，以及搭建中良好的学习品质，促进同伴间相互学习。

（2）抓住教学契机，就"配电室太小放不下宝箱"的问题展开讨论，让幼儿意识到放置物品和围合空间需要大小匹配，提升幼儿在搭建过程中与"空间"相关的数学经验。

（3）创设支持幼儿深入游戏的环境，利用和船舶相关的图书、图画等材料丰富幼儿的原有经验，提供幼儿自制的宝箱、宝瓶作为游戏材料，激发幼儿的游戏兴趣。

故事二　我们的"中国零一号"可以寻宝啦

孩子们对藏宝游戏的热情高涨，壮壮说："房间封顶之后看不到船里面，怎么寻宝呢？"小小、六一和大羽说："先搭吧，开个门就行了。"于是六一和大羽计划用粗的长积木和小长方体积木把船身完善，小小和壮壮决定利用圆柱和大小不一的三角形积木把船头修好。六一对着船身看了很久，手中的长条积木和几块小长方体积木来回切换，"这应该怎么放呢？"他把粗长条积木放在空缺处，一边翘了起来，根本就放不进去，又换了三块小长方体积木，剩余的空缺放了一个小正方体，但是还有一条很明显的缝隙。"谁来帮帮我啊？"大羽看了一眼六一的"难题"，说："看来咱们之前搭得不太整齐，不然不会有这么大的缝。"突然小小说："要不你们给船开几个窗户？那个缝隙就当是窗户了。"两人相视一笑："可以！还能看见里面的房间，方便寻宝了！"几个人开心地继续完成搭建。最后我们的"中国零一号"搭建成功，并且小朋友们真的可以寻宝了！

⮞ **游戏反思**

幼儿的藏宝兴趣持续不减，有计划地进行着游戏，运用前期游戏经验，创造性地进行搭建。壮壮通过观察发现了船的问题，但孩子们坚持要把船完成，可见孩子们当下的兴趣在于完成搭建。游戏中问题的出现让他们再一次共同协商，解决问题的能力得到进一步提升。小小学习的创新性很强，运用了一个好办法给搭建船身增加了乐趣，而且解决了之前的问题。孩子们调动前期积木关系的经验，搭建出了有窗户的船体。在大家的共同努力下，"中国零一号"建成，并且可以进行藏宝游戏了。

（北京市第六幼儿园　余嘉欣）

⮞ **点　评**

为玩藏宝游戏而搭建"中国零一号"，兴趣使孩子们不断克服困难，完成创意。5~6岁幼儿对几何图形的感知已有了较好的发展，已经能够理解图形之间较为复杂的组合关系。对几何形体的认识，往往与他们的生活经验有直接密切的联系。案例中的幼儿，为了给自己的搭建主题——中国零一号，挑选适宜的积木材料，灵活地利用等量图形替换的方法，解决材料不够的问题。显然，积木游戏中，形状丰富且有比例关系的单元积木能很好地支持幼儿感受积木形状之间较为复杂的组合关系。积木形状之间的关系，不仅表现为一个形状可以由几个同样的其他形状组成，还可以由几个不同的形状组合而成，使幼儿在搭建中学习新的知识。

（北京市第六幼儿园　齐振燕）

案例二　滚珠轨道游戏的新探索

此款夸得瑞拉滚珠玩具通过可变换拼接的积木、水平轨道、加速器和色彩缤纷的弹珠等小零件巧妙结合，可被组合成不同形状的滚珠架（图3-16）。弹珠落下，沿着轨道进入"岔路口"，它会滚向哪儿？会抵达最终的目的地吗？当一把弹珠缤纷坠落，无限量的欢乐就此爆发。弹珠未知的走向、孩子们天生的好奇心、反复地尝试、千奇百怪的拼搭造型，孩子们在玩乐中真实接触向心力、重力、摩擦力等原理，增高块和积木块的高度换算，对不同积木

图3-16

块内部空间结构的想象无形中促进孩子脑力开发，形成自己的"编程"逻辑体系。因此，夸得瑞拉滚珠架对于大班幼儿来说，有了比"好玩"更高一层的"益智"价值。

阶段一　简单的初尝试

滚珠轨道玩具投放在大一班的第一天，我并没有给孩子们介绍新玩具的玩法，而是充分给予他们探索的时间和空间，期待他们带来不一样的启发与惊喜。

每天孩子们都在探索中有不同的发现：多种材料的使用、连接的方式、搭建的高度以及小球落下的结果等（图 3 - 17）。鉴于大班幼儿善观察、爱讨论的年龄特点，每到游戏区结束我都会给予他们互相学习、自主探讨的机会，使幼儿逐步熟悉材料、丰富连接经验，支持幼儿不断实现较复杂的建构。

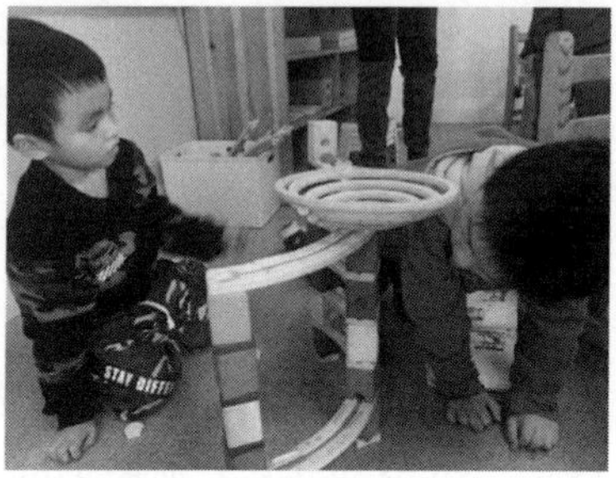

图 3 - 17

阶段二　看图搭建发现多

此款滚珠玩具的说明书清晰易懂，但对小朋友们的读图能力、空间感知能力同样是不小的挑战。从将玩具说明书投放在区域的那一刻起，我就在不断思考：在建构游戏中为幼儿提供说明图，对他们的搭建能力是发展还是阻碍？考虑到新玩具说明图纸对幼儿熟悉玩具材料有一定的启发和支持作用，所以我决定将其投放在游戏区域中，看看小朋友们发现说明书会怎样。

小马第一个发现说明书，于是拿来问我："池老师，我发现一本这个！""这是这个玩具的说明书，你可以研究研究！"

只见他仔细研究说明书，过了一会儿，我听到他小声自言自语："我怎么看不太懂这个图！"

老师："你哪里看不懂？"

小马："有些为什么是没有颜色的？（图 3 - 18）"

老师："这个说明书有好几个步骤，你可以从第一步开始看图，看看有没有新的发现！"

当我再次走到小马面前时，他看图搭建的轨道已经初具形态了（图 3 - 19），而且和其他人不一样的是，小马很注重细节，搭得很仔细。游戏区分享环节时，他居然总结出四个好方法，让所有人眼前一亮。有了他的经验与总结，大一班的轨道越搭建越精彩、越看图越精细，每天都在变化。在随后的游戏里，还经常可以看到小朋友们合作看图、共同搭建的身影。

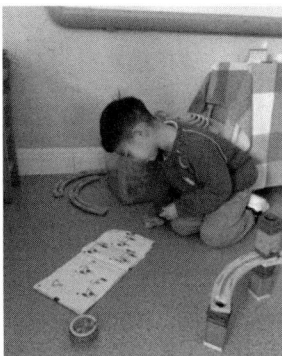

图 3-18   图 3-19

【分析与调整】

由此也解开了我学期初的顾虑，游戏图纸对缺乏搭建目的与经验的幼儿来说有一定的促进作用。说明书的加入让幼儿在搭建中更加具有目的性和计划性，对于搭建物体需要用到的材料也更加清晰明了，有助于让幼儿迅速地了解玩具材料的玩法及内部设计机制。同时，设计书的加入让本班幼儿带有目的性的合作行为增加，在合作看图建构的过程中，识图判断能力得到了发展。

不过，也确实存在说明书阻碍幼儿创造力发展的情况。说明书被投放后，幼儿根据说明书进行搭建，尽量保持与图的一致性。由于学前儿童的思维特点，幼儿的许多奇思妙想就是在搭建过程当中突然产生的，而大班幼儿搭建的目的性和功利性更强，为了保持搭建作品与设计图的一致性，通常会放弃很多临时生成的创造性想法。因此，在幼儿熟悉玩具玩法后，我尽可能地鼓励他们大胆想象与创造。

阶段三　自主创新玩法多

看图搭建一段时间后，幼儿对玩具材料越来越熟悉，灵活使用材料的能力不断提高，原有的说明书已经不能满足他们的需求，一些幼儿开始创新搭建，体验着创新为自己带来的乐趣。这时，为他们提供展示与分享的机会就显得尤为重要。每次活动区结束后，小朋友们都会围坐在一起，共同参观滚珠小建筑师们的精彩展示和讲解，并互相说一说优点与建议，在大字智慧的碰撞中不断创造出更加丰富、新颖的作品。

🡆 游戏反思

自打滚珠游戏创新玩法以来，孩子们每天都会带来不一样的突破与惊喜。在游戏结束阶段，教师除了要扮演倾听者和发问者之外，更重要的是为幼儿提供一个足够宽松的环境让他们充分讨论，让他们成为自己游戏的斡旋者。本班幼儿就在这种宽松的环境中享受着创新、合作、讨论为他们带来的游戏体验。

（北京市西城区三义里第一幼儿园　池雨蒙）

⊃ 点　评

滚珠小球是一款非常适合大班幼儿探索的建构玩具，玩具材料的精细、多组合和多变化非常适合大班幼儿的年龄特点及发展水平。幼儿需要在细心地操作、观察、尝试、不断发现问题和解决问题的过程中熟悉新玩具。说明书的提供帮助幼儿在识图建构的过程中逐步领悟玩具的内部设计机制，为后续的创新挑战奠定基础。

更让我们欣喜的是，年轻教师能够专注研究，从始至终伴随着对幼儿游戏行为的解读和反思不断调整支持策略，为幼儿提供主动学习与共同建构的时间和空间，促进幼儿间经验和思维的碰撞。

（北京市西城区教育研修学院　付雁）

◆ 附：建构区各年龄班玩具配备参考图例

小班	
种类	举例
单元积木	 成比例的积木
桌面积木	 原木小积木　　　彩色小积木　　　本色小积木

（续）

小班		
种类	举例	
环境	 环保地垫	 图文并茂的标记
片状插塑类	 特大圆花片	 水晶插片
管状插塑类	 大颗粒水管道积木	 插管吸管积木
条状插塑类	 磁力棒亲握积木	 创意积木
块状插塑类	 百变磁力积木	 彩色水晶积木
乐高类	 乐高大颗粒玩具	

（续）

小班	
种类	举例

场景类

轨道拼搭设计师　　　　　　小车套装

学习方法类

图书模型类

模型类　　　　　模型类材料的应用　　　　图书模型类

支持学习类

搭建过程展示墙饰　　　支持性环境的创设　　　搭建方法示意图

中班	
种类	举例

单元积木

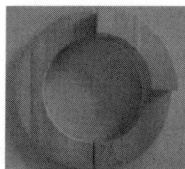

成比例的积木

（续）

中班		
种类	举例	
桌面积木	 原木小积木	木条小积木　彩色小积木
环境	图文并茂的标记　鞋架	
片状插塑类	热带鱼插片　雪花插片　齿轮积木	
管状插塑类	创意百变小拼管　管道拼接　万能工匠	

（续）

中班		
种类	举例	
条状 插塑类	 木条建筑积木	 竹节棍　　　　大魔珠
块状 插塑类	 磁力积木	 2CM连接方块综合体　　骰子堆叠
乐高类	 乐高中颗粒玩具	
场景类	 野生动物、恐龙情景套装	 小工程师——主题乐园　　职业套装
学习方法类　图书模型类	 建构图片和图书的提供	 图片类　　图片模型的自然运用

（续）

中班		
种类	举例	

<table>
<tr><td rowspan="2">学 习 方 法 类
支 持 学 习 类</td><td></td><td></td><td></td></tr>
<tr><td>搭建计划</td><td>记录工具</td><td>建构过程方法的支持</td></tr>
</table>

大班		
种类	举例	

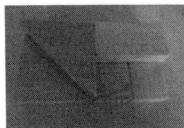

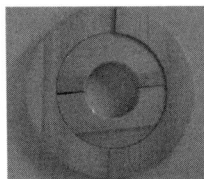

单元积木

成比例的积木

桌面积木

砖房积木　　　原木小木条积木　　　彩色小木条积木

环境

三层积木柜　　　　　地毯　　　　　无标记积木柜

(续)

大班		
种类	举例	
片状 插塑类	 小圆花片	 卡扣插片	 构建片
管状 插塑类	 吸管积塑玩具	 益智拼插管道积木	 万能工匠
条状 插塑类	 球体追踪轨道积木	 3D搭建益智玩具100件	 竹节棍儿
块状 插塑类	 USL综合组	 几何搭建材料	
乐高类	 乐高玩具		

（续）

大班		
种类	举例	
场景类		
	创意塑料积木交通运输套装　小小工程师——主题乐园　百变木匠工具大套	
学习方法类　图书模型类		
	搭建立体书	建构模型	幼儿作品
学习方法类　支持学习类		
	幼儿搭建基本示意图	建构计划的展现	建构过程和方法的学习

第四章　益　智　区

一、益智区的功能及玩具配备的原则

(一) 益智区的功能

幼儿园的益智区是指通过投放适宜的材料，让幼儿在操作材料或开展游戏的过程中增长智力或智慧的活动区域。益智区活动一般以游戏的形式呈现。益智区的教育价值是多方面的。幼儿在益智区通过对多种玩具材料的操作、感知和探索，不仅可以发展观察能力、记忆能力、思维能力等，而且可以感知和体验到数、量、形、时间、空间等相关经验以及其他一些科学知识，获得认知水平的发展，还可以发展感官的灵敏性和手指的灵活性。此外，益智区游戏还能够在极大程度上培养幼儿战胜困难、挑战自我的勇气，养成不畏困难、坚持挑战、敢于尝试的良好学习品质。

(二) 益智区玩具配备的原则

社会上研发和生产出来的益智玩具，形形色色，种类繁多。不是任意一种益智玩具都可以投放到幼儿园益智区的。为了使幼儿更好地体验到益智游戏的快乐，并实现益智游戏对幼儿智力发展的促进作用，就需要加强对益智区玩具的价值判断和筛选。在保证设施设备、各种玩具和游戏材料安全、卫生、对幼儿不会造成危险和伤害的前提下，配备益智区玩具时还需要基于自身功能，遵循以下几项原则：

1. 兴趣性

兴趣可以使幼儿产生内在动力和专注力，使人获得某种满足感，在活动中保持愉悦、轻松、积极的精神状态。选择玩具时首先要考虑玩具材料能不能激发幼儿的兴趣，比如颜色、图案、玩法等。但这里所说的兴趣，必须是幼儿自己的真兴趣，而非教师认为的兴趣，否则难以调动幼儿游戏的主动性。

2. 丰富性

丰富性主要有两方面含义：一是指所选择的益智区玩具必须具有全面性，

即能够照顾到所有幼儿的发展需要，而不能仅仅满足部分幼儿的发展需要。二是指所选择的益智区玩具材料必须具有多样性，即玩具材料要有不同类型、不同层次、不同表现形式，以满足不同幼儿个性化的需要，使不同幼儿都能够选择到适合自己发展特点的玩具材料。

3. 适宜性

这里所说的适宜性主要有三方面含义。一是年龄适宜性，即所选择的益智区玩具要与本年龄班幼儿的整体认知发展水平和精细动作能力相匹配。要让幼儿在玩中感受到一定的难度，又可以经过努力克服困难。玩具的配备和投放应按照由易到难、由简单到复杂的原则，有计划性地分批投放，逐渐增加玩具的种类和数量，逐步提高玩法和规则的难度及复杂程度，使玩具材料的难度始终处于幼儿的最近发展区内。二是个体适宜性，即所选择的益智区玩具要与不同幼儿所呈现出来的个体差异相匹配，使所有幼儿都能够玩上适合自己的玩具，在自己原有基础上获得新的发展。三是发展目标适宜性，指所选择的益智区玩具要与幼儿发展目标相匹配，玩具的投放要服务于幼儿发展目标，促进幼儿不断发展。

4. 自导性

益智区玩具的自导性包括两个方面：一是玩具本身对幼儿游戏结果具有可检测性，即幼儿能够用玩具中提供的图标或是答案对比检测自己游戏的结果；二是玩具的游戏规则是双人或是多人游戏，同伴之间可以互相检测游戏结果。总之，无论是哪种自导性，最好都能够支持幼儿自主探索完成游戏，不依赖于教师或是其他人的帮助。而自导性也是实现益智区活动核心理念的关键因素之一。

5. 层次性

由于每个年龄段幼儿能力水平不同，同年龄的不同幼儿能力水平也有不同，因此教师在投放材料时既要适合本年龄段幼儿的普遍水平，又要兼顾同年龄段幼儿的不同层次，为不同水平的幼儿提供在活动中发展的机会和条件。这里所说的层次性在玩具材料中可以表现为两种形态：一种是提供多个同类型的玩具，但是难度不一样；另一种是玩具本身存在不同难度的游戏挑战层次。幼儿可以在区域游戏中自主选择不同的层次，进而获得游戏的成功感。

二、 幼儿在益智区可能获得的相关经验

（一）数学认知与思维能力

（1）能够感知和获得数、量及数量关系、图形和图形关系、时间、空间以

及空间关系等数学经验，发展运算能力和推理能力。

（2）在参与益智游戏的过程中能够运用所获得的观察、分析、判断、综合、归纳、推理、概括等能力解决问题，促进思维和认知能力的发展。

（二）身体动作

（1）在操作中，通过与益智玩具材料的互动，获得多种感官的发展。

（2）在摆弄玩具、拼摆材料的过程中获得小肌肉精细动作的发展，增强手指的灵活性。

（三）社会性与情感

（1）在操作材料实现自己想法的过程中，能够获得自我认识，发现自己的力量，建立自我概念。

（2）在双人或多人益智游戏中，能够懂得要遵守游戏规则，逐渐形成良好的社会规则认知。

（3）在游戏中形成相互学习、相互协商、相互尊重、团结协作等社会交往能力，获得积极、正确的人际互动方法。

（4）在游戏中逐渐学习正确面对输赢、承受挫折，努力寻找解决问题的办法。

（四）语言能力

（1）在游戏中发展独白语言，能清楚、有逻辑性地表达出自己的计划、想法、发现、游戏策略和过程等。

（2）在游戏中发展对话语言，提高倾听、理解能力和同伴间的表达、沟通能力，养成良好的倾听习惯。

（五）艺术表现与创造

（1）在游戏过程中，能够按照自己的喜好考虑作品的色彩、造型等，提高想象力、创造力、欣赏力和表达能力。

（2）在操作材料的过程中，可以将生活中感知和发现的美，如对称、循环排序等经验，利用艺术形式表现出来。

（六）学习品质

好的益智玩具和游戏能够激发幼儿兴趣，促进幼儿在游戏中的深入探究，逐渐养成乐于反思、善于观察、主动思考、专注坚持、不怕失败、勇于挑战、乐观积极等良好的学习品质。

三、 益智区玩具配备的种类及功能

益智区的活动需要依托适宜的材料。《幼儿园快乐与发展课程》一书中指出，益智区的材料可以包括棋牌、迷宫、数学、拼图、电脑等。综合当前对益智区玩具材料的研究现状，按照游戏材料的特性对益智区玩具进行划分，分为规则类和操作类两大类玩具。这两类玩具中既包含高结构性玩具，又包含低结构性玩具。

（一）操作类

（1）幼儿在操作和摆弄此类玩具材料的过程中，可以调动各种感官，帮助幼儿主动获得相关知识和技能。

（2）益智区的操作类玩具材料多以控制手部精细动作为主要活动形式，所以能够通过游戏发展幼儿小肌肉的灵活性。

（3）操作类玩具材料能比较系统地建构数学经验及诱发幼儿主动探索、学习的愿望。

（4）在操作类游戏中，对玩具材料的操作和摆弄是激发幼儿游戏兴趣的源泉。幼儿会专注于手部动作和材料本身，幼儿的自控力、坚持性表现得比较突出，但对外界干扰的自觉抵制力相对较差。

（二）规则类

（1）提升自我管理能力。规则游戏具有规定性、竞赛性和不确定性等特点，是幼儿游戏的高级形式。在开展规则游戏时，由于规则游戏具有规定性，通常又是两人以上进行，游戏规则的执行必然带有监督性质。否则游戏中就会产生冲突，结果也将是不准确和不公平的，甚至使游戏无法进行下去。所以，幼儿在整个游戏过程中都要注意控制自己的情绪，知道不能随心所欲，要严格遵守游戏规则。久而久之，幼儿的自制力就会得到锻炼和提高。

（2）增强社会交往能力。在规则游戏中，对规则的制定和执行是一种社会性任务，既包括协商、讨论、决策等程序性因素，也包括公平、公正、相互理解和尊重等观念性因素。因此在游戏的每个环节中，幼儿都会面临社会性和认知的互动问题。如幼儿对游戏规则的认可要达成一致，遇到规则问题时，他们往往要讨论。所以，规则游戏对幼儿来说，蕴涵着丰富的学习机会。

（3）培养良好学习品质。追求游戏的结果是幼儿进行规则游戏的动力。但是他们需要为了最终的结果，付出一定的努力。因为规则游戏需要思考，需要遵守规定，需要一定的时段并具有延续性，所以幼儿在游戏中始终都要对自己有一定的要求，如不中断游戏，注意力要集中，不违规、不急躁等。

（三）学习方法类

学习方法类材料在益智区玩具中有着重要的作用。它是帮助幼儿在游戏中获得新认识并帮助幼儿发现和解决问题的一种操作手段。例如在区域中投放记录卡、参照对应卡、游戏步骤图等，能够支持、辅助幼儿自主地开展游戏探究，增加游戏的层次性，是幼儿在游戏中遇到困难时知道"按照什么样的途径，采取什么手段，运用什么工具实现游戏目标"的支持性材料。学习方法类材料能够在游戏中自然而然地检测和发现幼儿发展现状，教师在观察的基础上提供适宜的支架。学习方法类材料的作用主要体现在三方面：

引发幼儿学习，起到范例或游戏示范的作用；支持儿童的探究，掌握游戏操作的规律；展示游戏情况，便于幼儿回顾反思和总结游戏经验，支持后续学习行为。

四、 各年龄班玩具配备的重点及建议

（一）小班配备重点

（1）安全卫生。小班幼儿好奇心强，好探索，处于感知觉发展的关键期，对真假辨别能力弱，还不具有安全意识和自我保护能力，常常通过感官进行探索，爱把细小物品塞进口、鼻等部位。所以，给小班幼儿提供的益智区玩具材料要特别注意大小和安全性，尽量投放尺寸大一些的玩具，避免投放细小、过于真实的玩具材料，杜绝安全隐患。

（2）同种多量。小班幼儿自我中心色彩还时有表现。"以自我为中心"的特点使小班幼儿在益智区表现得比较安静，喜欢一个人游戏，较少主动与同伴分享交流。所以，在给小班配备益智玩具的时候，同种类的玩具要至少配备2个。

（3）增强情景性。思维的泛灵化特点突出，年龄越小的幼儿思维越具体，他们喜欢小动物，把它们当作朋友。在选择和设计玩具时，多投放色彩鲜艳、动物类、拟人化的物品，往往能吸引幼儿的兴趣和注意力，或是在投放玩具前为操作材料创设一定的背景或情景。

（4）材料投放的递进性。基于小班幼儿的理解能力和平行游戏特点，建议根据幼儿的发展水平考虑投放的时间、数量和种类。一般来说，可以先提供适合个人玩的，逐步提供适合两个人一起玩的材料。

小班益智区玩具配备参考清单与建议见表 4-1。

表 4 - 1　小班益智区玩具配备参考清单与建议

种类	类别		举例	数量（以班为单位）	建议
操作类	穿孔玩具	穿珠穿板	大珠子、大线轴、穿扣子、穿纸板；粗细、软硬不同的绳子	4～6件	①小班幼儿容易将物品往口、鼻、耳等有洞洞的五官塞，所以提供的珠子等一定要大一些 ②幼儿喜欢动手操作，喜欢使用工具。据此要为幼儿做好充足的环境准备 ③幼儿在操作活动中喜欢重复性的动作，进行练习和巩固，要提供充足的游戏时间，帮助幼儿获得掌控感和自信心 ④小班幼儿还比较缺乏游戏经验，独立解决问题的能力还比较薄弱。因此，在游戏过程中经常会模仿同伴做的事情，并且总希望获得教师的关注和引导。所以教师需要时刻观察和关注游戏中的幼儿
		穿物品	系扣子、拉拉锁等玩具		
	拾物玩具	物品	大颗粒珠子、纸团、核桃、杏核、小插片等	4～6件	
		工具	勺子、夹子、镊子、筷子		
		容器	托盘、碗、喂小动物的容器、豆子和分类容器		
	触物玩具	感受形状	积木块、核桃、栗子等	4～6件	
		感受质地	棉花、石子、沙子、毛绒玩具、布艺玩具等		
		感受重量	泡沫块、木头块、金属块等		
	其他玩具	滑行旋转机械	齿轮玩具、玩具车、陀螺	3～4件	
	游艺玩具	物理类	拉线玩具、灵动手指玩具	3～4套	
		电子类	遥控玩具、扭扭虫玩具、叠叠高		
规则类	镶嵌玩具	单层镶嵌和多层镶嵌	图形镶嵌板、六面拼图、镶嵌盒、两指抓手镶嵌板、三指抓手镶嵌板、无抓手平面嵌板、墙面嵌板	3～4套	①在幼儿活动时要尽量支持幼儿自己摸索玩具的玩法

（续）

种类	类别		举例	数量（以班为单位）	建议
规则类	接龙玩具	图案接龙	立体图案、平面图案接龙（交通、动物等）	3～4套	②关注幼儿的游戏情况，在幼儿需要帮助时提供支持，接纳小班幼儿不遵守规则、按照自己的想法玩玩具的情况 ③观察幼儿操作游戏的情况，依据幼儿的需求和发展水平补充辅材或调整玩具的层次 ④在投放玩具时注意玩具难度层次的递进性，应与幼儿的发展水平相匹配，并具有适度挑战性
		图形接龙	图形相碰、图形相接、图形对应		
	拼图玩具	镶嵌拼图	男孩穿衣拼图、女孩穿衣拼图、小熊穿衣拼图	3～4套	
		图案对应拼图	水果、动物、交通工具拼图（10～16块）		
	套叠玩具	里外套	套娃、套碗、套桶	3～4套	
		上下套	套塔、套人、套图		
	配对玩具	找相同	找影子游戏、配对盒、配对板、对应板	3～4套	
		找关联	排序卡（3幅）、小动物找家、纸质操作卡		
	棋牌玩具	棋类	动物棋、水果棋、配对棋、鸡狗鹅鸭棋、单只骰子游戏棋	1～2套	①小班的幼儿认知能力较低，更加重视游戏过程，容易被外界事物吸引。在对小班幼儿进行指导时，应先让幼儿对棋有初步的了解及探索，充分激发幼儿的兴趣，再提供一些简单的棋谱指导 ②投放具有层次的牌。可以完全是实物的，可以是半抽象的实物形状，也可以有简单的抽象图形
		牌类	配对牌、接龙牌	1～2套	

（续）

种类	类别	举例	数量（以班为单位）	建议
学习方法类	方法类材料	分类对应卡、观察记录卡、拼图模板、彩笔	2～3 种	①教师在观察幼儿游戏的基础上，投放分类对应卡，帮助幼儿在操作中发现一一对应的方法，获得解决问题的办法，鼓励幼儿将获得的方法应用到游戏中 ②方法类材料可以适当调节益智材料的难度，在原有玩具的基础上降低或增加游戏难度，支持幼儿玩起来，玩得有水平

（二）中班配备重点

（1）增加生活类玩具。中班幼儿思维直观具体，因此在选择玩具材料的时候可以跟幼儿的生活建立联系，使得幼儿的游戏过程和成果也可以满足自己持续游戏和生活的需要，更能激发幼儿的探索欲望。比如编织类、穿编类等。

（2）提供规则稍复杂的玩具。由于中班幼儿的思维能力有明显发展，他们在区域游戏的时候，能够开始尝试用自己的经验进行解释和概括，能够比较、分析、理解一些操作结果，开始喜欢一些规则较复杂的益智游戏。

（3）玩具具有适度挑战性。中班幼儿心理过程的随意性占优势，自控能力弱，建议选择鲜明具体、生动有趣、有一定挑战性的玩具，有利于活跃思维，培养幼儿的积极情绪，发展专注、坚持等学习品质。

（4）增加合作类玩具。中班幼儿处于交往关键期，他们更加愿意开展一些和同伴一起玩的益智游戏，有较多的同伴互动需求。在游戏中逐渐形成伙伴关系，并且有了相对稳定的游戏伙伴。所以在玩具投放时可以选择两人和多人共同游戏的玩具。

中班益智区玩具配备参考清单与建议见表 4-2。

表4-2 中班益智区玩具配备参考清单与建议

种类	类别		举例	数量（以班为单位）	建议
操作类	编织玩具	材料	纸、绳、丝带、自然物编制辫子、尾巴、鞭子、爬网等材料	3～4件	①在区域游戏中，教师要关注活动中幼儿的行为表现和语言表达，及时给予支持 ②要有意识地引导幼儿自主解决游戏中遇到的争抢问题，培养幼儿判断是非、独立分析问题、解决问题的能力 ③可根据幼儿的操作水平，不断增加游戏的难度，适时调整、更换玩具材料 ④要给幼儿提供宽松、持续的游戏空间和时间
		工具	编织架、编织机等工具；编织的图案和范例、作品展示台		
	穿孔玩具	成品材料	大小不同的彩色塑料珠、木珠；粗细、软硬不同的绳子	3～4件	
		自然物	山楂、蔬菜、麦秸秆等		
	穿系玩具	布艺玩具	剥玉米、剥蔬菜玩具	3～4件	
		穿系玩具	木板多样穿编玩具		
	触物玩具	物理类	挑棍、叠叠高、骨牌、叠酒杯；挑战者玩具、摩擦生电玩具等	3～4件	
	拾物玩具	物品	纸团、海绵、黄豆、木珠	3～4件	
		工具	夹子、不同操作难度的筷子		
		容器	直径不同的碗、瓶子		
	其他玩具	弹力	躲避陷阱	3～4件	
		摆动机械	组装玩具、儿童工具操作台		
	游艺玩具	物理类	弹跳蛙、夺红旗、保龄球、多米诺骨牌、叠叠高等	3～4套	

（续）

种类	类别		举例	数量（以班为单位）	建议
规则类	镶嵌玩具	多层镶嵌板	蛋和鸡的演变 青蛙的演变 地理位置嵌板	3～4套	①由于社会规则意识逐渐增强，中班幼儿能和同伴、教师一起制定并且遵守游戏的规则 ②此年龄段幼儿的想法越来越多，经验也越来越丰富，思维开始活跃，规则游戏中的规则有时会限定幼儿的游戏想法和行为，可以接纳和鼓励幼儿变通玩具玩法 ③当幼儿在游戏中遇到问题时，鼓励幼儿尽量自主解决 ④观察幼儿操作游戏的情况，依据游戏状态补充辅材或增加玩具的层次性 ⑤依据幼儿的发展情况逐步投放规则类玩具
		拼图式镶嵌	星球朋友嵌板 寻找宝藏 图形分割镶嵌 字母镶嵌 中国地图嵌板		
	接龙玩具	数字接龙、常识接龙、故事接龙	数字接龙、点卡接龙、生活常识接龙、自然常识接龙、故事接龙等	3～4套	
	拼图	平面拼图、立体拼图	几何图形拼图、彩色积木拼图组合、图案、色彩易辨认的图画拼图（20～30块）、有规律连接的拼图（相邻数拼图）、匹配板、六面拼图等	3～4套	
	观察推理玩具	走迷宫、找相同、找不同	走迷宫书、智力图书、华容道、滚珠迷宫、自制迷宫等	3～4套	
	守恒玩具	固体守恒、液体守恒、数量守恒	体积的测量、天平、水的测量、数字小屋等	3～4套	

（续）

种类	类别	举例	数量（以班为单位）	建议
规则类	棋牌玩具	棋类	连子琪（三子）、环保棋、卫生棋、动物棋、记忆棋等	3～4 套	①中班幼儿已经基本掌握下棋的规则及点数，依据不同幼儿的水平和需要适当增加难度 ②尊重幼儿的选择兴趣和想法，注意观察和倾听，接纳和支持幼儿按照自己的步骤、节奏、方式和水平进行游戏 ③当幼儿面临困难和挫折，自己难以解决时，应给予适当的情感支持，进行鼓励和合理的引导，提高幼儿的思考能力
		牌类	动植物分类牌；简单关系对应牌；故事接龙配对牌；数的组合、量的比较、分类牌等	3～4 套	④中班幼儿处于喜欢交往又不太会交往的阶段，又急于获得成功，在玩牌游戏中容易产生冲突。注意对幼儿情绪的安抚，并尽量给幼儿自主解决问题的空间和机会，以提升幼儿语言表达、交往和解决问题的能力 ⑤可以将桌面的棋牌游戏拓展到户外，开展户外棋牌游戏，在锻炼身体的同时促进智力的提升
学习方法类	方法类材料		观察记录卡、任务单、说明书、分解步骤图、纸、笔等	2～3 种	①在区域中投放学习方法类材料，幼儿可以根据自身需求进行操作 ②在游戏分享环节的时候可以利用学习方法类材料帮助和引导幼儿发现提高游戏水平的方法

（三）大班配备重点

（1）增强思维挑战性。由于大班幼儿经验、能力和思维的发展，他们更喜欢具有挑战性、竞争性的游戏玩具。随着游戏的开展，喜欢不断创造出新的探究点。他们思维能力的发展，还表现出他们能制订自己的区域游戏计划，并依据计划开展活动。因此，在配备大班益智区玩具时，可以选择一些需要长时间、多次操作、不断递进难度的具有挑战性的闯关玩具，以促使幼儿运用观察、归纳、推理、判断等思维能力。

（2）注意规则复杂性。由于大班幼儿已经具有一定的社会交往感悟和经验，他们在游戏中完全能够遵守游戏和区域的规则，保证区域游戏的顺利开展。当他们在游戏中出现矛盾时，也能想到用多种方法与对方沟通。如果是几个幼儿共同开展的益智游戏，经常会出现一个领导性的人物。因此，在挑选大班益智区玩具时，可以选择两人或多人合作或竞争性的、游戏规则比较复杂的玩具。

（3）加强层层递进性。由于大班幼儿注意力的持久性和注意力的范围逐渐扩大，因此，他们能有计划、持久地开展益智玩具材料的探索活动，完成一个探索主题。同时，能够在探索游戏不断提升的过程中关注到同伴的游戏情况，并提出自己的建议。因此，可以选择自身具有多层次难度的、具有延展性和可拓展玩法的玩具。

（4）增强协商合作性。大班幼儿对自我的评价依赖于同伴和周围人的反馈，因此在区域中可以选择合作性和竞赛性强的玩具，支持和鼓励幼儿利用材料开展比赛活动，激发幼儿参与活动的兴趣。

（5）增加精细类材料。大班幼儿的精细动作进一步发展，身体协调性也在增强。为了满足幼儿未来学习、书写等需要，可提供细小的材料，让幼儿在不断操作中获得小肌肉群和手眼协调能力的发展。

大班益智区玩具配备参考清单与建议见表4-3。

表4-3　大班益智区玩具配备参考清单与建议

种类	类别		举例	数量（以班为单位）	建议
操作类	编织玩具	材料	织布机、编织架、十字绣；不同质地的线，如毛线、丝线、绒线	2~4件	①大班幼儿已经在游戏中有了一定的规则意识，可以鼓励和支持幼儿自己制定此类活动的规则
		工具	编织工具书、范例、作品展示台		

（续）

种类	类别		举例	数量（以班为单位）	建议
操作类	穿孔玩具	穿珠	小珠子、饰物、穿珠；不同粗细、有弹性的线；串珠分享记录册	2～4件	②随时关注活动中的幼儿，对不适宜的材料进行调整，丰富层次性，以满足不同发展需求的幼儿 ③玩具材料来源于生活，再回归幼儿生活，解决幼儿生活中的问题，使得幼儿的游戏过程和成果可以满足自己深入游戏和生活、表达情感等的需要，更能激发幼儿的游戏和探究欲望。比如穿编类、电脑游戏、变形玩具、机械玩具等
	穿系玩具		多孔穿板	2～4件	
	触物玩具	物理类	挑棍、叠叠高、骨牌	2～4件	
		电子类	挑战者游戏、电路玩具	2～4件	
	拾物玩具	物品工具	夹子、筷子、乒乓球	2～4件	
		容器	筐、盒子、盘子		
	变形玩具		机器人、卡通动物、变形魔尺玩具	2～4件	
	机械和组合玩具	平面组装	七巧板、百变拼、儿童工具台、恐龙蛋、拼装玩具、磁棒玩具	2～4件	
		立体组装	拆装组合玩具（木制恐龙、木制建筑物、拆装小球）；活动记录板、操作使用图		
	电脑	电脑相关设备	儿童电脑、耳麦、录摄设备	2件	
		软件	龟博士乐园、童心乐园等适宜软件		
	游艺玩具	物理类、电子类	飞镖、保龄球、沙斛球、多米诺骨牌	2～4套	
规则类	拼图	平面拼图、立体拼图	有一定难度的拼图（80～100块）、参考图	2～4套	①教师在区域中要关注活动中的幼儿，鼓励幼儿探索玩具的玩法和规律，在需要时给予支持和帮助

（续）

种类	类别		举例	数量（以班为单位）	建议
规则类	观察推理玩具	走迷宫、找相同、找不同、找规律	迷宫图、找规律玩具、智力图书、自制迷宫图、立体迷宫玩具、故事排序卡、时钟模型	2～4套	②在原有玩具的基础上，可以鼓励幼儿丰富玩具的玩法和层次，寻找获得成功的方法和经验，与同伴进行交流和分享 ③活动中，幼儿可以参照已有玩具的特点，自己尝试制作玩具，比如自制迷宫、拼图等。也可以利用自然、生活中随手可拾的材料，与户外活动结合，既发展智力和思维，又培养想象力和创造力，促进大小肌肉发展 ④可以为此类玩具设置操作情境，吸引幼儿操作的积极性 ⑤大班幼儿逻辑思维水平渐强，可以提供难度较高的棋类游戏，如飞行棋等，培养幼儿的探究能力 ⑥对于识字能力较强的幼儿，可以提供带有文字解释的棋类游戏，提高其阅读能力 ⑦针对喜欢图形或数字的幼儿，应提供带有图形及数字的棋牌类游戏 ⑧教师在进行指导时应加强幼儿的规则意识，保证游戏的顺利进行，也保障对其他幼儿的公平 ⑨鼓励幼儿担任棋类游戏的设计者和开发者 ⑩可以将桌面的棋牌游戏拓展到户外，开展户外棋牌游戏，在锻炼身体的同时促进智力的提升
	守恒玩具	固体守恒、液体守恒	天平、铺地砖玩具、高矮不同容量相同的容器	2～4套	
	棋牌玩具	棋类	掷骰子棋、轮盘棋、步法棋（象棋、跳棋、五子棋、围棋等）； 玩具棋（飞行棋、斗兽棋等）； 自制棋（生活常规棋、文明礼仪棋、卫生棋、交通棋等）	2～4套	
		牌类	接龙牌、记忆牌、运算牌、扑克牌、推理游戏牌等	5～8套	

（续）

种类	类别	举例	数量（以班为单位）	建议
学习方法类	方法类材料	说明书、任务单、分解步骤图、三视图、纸、笔等	2～3种	①给大班幼儿提供适当的任务挑战卡能够激发幼儿的游戏兴趣和游戏水平。需要注意任务卡也是以自愿游戏的形式呈现，不要成为幼儿完成学习任务的硬性要求，失去游戏的快乐 ②大班幼儿的分解步骤图较之中班，难度上可以适当增加，例如三视图等

五、案例

（一）小班

大正方块的秘密

大正方块玩具是由 48 块相同的三棱形磁力块组合而成，有红、黄、蓝、绿、紫五个颜色（图 4 - 1）。四个面分别是磁铁的南北极。这套玩具操作简单、变化多端，可使幼儿在操作中体会磁铁游戏的趣味，也可以自主翻转、拼接、组合三角磁力块，会让幼儿展开无限联想，获得丰富体验。

图 4 - 1

阶段一　"看！它们能吸到一起，真好玩！"

游戏时间，暖暖将筐中所有的三角块都倒出来，并用手和胳膊围起来卖宝石。熊猫从中拿走了一块，直接往刚才组合好的作品上放，尝试几次还是没有吸住，他向老师求助。老师肯定了他的方法，鼓励他再进行尝试，并且学着他的样子用各个面来吸。最后，他终于转到了合适的一面，成功吸住，高兴地说："看！是一个战车！"

更多的小朋友在看到"战车"后，对这个玩具磁铁之间的拼接产生了兴趣，并探索着如何"吸上"。他们感受到了能吸在一起的时候那股微弱的力量，从而也让他们更加清楚和熟练地找到对应吸附的那一面。

阶段二　"我想要一个大正方块"

游戏时间，紫莹发现了玩具说明书上的大正方块，想让老师给她拼一个。老师帮助紫莹组合了一个大的正方块，一下子引发了孩子们的关注。孩子们都想要，于是老师满足了他们的请求，当他们拿到正方块后，又往正方块上吸上一些三角块，玩起了搭房子的游戏。

阶段三　自己动手拼大正方块——我发现了"它"的秘密

一天，紫莹拿起几个三角块，想要把它们拼在一起，由于手小拿不住三角块，而且不能够很准确地找到能吸附的面，所以她手中的三角块总是掉到桌上。旁边的熊猫则将三角块平放在桌子上翻转，并寻找拼接，成功地将两块三角块拼在了一起。紫莹也模仿着拼了一个，比画着与熊猫刚才组合好的吸在一起，拼出了大正方体的一个面。随后紫莹又放下刚刚做好的正方体，一边观察，一边拿起另外几个三角块，反复翻转，调整着三角块的角度，直到吸对为止。拼好两个面以后，她找到了自信，又试着通过翻转、对接吸附的面将它们组合在一起，成为一个"大正方块"（图 4 - 2）。暖暖和熊猫一直在旁观看这个过程，暖暖说："紫莹你好棒啊！你能给我也做一个吗？"

自从紫莹做出了大正方块，孩子们常会请教她或者请求她帮助拼接。看来，紫莹的探索成功激发了同伴们参与的兴趣。在后期的游戏中，越来越多的人在尝试中拼出了想要的正方块（图 4 - 3）。

小班幼儿好奇心强，喜欢在情景游戏中相互模仿。女孩子喜欢在"大正方块"上插入羽毛、花朵玩过生日、送礼物的游戏；男孩子则喜欢添加磁力块使其成为具有各种功能的武器。每天、每时、每刻，他们都会赋予正方块不同的意义，或进行再创造，这些意义中饱含着孩子们对世界的认知和再现。

图 4-2

图 4-3

（北京市西城区长安幼儿园　罗琳月）

➡ 点　评

磁力积木既能满足幼儿科学探索的需求，又能激发幼儿拼摆图形的游戏兴趣，是一款集益智游戏、科学探索为一体的玩具。由于玩具具有磁性，小班幼儿在操作玩具时能很方便地自主创造出各种形状。同时，玩具套装中提供的参考作品，又能有效地支持幼儿在观察作品的基础上模仿学习，非常符合小班幼儿的学习特点。因此，既能在案例中看到幼儿探索磁性相吸、相斥的现象，又能看到幼儿探索图形材料拼摆组合的过程。同时，也可以看到幼儿在自主拼摆时能发展其创造性思维，在参考提供的图案拼摆时能发展其逻辑思维，这些都体现出了玩具带给幼儿多方面、多角度的发展价值。

（北京市西城区教育研修学院附属幼儿园　汪京莉）

（二）中班

案例一　"傻傻玩"

"傻傻玩"是一套棋牌类玩具。这套玩具包含比较复杂的游戏规则，且棋牌数量较多，规则性和数理逻辑性都比较强，比较适合 5 岁左右的幼儿游戏。这个游戏由 48 张动物牌组成，一共 12 种动物，每种动物 4 张牌。还有 12 个蓝色水滴标志和 24 个土黄色干涸标志（图 4-4）。

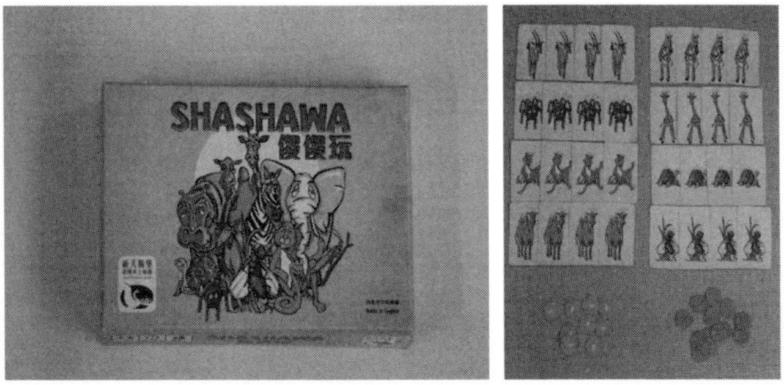

图 4－4

阶段一　勇敢召集小伙伴——游戏小团队的建立

　　轩轩找到我说还想玩"傻傻玩"——这是我们班最近刚刚投放的牌类玩具。他找了两个小伙伴玩了两盘，觉得人不够多不好玩，可是别的小朋友大多不会玩，于是就请老师教。老师请他邀请想玩又不会玩的小朋友一起来听，并且请他做小老师，从游戏准备开始教。轩轩和会玩的小朋友你一言我一语地把基本的规则说得差不多了。

阶段二　输了不沮丧——过程中享快乐

　　前几轮，大家都在熟悉游戏规则，传牌和发令都不快，所以大家的反应速度差不多。之后几轮，无论是发令和传牌都加快了速度，因此5个孩子就有了不同的反应速度。美颐平时就是个慢性子，在这个游戏中，她虽然很努力地跟上大家的速度，但还是稍慢一点，很快就得到了三个干涸标志。美颐并没有沮丧（图4－5），反而还保持着兴奋，数着手里的干涸标志。看来她是在享受和小伙伴一起游戏的乐趣，没有特别在意输赢。

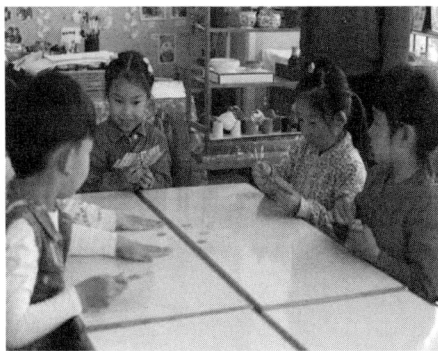

图 4－5

▒▒▒▒▒ **阶段三　大淼的质疑——游戏是自己的，也是大家的** ▒▒▒▒▒

在游戏过程中，有一个摆水源卡片的环节，孩子们都喜欢把水源摆到离自己最近的地方，以便让自己最快地抢到水源。当浩浩获得了摆水源的权利时，他把水源摆到了自己桌角的位置，这下离得最远的大淼不高兴了，立刻提出异议："你摆到那儿，我都够不到了。"浩浩却理直气壮地说："现在是我决定水源的位置！"大淼反驳道："那你不能只让自己摸到，别人摸不到还怎么玩啊！"轩轩说："是啊，我也摸不到了。"浩浩看到大家都不高兴了，迟疑了一下，拿出一个水源卡片留给自己，把其他的水源卡片挪到了桌子中间，说："这样行了吧！"小伙伴们笑着点了点头。

（北京市西城区曙光幼儿园　姜飞）

⊙ **点　评**

"傻傻玩"这款玩具游戏规则简单，操作起来很容易。集齐4个同样的动物就可以"抢"水源。幼儿在游戏中想办法集齐4个相同的动物，能边玩边理解数的实际意义，能在"抢夺"水源的时候提高专注力和敏锐的反应能力，能在游戏过程中理解合作和公平的意义，提升其社会交往能力。案例中幼儿所经历的几个游戏过程，充分表现出了这款玩具带给孩子们的挑战、思考和改变。特别是在游戏中，幼儿感受、发现"游戏是自己的，也是大家的"的这一哲理对孩子们未来的成长、适应社会的能力、看待问题的角度等都有很好的教育价值。案例中老师对不同性格、不同需求幼儿的回应体现了个性化的支持，能真正、有效地落实在每一位孩子的游戏发展中，激发其对游戏的兴趣，提升其游戏水平。

（北京市西城区教育研修学院附属幼儿园　汪京莉）

案例二　砍树皮大赛

"伐木达人"这个玩具是由树根、树心、三种不同颜色（深棕、浅棕、卡其）的树皮和一把斧子构成的（图4-6～图4-8）。这是一款富有趣味性和挑战性的玩具，非常适宜中班和大班前期的幼儿操作。

 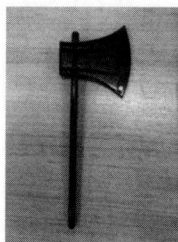 

图4-6　　　　　　图4-7　　　　　　图4-8

阶段一　我要先来砍

淘淘和昊昊首先拿到了玩具，并且要比一比到底谁最厉害。昊昊提出先来砍树皮的请求，因为每次都是淘淘先砍。淘淘可怜巴巴地看着老师，老师给淘淘比画了一下"石头剪刀布"的手势，希望通过这个小提示帮助他们自己解决问题。淘淘犹豫了许久，还是同意了昊昊的说法，他知道自己确实比昊昊大，虽然有些不情愿地让昊昊先来开始，但又觉得应该让着他。"但下一局，咱们要'石头剪刀布'！"淘淘摆出了大哥哥的样子，开始组装起树干（图4-9）。

图 4-9

阶段二　不断尝试，控制"砍"的力气

"我们开始吧！"昊昊已经迫不及待了，拿起斧子冲着第一层树皮就是重重一下，差一点一整层就要砍落了。"喔！"昊昊惊呼着，似乎感觉到自己力气用得有点大了，第二下他相对轻了很多，树皮落地了，昊昊松了口气，将自己的第一片战利品摆在面前。淘淘貌似吸取了昊昊的教训，所以在砍第一下的时候用力就很轻，结果这一层只向外动了一点点。淘淘皱了皱眉头，又轻轻地砍了一下，又往外挪动了一些，但树皮并没有掉落，他有些失望地将斧子交还给了昊昊。

第一轮稍稍胜出的昊昊现在有些得意扬扬，拿到斧子后很熟练地轻轻砍了一下，力度拿捏得刚刚好，直接就让这一层树皮掉落下来。淘淘静静地看着昊昊的操作，眉头锁得更紧了些，似乎有些不服。"刚刚是我太轻了！"这回淘淘拿起斧子轻轻地敲击了一下，但力度比之前稍微重了些，眼看着树皮马上就要落下来了，所以第二次淘淘只是很轻地敲了一下，树皮就掉了下来。

阶段三　出其不意——哇！一下掉了两块树皮

　　两个小朋友慢慢掌握了"砍"的力度，在之后几回合的对战中，都能够在两次机会中敲掉一块，似乎游戏就要这么平稳地进行下去了（图4-10）。这时又轮到了淘淘，这次淘淘的行为有些怪怪的，他看了看树皮的位置，前后摆了摆斧子，然后力度稍重地敲了一下。"哗啦"一声，还以为是树心掉落，可仔细一看，原来淘淘砍掉了两块树皮，淘淘满心欢喜："哈哈！你看我砍了一下掉了两块树皮耶！"昊昊歪着头，仔细看了看淘淘砍掉的树皮和还在原地的大树，拿起斧子也试着稍用力些地敲击树皮，结果整层都掉了下去。昊昊诧异地看着掉下来的树心，立刻把树心放回了树墩上。淘淘看到后，大叫着："不可以再放回去，树心掉了是要扣分的！""不行！不可以！"昊昊似乎有些接受不了自己大胆尝试后的挫败结果，所以他希望淘淘能够让他重新来一次。可是淘淘是一个规则意识很强的小朋友，他不答应。

图4-10

游戏反思

　　幼儿阶段是社会性发展的关键时期，良好的人际关系和社会适应能力对幼儿身心健康发展以及知识、能力和智慧作用的发挥具有重要影响。幼儿是在与成人、同伴的交往过程中学会交往的。此案例中，淘淘和昊昊在游戏过程中出现了一些交往的小问题：谁先砍？不小心砍掉树心怎么办？他们尝试与同伴协商，尝试求助老师来满足自己先砍的愿望。

　　淘淘拥有很强的规则意识和坚持性。在自己失误时，他从没想过多砍一下，当昊昊违反规则时，淘淘也非常严厉地制止了。所以在之后的游戏中，两人从没有想过违反游戏规则。

　　当然，这个过程中还有不断尝试，探索如何更好地把握好手臂力量和手眼协调控制能力，他们在每次调试中体验着紧张、冒险的乐趣，不断探索，互相学习和借鉴经验，反映出非常好的学习品质。

（北京市西城区教育研修学院附属幼儿园 武秀文）

➡ 点 评

中班时期是幼儿小肌肉动作发展和社会交往能力发展的关键期。砍树皮玩具采用游戏的形式逐渐锻炼幼儿小肌肉的灵活性，提升对手部动作的控制力，是幼儿提升前书写能力很好的游戏载体。同时，游戏采用两人和多人共同游戏的形式，既可以有竞争，又可以有团队合作，也能促进幼儿在游戏中获得社会交往能力，提升交往水平。案例完整、详实地记录了两位小朋友在游戏中探索控制手部力量、方向的过程，描述了幼儿在游戏中规则意识的养成，让我们感受到益智玩具带给幼儿多方面的发展价值，带给幼儿的快乐，以及教师在幼儿游戏过程中对幼儿的关注、观察和隐性支持。

（北京市西城区教育研修学院附属幼儿园 汪京莉）

（三）大班

案例一 数独游戏探秘

"摩天楼数独"是三维空间的数独游戏（图4-11）。玩具的玩法及规则相对来说都比较复杂，不仅要考虑平面九宫格中横纵数字1～4的不重复，而且要考虑立体大楼之间的互相遮盖关系，这给幼儿的观察、思维带来极大的挑战。大班孩子能理解吗？他们会怎么玩呢？

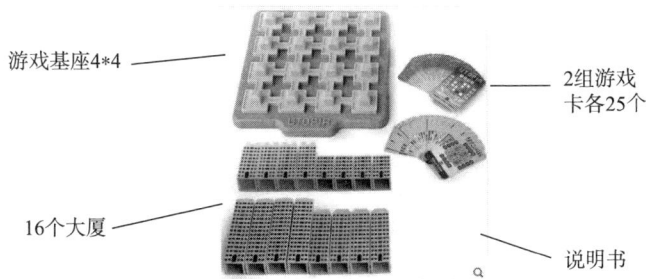

图4-11

阶段一 自由探索

小树按照题卡上的提示在游戏板上对应摆放，不断地说"1、2、3、4"。

摆完自上至下第二横排的第 3 个摩天楼时，他兴奋地说："耶！这不就对了吗！"他边说边拿起代表"4"的摩天楼，3 补 1 完成。"太棒了！1、2、3、4。"他给了自己一句鼓励，然后继续填补自上而下的第一行。此行已有一个"2"，小树又把一个"2"放在旁边，盯看默念"1、2、3、4"，然后摇头，拿掉刚放上去的"2"，陆续放"3、4"，然后看一眼题卡后拿掉。接下来，小树不断地重复拿下来、换上去的动作，并且开始频繁地眨眼（图 4 - 12）。

停滞 1 分钟后，游戏时间结束，小树放弃此游戏，但是表示第二天还要继续挑战（图 4 - 13）。

图 4 - 12 图 4 - 13

老师在分析了小树游戏的现状和困难之后采取了以下支持策略：引导小树保留想要继续挑战的玩具，鼓励他持续探究，创设自由、宽松的探究氛围，支持其实现自己的想法。

阶段二 带着问题的挑战

上次的游戏中，小树没能挑战成功，原因之一是虽有平面数独经验，但是，此玩具需要在头脑中将平面数独转换为立体数独，是挑战三维空间思维的游戏。原因之二是直接的数字由不同高度的楼梯代替，他需要转化。游戏开始后，小树选择再次观察说明书（图 4 - 14）。

再次尝试摆弄 50 秒后，小树说："真是太难了！哎呀！"在没有成人的干预下，经过不断地尝试、推翻、排列的 20 分钟探究后，小树对老师说："我成功了！"

阶段三　持续挑战

在游戏方法的逐渐建构中，小树尝到了成功的喜悦，这最大化地激励了他继续挑战的兴趣和决心。这次小树发现一张空白格子的挑战卡，在与老师共同讨论挑战方法后，小树了解到空格周边数字的提示作用，知道标有数字几就代表从这个角度可以看到几栋楼后，开始了新的挑战游戏（图4-15）。

图4-14　　　　　　　　　　　图4-15

拿着玩具摆弄了一下后，小树叫着："太难了！不想玩儿了！"教师及时介入，听他讲述难点和设想，并支持他按照设想尝试。在多次尝试后，他笑着抬头说："我刚刚偷偷看了一下答案，终于成功了！小树要休息一下！（图4-16）"

图4-16

➡ 游戏反思

游戏中，小树表现出不惧困难的挑战精神，为达到成功，探究各种解决问题的方法，能在自然游戏中表现出规则意识，有很好的游戏秩序感。教师采取了共情、倾听、满足的支持策略：通过降低难度保护小树对游戏的兴趣，观察其遇到问题时的多种解决方法。

（北京市西城区长安幼儿园　王欢）

⊙ 点　评

"摩天楼数独"是一款立体数独游戏，规则的明确、材料本身色彩的干净鲜明、同样楼房的高矮逐级递增，巧妙地蕴含了量的差异，能够很形象地对应1～4之间量的差异。配套游戏卡不同的难度也增加了趣味性，很容易吸引幼儿，特别是数独爱好者。它可以充分满足不同发展水平的幼儿，使幼儿在沉浸其中的探索和挑战中感受观察、分析、判断、推理、猜想、验证、多角度思考等逻辑思维的过程，获得思维发展的充分满足与成就感。借助此游戏，幼儿还能获得遵规守则、专注坚持、不怕困难、反思和解释等多方面学习品质的锻炼和提高。虽然老师知道这款玩具对于幼儿很难，尤其是在不熟悉材料的初期，但在小树游戏的过程中，老师很少干扰，而是充分地观察，在观察了解的基础上识别幼儿的需要，判断何时需要介入、如何介入，在适当的时机给予适宜的支持。在这个过程中，老师是尊重幼儿、追随幼儿的陪伴者、支持者、欣赏者。

（北京市西城区教育研修学院附属幼儿园　汪京莉）

案例二　方寸之中见智慧——"折足先登" 的奥秘

"折足先登"是一款和手绢有关的玩具，不过却大有门道。正方形的绢布上分布着按4×4格子排列整齐的16道菜品图案，这是点餐拼布（图4－17）。除此之外，还有22张基本点餐牌、22张进阶点餐牌（图4－18）、4个木标记、15枚星星标记（图4－19）。

 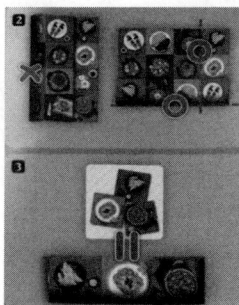 

图4－17　　　　　图4－18　　　　　图4－19

阶段一 独立尝试中的挑战与学习

这是天一第一次进行"折足先登"游戏的尝试。在了解到游戏规则和游戏方法后,她马上进行了尝试。她首先通过目测确定点餐牌上菜品在点餐拼布中的位置,然后开始折叠。在老师介入前共进行了 12 次独立尝试。在前三次的尝试中,天一在点餐拼布折成一横条时会不时观察上面的菜品,发现没有符合后再打开点餐拼布重新开始,点餐拼布的方向和折叠方式没有明显调整。在第 4 次和第 5 次尝试中,天一出现旋转点餐拼布的行为,并拎起点餐拼布观察,折叠方式依旧是一上一下的横向折叠。在第 6 次尝试中,首次出现改变折叠方式的行为,开始出现十字折叠。第 7 次到第 12 次尝试中再次出现了新的行为,包括再次改变折叠方式、翻转点餐拼布、尝试利用点餐拼布背面,但挑战依旧没有成功,于是选择求助教师。在折叠点餐拼布的整个过程中,天一很关注点餐拼布在折叠后是否上下对齐,并不断调整,以确保整齐。独立挑战 13 分钟左右。

【分析与调整】

天一的操作行为也是她对点餐拼布及规则理解的外显表现,不同的折叠方式带来点餐拼布图案不同的呈现效果,她在这样的体验中继续积累经验,获得有关点餐拼布、折叠以及它们二者之间关系的更多信息。天一选择的点餐牌对第一次进行游戏挑战的她来说具有一定的难度,当独立游戏以及在这期间获得的经验仍旧不能支持她完成操作的时候,她需要得到支持。

阶段二 支持引导下的探索与发现

第 12 次挑战仍然没有成功,天一表现得有些失落,当教师询问是否需要帮助时,她表示需要。在教师的引导下,天一首先把点餐拼布重新打开,用手指确认出两道菜品(螃蟹和煎蛋)的位置,并描述了自己遇到的问题——中间还有一道菜(鸡腿),它挡住了就没法叠了。在教师提议看看有什么方法可以把这道菜遮挡住的同时能露出需要的菜品后,天一选择对折点餐拼布,这种方法并没有成功。在教师引导她观察点餐拼布正反面的特点后,她明确了正面和反面的图案相同。当教师建议她利用这个特点进行折叠时,她首先尝试了对折,没有达成目的,几次尝试后她将带有煎蛋菜品的一排向背面折叠,然后在老师的引导下发现了此时中间的菜品已经被盖住,需要的两道菜品挨在了一起。核心问题解决后,天一经过几次折叠最终挑战成功,完成了自己的第一次"上菜",并和教师击掌庆祝。

【分析与调整】

教师开始介入后,天一的情绪发生转变,这是想要挑战成功的表现,也是心里有所期待的表现。在教师的引导语中，天一再次确认所需菜品的位置，同时明确地描述自己遇到的问题及挑战不成功的原因，这说明她能发现问题，并且曾努力尝试解决。通过教师的引导，天一开始对点餐拼布进行新的探索，并有了新的发现。她发现点餐拼布一面折叠后，相应的背面图案会取代原来上一排位置上的图案，这使她的经验得到进一步扩充，很快解决了根本问题。接下来的操作水到渠成，游戏中通过试错、重复操作、不断尝试而积累的经验成了有力的支持。

（北京市西城区铁二中学前部　李楠）

● 点　　评

这款玩具对于大班幼儿操作的难点是：看似简单的玩法中蕴含推理判断、折叠、空间方位等经验的运用，因此对于初玩者很有挑战。在整个操作过程中，可以看到幼儿面对难点有良好的学习品质支持其不断尝试挑战，但原有经验不足导致她无法独立解决问题。逻辑思维、推理能力刚刚萌芽的她不能发现折叠行为与菜品图案之间的逻辑关系和内在联系，无法独立解决问题。因此，教师在观察、分析后，采取了 4 个支持策略：关注幼儿情绪表现，在适宜时机发起互动；用关键提问引发思考，帮助幼儿明晰问题原因；提供支架式引导，适当降低挑战的难度；游戏中与幼儿共情，共同体验成功的乐趣。从支持效果可以看出，这些支持策略适合这名幼儿的最近发展区，对幼儿在游戏中的自主学习和游戏水平有着关键作用，并支持幼儿向更高水平发展。

（北京市西城区教育研修学院附属幼儿园　汪京莉）

◆ 附：益智区各年龄班玩具配备参考图例

种类	类别	小班					
		举例					
穿孔类		串珠	穿扣子	穿纸板	系扣子、拉拉锁等玩具	小动物穿线板	粗细、软硬不同的绳子
操作类	拾物玩具	勺子	夹子	镊子	托盘	碗	喂小动物或娃娃
		大颗粒玩具	自然物	捅片			

（续）

种类	类别	小班	
			举例
操作类	拾物玩具		分豆子游戏　插孔玩具
	触物玩具		小动物平衡玩具　触摸板　毛绒玩具　积木块
	其他玩具		陀螺　玩具车　齿轮玩具

（续）

种类	类别	小班 举例					
操作类	游艺	三角叠高球 	灵动手指玩具 	遥控玩具 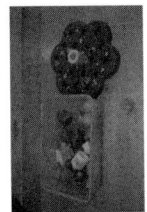	插孔玩具 	叠叠高 	立体迷宫 
规则类	镶嵌	图形镶嵌版 	六面拼 	镶嵌盒 	两指抓镶嵌板 	拼图嵌板 	情景嵌板 
		墙面互动板 					

（续）

种类	类别	小班 举例
	接龙	 立体图案　　　 平面图案接龙（交通、动物等）　　 图形等分
规则类	拼图	 脸谱拼图　　 情景拼图　　 动物拼图　　 情景镶嵌板　　 几何图形积木
	套叠	 套娃　　 套碗　　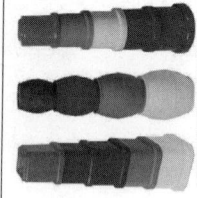 套桶　　 百变套塔　　 套塔

（续）

种类	类别	小班　举例
配对		观察与推理——糖果类游戏　恐龙树干逻辑思维玩具　排序游戏　找规律　对应游戏　找影子游戏
规则类		图案对应　摘果子　福禄贝尔玩具　数量对应
	棋牌游戏	种树　四色走位棋　记忆棋　过桥——交通工具棋

（续）

种类	类别	举例		
小班				
学习方法类	支持持续自主学习材料	 立体拼摆示范图例	 拼图示范图例	 规律排序学习卡

种类	类别	举例				
中班						
操作类	编织	 线绳	 丝带	 编织机	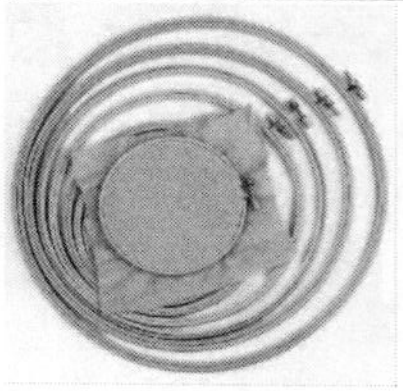 花绷子	 范例、作品展示台
	穿孔	 彩色塑料珠				

（续）

种类	类别	举例（中班）		
操作类	穿系	百变穿板	系鞋带	编辫子
	触物	挑棍	多米诺	
	拾物	农作物	木珠	夹子
		不同难度的筷子		

（续）

种类	类别	中班 举例				
	综合益智玩具	智慧数棒	叠叠高	找错游戏盒	数数游戏	数学宝盒计数套装
操作类	电脑	儿童电脑	耳麦	录摄设备		
	游艺	叠叠高	磁力迷宫	儿童消消乐		

（续）

种类	类别	中班 举例			
	镶嵌	图形分割镶嵌	嵌板	挑战图形嵌板	多层嵌板
规则类	接龙	数量接龙	交通工具接龙	故事接龙	
	拼图	七巧板	立体拼图	六面体拼图	拼图——理解数的实际意义

立体五群板

图形板

（续）

中班

种类	类别	举例					
规则类	观察推理玩具	迷宫图	小兔魔法箱	移车出库	推理方位玩具	推理——五颜六色	找不同
	守恒玩具					数量平衡	平衡青蛙
	棋牌玩具	记忆棋	飞行棋	环保棋	跳棋	连子棋（三子）	三只小猪棋

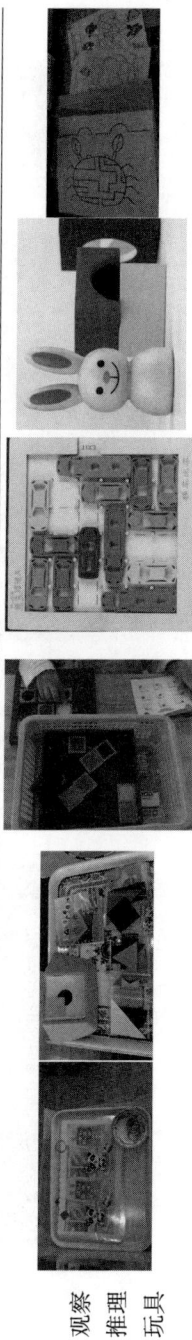

（续）

种类	类别	中班 举例				
规则类	棋牌玩具	斗兽棋	三军棋	健康棋	井字棋	方向鱼
学习方法类	支持持续自主学习材料	对对碰碰牌	石头剪刀布	你说我猜	水果碰	
		游戏闯关卡	示范图例	方向游戏支持卡		

（续）

种类	类别	大班 举例				
	编织玩具	编织机	编花篮	十字绣	编辫子	各色毛线
操作类	穿孔玩具	小珠子	不同粗细有弹性的线	串珠穿板玩具		
	穿系玩具	多孔穿板				

（续）

大班

种类	类别	举例				
操作类	触物玩具	挑棍	叠叠高	多米诺骨牌	平衡砝码	
	变形玩具	魔方	百变魔尺	彩虹积木		
	机械和组合玩具	趣味拼图	智能金字塔	福禄贝尔玩具	小颗粒立体拼	立体五群板

（续）

大班

种类	类别	举例				
操作类	游艺玩具	录摄设备	耳麦	儿童电脑		
	拼图	立体拼图	插孔拼图	多层拼图	磁板拼图	五颜六色
规则类	观察推理玩具	推理和空间玩具——遮遮挡挡	地下铁	过河（空间方位游戏）	警察抓小偷（空间方位游戏）	逻辑树推理玩具

（续）

种类	类别	举例				
		大班				

小侦探

动手不动口

数独游戏

摩天楼数独游戏

推理空间方位游戏

五子棋

跳棋

军旗

方块游戏

大力士棋

扭扭相扣接龙牌

推理故事牌

记忆牌

垃圾分类牌

读心术牌

棋牌玩具

规则类

（续）

种类	类别	举例		
		大班		
学习方法类	支持持续自主学习材料	闯关挑战卡	游戏竞赛记录纸	游戏操作步骤图

第五章　科　学　区

一、　科学区的功能及玩具配备的原则

（一）科学区的功能

《纲要》中指出，"幼儿的科学学习是在探究具体事物和解决实际问题中，尝试发现事物间的异同和联系的过程。"幼儿园科学区的创设为幼儿提供了探索和发现的场所。通过与材料的互动，幼儿能够与大自然和一些科学现象进行亲密接触，满足和激发幼儿对科学的好奇心和求知欲。而学习照顾动植物、观察、记录、比较、操作、实验等科学探索的方法，体验发现问题、提出问题、分析问题和解决问题的过程，不仅丰富幼儿对于自然和科学现象的认识，促进其认知水平、思维能力和学习品质的发展，而且培养幼儿科学的态度和精神，知道敬畏自然，敬畏科学，为其他领域的深入学习奠定基础。

（二）科学区玩具配备的原则

依据科学区的游戏特点，在配备玩具时需要遵循以下原则：

1. 安全性

科学区所投放的材料及开展的探索要把安全放在第一位，要避免一些尖锐器物、有毒物品和工具的投放，同时也要关注幼儿可能对花粉和动物皮毛过敏，培养幼儿的自我保护意识和能力。

2. 多样性

科学在生活中无处不在，可谓包罗万象，大至天文地理、航空科技、人工智能、交通，小至生活点滴、游戏等，没有一样可以离开科学。因此，科学探索区的配备要具有多样性。常见的动植物、常见物体和材料、常见物理现象、工具、科技产品、感受天气和季节变化的材料等都可以成为科学探索材料。其中既有规则类和操作类材料，又包含高结构性玩具和低结构性玩具。幼儿可以通过自由选择、自主探索、发现问题、提出问题、解决问题及反思和解释等来

获得对周围世界的认知，丰富科学经验。

3. 互动性

根据幼儿的兴趣需求和发展目标，提供相应的工具、图书、材料等，在保障安全的前提下，给幼儿自主选择探索材料、按照自己的原有经验和想法进行观察、猜想、验证、记录的时间和空间，进行自主学习和反思，使其在与材料、环境和人的相互作用中获得新发现，增进情感，丰富感性体验。

4. 科学性

幼儿的认识多依赖于感知觉，科学区所投放的材料要具有所学概念的属性特征和适宜的结构，要能支持幼儿通过操作这些材料，发现自然和科学现象及形成这些现象的原因、事物之间的关系和发展规律，从而使幼儿感受科学现象的神奇和奥秘，培养幼儿对科学的爱好和探究能力，为其爱科学、学科学、用科学打下良好的基础。科学区一般应投放取之于自然的沙水、适宜养殖的动植物及相关工具和蕴含着某个或某些常见的科学现象、知识、概念和原理的操作材料。

5. 灵活性

科学现象无处不在，幼儿又特别具有好奇心和求知欲，如果教师给予了幼儿足够宽松的环境，幼儿的探索和发现会经常发生，有时候不局限于对所配备的玩具材料进行探索。尽管有时幼儿的想法和方法未必可行或者科学，但是从幼儿的认知特点出发，教师应该随时观察和关注幼儿的发现和想法，给予个性化的支持。在安全的前提下，允许幼儿随时随地、以物代物、灵活组合，创造性地开展科学探究和尝试，以保护幼儿科学探索意识的萌芽，进而支持幼儿的深度学习。

二、 幼儿在科学区可能获得的相关经验

幼儿科学学习的核心是激发探究兴趣，体验探究过程，发展初步的探究能力。因此，当幼儿置身在科学区的时候，可以获得以下经验：

（一）科学认知与思维能力

（1）随着幼儿年龄的增长，在与区域多种玩具材料的操作互动中，能够感知声、光、电、磁、力、热、传导、空气、色彩、溶解等科学现象，让幼儿在探究过程中亲近自然，喜欢探究，获得浅显的科学知识和经验。

（2）幼儿通过各种感觉器官在直接接触客观事物、对天气变化、动植物、材料、工具的观察、探索、使用、记录等的过程中，获得科学的相关知识和认识能力，发现事物之间的关系、发展规律和自然的奇妙有趣，学会珍惜资源、敬畏生命、崇尚科学。

（3）幼儿在探究过程中，可获得观察、分析、判断、综合、归纳、推理、概括、从他人角度进行思考的能力，获得对待事物的科学态度、探究方法和经验。

（4）幼儿在探究过程中，要经历观察发现问题、提出问题、猜想、验证、分析、判断、推理和解决问题的过程，这个过程要以事实为依据，不断地反思和质疑，幼儿可以获得批判思维及包容、谦虚、严谨、锲而不舍、忘我投入等科学精神。

（二）社会性与情感

（1）幼儿在对自然界进行探索和了解事物之间关系的过程中，感知生命，敬畏生命，不断增加爱心，形成秩序感、责任感，发展任务意识。

（2）幼儿在不断探索和发现中，喜欢上探究的过程，感受到发现的快乐。

（3）幼儿在与同伴的合作探究中，能够学会与同伴沟通和协商，表达自己的需求和想法，进行观点的碰撞，为实现目标学会接纳、包容和求同存异，从而发展交往、协调、合作和沟通等社会交往能力。

（三）语言能力

（1）幼儿在表达探索需求和发现的过程中，尝试用语言对自己的想法、探究过程和结果进行解释、说明，不断提高清晰的语言表达能力。

（2）幼儿对于观察和探究的过程，尝试用自己熟悉或喜欢的符号进行记录，由具象到抽象的符号表达，将有助于前书写准备和对文字的理解。

（3）幼儿在合作开展探索游戏时，能培养倾听理解同伴以及表达发现的能力。

（四）身体的发展

（1）幼儿在探索过程中，通过眼睛看、耳朵听、鼻子嗅、舌头尝、皮肤触摸等感知事物的基本特性，促进多种感官的发展。

（2）幼儿经常使用工具和技术辅助探索，对材料的拆分、剪、切割、连接等可以活跃大小肌肉群，间接地提高动手操作能力和手眼协调能力。

（五）艺术表现与创造

（1）幼儿在探索游戏中，提高创造力、欣赏力、表达能力以及联想能力。

（2）幼儿能利用工具和材料创造性地进行想象、创造，丰富幼儿的游戏内容或者游戏主题。

（六）学习品质

科学探究活动能够满足幼儿认识世界的好奇心和求知欲，在观察探索、思考猜测、调查验证等科学探究的过程中，有助于幼儿做事的计划性、认真严谨、专注和坚持、不怕困难和挫折、发现问题和解决问题、反思和解释、想象和创造等学习品质的发展。

三、 科学区玩具配备的种类及功能

为了便于幼儿园和班级教师选择适宜的玩具材料，明确科学玩具和科学概念之间的关系，我们按照幼儿在科学区学习到的内容，结合材料特性，将科学区的玩具材料划分为科学探究类、自然探究类、其他扩展经验的辅助材料、学习方法类等四种材料。

（一）科学探究类

（1）帮助幼儿在科学小实验等活动中，通过操作、探索、感受、体验，以获得科学经验为目标而投放的低结构性或高结构性玩具材料。如沉浮、磁力、齿轮、斜坡玩具、电路板、光影等，可以帮助幼儿发现这些事物和现象产生的条件和影响因素等。

（2）满足幼儿自主、自发的探究需要。因兴趣和好奇，幼儿用随手可拾的材料或者替代物在与材料、环境的互动中建构经验，体验自我的学习方式。如石头、管子、水、沙、木等。

（二）自然探究类

（1）幼儿和老师选择的自然类、种植类、养殖类材料。放在班级自然养殖区中，既可以欣赏，又可以通过每日的照料，观察感受到它的变化，了解物种的多样性。如树叶、贝壳、松塔、花草、小动物等。

（2）幼儿在观察与发现中不断了解自然界的神奇和多样，动植物的变化、习性和特点。例如各种各样的种子、花等。

（三）学习方法类

借助一些学习方法类材料作为支架，间接支持幼儿的科学探究活动，会帮助幼儿学会自主探索和学习，动手动脑发现、解决问题，获得科学探究的方法和能力，增强自信。如说明书、步骤图、过程性记录照片、小视频、相机等。

（四）其他扩展经验的辅助材料

辅助材料即一些与科学探究和数学探究学习相关的工具。幼儿在使用这些材料探究的过程中，感受、体验工具的作用和价值，理解数量关系，学会记录和收集信息为探究所用。如沙漏、天平、温度计、尺子（自然测量的曲别针）等工具类的材料，也包括图书等扩展经验类的资料。

四、 各年龄班玩具配备的重点及建议

(一)小班配备重点

(1)安全卫生第一。小班幼儿处于感官探索时期,特别好奇爱探索,容易把细小物品塞入口鼻等身体有洞的部位,所以小班科学区材料的提供要避免太小、细碎的材料以及过于真实的食品,以免给幼儿带来安全隐患。例如,像小豆子、小串珠、别针、细绳子、逼真的食品等,尽量不要给小班配备。

(2)成品为主。小班幼儿动手操作能力和经验有限,注意力保持时间短暂,所以,要尽量投放一些现成的成品玩具,激发幼儿的探索欲望,幼儿只要操作就可以发现一些科学现象,进而不断尝试。如万花筒、回力车等。

(3)同种多量。小班幼儿处于平行游戏阶段,易模仿和从众。同种材料投放多一些,以避免幼儿因都想玩同一种玩具但数量不够而发生冲突,进而影响其情绪和探索。

(4)多种感官参与。小班阶段是幼儿感知觉发展的关键期,科学区玩具材料的配备要兼顾听、看、摸、闻等多种感官参与的材料,发展幼儿的感觉器官,促进幼儿的感知觉发展。如软硬、粗细不同的材料、听筒等。

(5)变化明显。小班幼儿的观察能力处于一般观察阶段,观察敏感性和视知觉较弱,所以要投放一些形象和色彩比较鲜明、变化明显的材料,便于幼儿观察。如不同种类的花、小鸡、小鸭、小兔等。

小班科学区玩具配备参考清单与建议见表5-1。

表5-1 小班科学区玩具配备参考清单与建议

种类	类别	举例	数量（以班为单位）	建议
科学探究材料	感知觉	贝壳、棉花、木头、塑料、树皮等触觉材料	1套	①探究类玩具需要注意逐步投放,需依据幼儿的实际情况增加或调整。比如上下学期投放的材料不一样 ②在探索类活动中,教师应更多注重对幼儿情感态度和探究兴趣的培养,幼儿的活动以感受为主,不要急于告诉幼儿结论
		嗅觉瓶（内装香水、醋等）等嗅觉材料	1套	
	声	电话、传声筒、回声筒等传声玩具;风铃、敲击乐器、捏气发响等发声玩具;声控玩具、能发声的废旧瓶罐（非玻璃）、响筒等	2~3件	

（续）

种类	类别	举例	数量（以班为单位）	建议
科学探究材料	电	静电玩具、电动玩具	2～3件	③接纳和包容幼儿"惹祸"。小班幼儿具有经验有限、好奇爱探索、常用原有经验解释事物等特点，他们在探索中难免会出现一些问题。教师要理解，避免伤害幼儿的自尊心和学习品质 ④当幼儿操作此类玩具时，除了要关注幼儿的情绪情感，还要随时关注活动中材料的安全性 ⑤依据幼儿操作中的兴趣，教师可以自制一些简单的、易操作的材料作为补充，丰富玩具的层次性 ⑥受幼儿年龄特点的限制，此阶段幼儿探索过程和结果的记录以教师帮助为主
	光	万花筒、小镜子等	2～3件	
	磁	磁力钓鱼、磁性积塑、磁力青蛙等	2～3件	
	力	跟斗虫、沙水车、滑动车等重力玩具；回力车、惯性车等惯性玩具；沉浮玩具；车、船、飞机等发条玩具；弹力球等	3～5件	
	沙水	沙水箱或沙池、干/湿沙盘、沙土玩具（工具、模具）、碗、勺等设备和工具	1～2套	①在小班幼儿初次接触沙水时，教师可以和幼儿一起玩"寻宝"的游戏。让幼儿光脚（双手）踩（摸）在沙子里。一方面让幼儿感受沙子的触感，另一方面可以激发幼儿探索的兴趣 ②在沙水池附近准备清洁设施设备，便于幼儿随时清洗，养成良好的卫生习惯 ③尽可能为幼儿提供数量丰富的工具和材料，满足幼儿动手操作的兴趣和需求 ④准备一些筐、盒等收纳材料，便于幼儿收放玩具
		沙水、石头、树叶、竹筒、线绳等材料	若干	
		动物、人物、交通工具、房子、树木等模型类和情景类玩具	1～2套	
		清洗水龙头、防水罩衣、雨靴；墩布、扫帚、簸箕、抹布等防护、清洁工具	2套	

（续）

种类	类别	举例	数量（以班为单位）	建议
自然探究材料	动物	兔子、小鸡、小鸭、蜗牛、金鱼、瓢虫等动物；动物饲养箱（笼）、饲料等	2～3件	①小班幼儿最明显的心理特点是"泛灵化"，会不由自主地与小动物说话，在照顾动物、植物时，有"拟人化"的行为，把动植物当作自己的伙伴。因此，在创设小班自然养殖区的时候，最好能够营造孩子喜爱的童话世界 ②小班幼儿无意注意占主要优势，因此为幼儿准备的材料外观上要醒目，或是幼儿非常熟悉的物品 ③小班幼儿因其年龄较小，缺乏照顾动植物的经验，需要成人和其一起进行种植养殖，喜欢模仿成人给植物浇水、给动物喂食 ④小班阶段的幼儿处在感知觉发展的重要阶段，喜欢用多种感官感受事物的特征，因此在种植养殖区活动时喜欢用手触摸植物、用鼻子闻味道等，观察和探索等行为会因外界刺激而不时改变 ⑤对于小班幼儿来说，更多的是引导他们通过动手操作获得充分的感知，不要过分强调对知识点的掌握 ⑥小班幼儿观察、探索、表达能力有限，教师需准备一些幼儿看了就能懂得如何自主操作的图示；对探究活动的记录要尽量简单、易操作，最好用实物图片记录在全班共用的记录单上
	植物	各种花、绿色植物；苹果、梨、橘子等水果；南瓜、葫芦等蔬菜；花生、玉米等各类种子；植物根茎叶模型	4～6件	
学习方法类	方法类	探索活动过程的照片、自制的可运用和使用的感官教具、工具的图示、彩笔、共用记录单、用于记录的幼儿头像或标志物	2～3份	
其他扩展经验的辅助材料	探究工具类	观察盒、培养皿、养殖器、小喷壶、小铲子、放大镜	3～4件	
	科普常识类	水果、蔬菜模型、动植物印章、动物标本等	3～4件	
	其他材料	筛子、吹管、透明色片、吹泡泡材料、风车等	3～4件	
	图书信息类	简单工具书、图片等	3～4件	

（二）中班配备重点

（1）增强材料的操作性。中班幼儿动手操作能力不断增强，经验也逐渐丰富，常常对周围事物、现象感到好奇，喜欢问为什么。在科学区可以投放贴近中班幼儿生活的高、低结构性材料，让幼儿通过动手操作、尝试发现一些简单的科学现象，如磁力现象、沉浮现象、摩擦现象、光学现象等。

（2）增加发展比较观察能力的材料。升入中班的幼儿具有一定的认知经验和能力，对事物之间的不同比较敏感，可以借助这个特点多投放一些发展幼儿比较观察能力的材料，引导幼儿学会细致观察，探究不同，发现物种的多样性。如不同的植物、热带鱼、种子等。

（3）多提供工具材料。中班幼儿喜欢新鲜事物，开始探究和发现事物之间的关系、变化并寻找原因，工具（包括科学和科学家等方面的图书）可以辅助他们进行探究，帮助他们获得探究的方法和知识经验。幼儿也常常会把种植、养殖、玩沙水的工具、器皿、操作材料当作玩具来玩和探索。

（4）提供劳动材料。幼儿年龄增长及自我服务能力的增强，都说明幼儿可以参与科学区的劳动活动，教师要为幼儿照顾自然角、整理科学区的材料和环境、清洁自身的卫生等提供机会，形成常规和习惯。

中班科学区玩具配备参考清单与建议见表5－2。

表5－2　中班科学区玩具配备参考清单与建议

种类	类别	举例	数量（以班为单位）	建议
科学探究材料	声	电话、传声筒（听觉筒）、对讲机等传声玩具；风铃、捏气发响、拉哨、编钟等发响玩具；回声玩具、声控玩具、声音游戏盒等	3～4件	①在幼儿操作和探索的过程中，教师要给予幼儿充分的时间和空间，让幼儿与材料相互作用 ②中班幼儿探索的内容逐渐增多，在探究活动中可鼓励他们尝试使用记录或采取集体记录的方式，分享探究活动的发现 ③为增强幼儿探究的目的性，可以鼓励幼儿为自己设计活动计划，说明选择什么材料、怎么用，支持幼儿坚持完成探究活动 ④关注幼儿的探索需求和问题，调整玩具配备和层次，支持幼儿的活动 ⑤建议在科学区投放一定数量的科学小游戏、科普知识等工具书
	光	凹凸透镜、三棱镜、门镜等；万花筒、平面镜、哈哈镜、三维空间、折镜等	2～3件	
	热	水的三态变化玩具、传热玩具	3～4件	
	电	皮毛、布、摩擦棒和纸片等静电操作材料；光电陀螺、手摇发电机等自发电玩具；使用电池的电力玩具、电子积木等；电线、电池、小电珠、手电筒等材料	3～4件	

（续）

种类	类别	举例	数量（以班为单位）	建议
科学探究材料	磁	磁力棒玩具、磁性滑动玩具、磁飞镖、各种形状和大小的磁铁、磁贴、磁力钓鱼、铁质和非铁质的物体材料等	3～4件	⑥中班幼儿喜欢动手操作，容易在探究中出现争抢玩具的现象，教师要及时关注幼儿的活动状态并给予引导和帮助（在条件允许的情况下，同种玩具的数量可以增加） ⑦根据幼儿兴趣和探究过程的发展，提供相应的互动墙饰，给予及时支持，帮助幼儿更深入地思考 ⑧接纳幼儿。幼儿想象力丰富，爱幻想，急于见到探究结果，往往从自己的主观意愿和个人感觉出发认识和解释事物，有时有偏差或者出现"惹祸"现象，教师要给予理解和接纳。如为了看到自己种的苗快快长大，把苗往上拔高
	力	平衡猴（熊）、不倒翁、平衡蛋等平衡玩具；乒乓球、石头、木头等沉浮材料；跟斗虫、回力车等；滚珠玩具；压花器、皮筋、弹簧娃娃等弹力玩具；齿轮传动玩具；各种质地的小盒、鼓等震动玩具；光滑、粗糙、平坦的滑道等	3～4件	
	空气	水枪、气筒、气球、降落伞；风筝、风速仪、纸质风车；空气车、吹球、蜡烛和瓶子等	3～4件	
	色彩	红、黄、蓝三原色；塑料半透明彩色片、色彩陀螺、水粉颜料等探索三原色变化的材料	3～4件	
	天文	天文望远镜	1～2件	
	溶解	水、盐、糖等溶解实验材料	3～4件	

（续）

种类	类别	举例	数量（以班为单位）	建议
科学探究材料	沙水	沙水箱或沙池；干/湿沙盘等设备；各种塑形模具、小桶、耙子、铲子等玩具	1套	①可以根据幼儿的兴趣，在某一段时期提供一种类型或是一个主题的情景材料 ②允许幼儿带自己想带的材料开展实验。当幼儿愿意把发现分享给伙伴的时候，鼓励幼儿之间的分享交流 ③一部分材料可以在科学探索中和孩子们一起自制，为孩子的自由游戏做充分的准备 ④保留幼儿在沙水游戏中创作的作品，并及时对作品进行总结评价，帮助幼儿发现更多的探究问题 ⑤在沙水池附近准备清洁用的设施设备，帮助幼儿养成卫生习惯 ⑥尽可能为幼儿提供数量较丰富的工具和材料，满足幼儿动手操作的兴趣和需求 ⑦准备一些筐、盒等收纳材料，便于幼儿收放玩具，培养自理能力 ⑧幼儿的沙水游戏常常会自然生成科学探究活动，教师要及时发现并支持幼儿的想法
		沉浮材料、大小材质不同的瓶子、海绵、软木塞、石子、木块、乒乓球、贝壳、软硬长管、漏斗、箩筐、桶、盆、水车等	1~2套	
		沙水、石头、树叶、竹筒、线绳等	1套	
		动物、交通工具（带斗小车、铲车等）、房子、人物、树木、汽车等模型类玩具	1套	
		防水罩衣、雨靴等；清洗水龙头、墩布、扫帚、簸箕、抹布等清洁工具	2套	
自然探究材料	动物	蚯蚓、蚂蚁、蚕、蝌蚪、乌龟等不同习性的动物；幼儿自带的饲养动物、饲料	3种	①中班幼儿处于具体形象思维阶段，对自然界的了解同样需要通过各种感官获取经验。因此在创设中班自然养殖区时，材料的摆放要便于幼儿取放、观察 ②中班幼儿对外界的好奇心越来越强，愿意进行一些种植、养殖活动，喜欢提出各种问题，能进行比较观察，观察的持久性增强
	植物	叶形不同的绿植；萝卜、白菜等水泡植物；种植黄瓜、扁豆等；幼儿自带的种植植物的种子；捡拾的小果子、树叶、花瓣、花朵、树枝、松塔等	4~6件	

（续）

种类	类别	举例	数量（以班为单位）	建议
学习方法类	方法类	自制简单说明书的图片、步骤图或小视频、任务卡片、记录单、彩笔等	2～3份	③中班幼儿对自己养护的动植物表现出关心，能自发地为植物浇水、给动物喂食，但在种植和饲养活动中缺乏坚持性，往往需要成人提醒才能坚持完成
其他扩展经验的辅助材料	测量工具	塑料温度计（不含汞）、天平、量具、尺子、自制测量工具等	3～4件	④中班幼儿对周围事物的不同变化很感兴趣，能够连续做简单的观察记录。在活动中为幼儿提供简单的记录单，既能增强幼儿对种植和饲养的坚持性，又能帮助幼儿有目的地观察
	观察探究工具	手持放大镜、观察盒、筛子、镊子、吸管等	3～4件	⑤中班幼儿的有意注意逐渐发展，因此要结合投放的材料，引导幼儿制订观察和照顾动植物的计划，激发幼儿有目的地观察
	防护工具	防护眼镜、塑胶手套、套袖、围裙等	4～6套	⑥要关注幼儿在参与此类活动中产生的问题或同伴之间的争论，经过筛选，把能探究的问题提炼出来，形成幼儿间经验的互享⑦可根据需求，将自然养殖区适当与其他区域结合，空间大小要能够满足最少两名幼儿同时观察操作
	图书信息类材料	工具书；蝌蚪、蝴蝶等动物生长过程的图片或标本、植物根茎叶标本、五谷杂粮标本、星空图片、月亮变化图片等	3～4件	⑧中班幼儿学习的主动性和能力有所增强，知识面扩大，经验也越来越丰富，具备了一定的动手操作能力和阅读能力，教师要尽量提供通过间接材料给幼儿创造自主操作学习与表达的机会

（三）大班配备重点

（1）增强玩具的挑战性。随着经验不断丰富、能力不断增强，大班幼儿愿意接受各种挑战，所以教师需投放一些真实的、能够通过大小肌肉群协调配合操作和具有一定逻辑思维难度的挑战性材料，或者根据对幼儿观察和想法的了解投放相应材料，支持幼儿提出各种有关事物、现象的问题，促进幼儿勤于思考、深入探究和学习，并通过一些努力达成目标，获得成就感和自信心。

（2）支持幼儿连续深入观察。大班幼儿喜欢探究事物，对探究过程及结果感兴趣，能够进行持续、深入的探究。教师可以提供连续观察、精细观察的材料，帮助幼儿在观察、探究中不仅获得相关科学知识和经验，而且形成良好的学习品质。

（3）增加拓宽视野的材料。大班幼儿有较丰富的经验和较强的动手能力，且积累了初步的科学小实验的经验和方法。教师可以多提供一些拓宽视野的实验材料和书籍、杂志、报纸等，让幼儿有机会运用观察、推理和简单的统计、分析和查找信息等方法进行学习，发现更多奇妙的科学现象及事物之间的相互关系，感知科学概念和原理，激发热爱科学的情感。

（4）增加促进思维发展和创造力的材料。大班幼儿有自己独特的想法和学习方式，对有争论的问题有自己的经验和见解，他们有自己的计划、猜想，也会用自己的方式去验证、观察、尝试、分析、研究获得经验，逻辑思维开始萌芽。教师可多投放能够支持和促进幼儿按照自己或同伴共识进行深入探究、不断反思和质疑过程的发展思维和创造力的材料。

大班科学区玩具配备参考清单与建议见表 5-3。

表 5-3　大班科学区玩具配备参考清单与建议

种类	类别	举例	数量（以班为单位）	建议
科学探究材料	声	电话、传声筒（听觉筒）、对讲机等传声玩具；风铃、捏气发响、拉哨、编钟等发响玩具；回声玩具、声控玩具、声音游戏盒等	3～4 件	①在幼儿操作和探索的过程中，教师要给予幼儿充分的时间和空间，让幼儿充分与材料互动 ②选择适合大班幼儿的记录方式，鼓励幼儿自主设计活动记录单，记录探究过程，分享探究活动的发现 ③大班幼儿在操作探究玩具的过程中喜欢具有挑战性的任务，可以提出一些适宜幼儿探究发现的具体问题，支持幼儿有目的地探究，获得相关经验
	光	凹凸透镜、三棱镜、门镜等聚散光；万花筒、平面镜、哈哈镜、三维空间、折镜等折射玩具；液态万花筒等反射玩具	2 件	
	热	水的三态变化玩具、传热玩具	3～4 件	

（续）

种类	类别	举例	数量（以班为单位）	建议
科学探究材料	电	摩擦起电玩具、欢乐球等静电玩具；摩擦棒和纸片等操作材料；光电陀螺、手摇发电机等自发电玩具；电动玩具、使用电池的简单电力玩具、电子积木等电路玩具；电线、电池、小电珠、手电筒等材料	3～4 件	④为增强幼儿探究的目的性，可以鼓励幼儿为自己设计有关操作材料的活动计划，支持幼儿坚持完成探究活动 ⑤关注幼儿的探索需求和问题，调整玩具配备和层次，支持幼儿的活动 ⑥投放一定数量的科学小游戏、科普知识等工具书，帮助幼儿在有需要的时候随时查阅信息资料
	磁	磁力棒玩具、磁性滑动玩具、磁飞镖、各种形状和大小的磁铁、磁贴、磁力钓鱼、铁质和非铁质的物体材料等	3～4 件	
	力	平衡猴（熊）、不倒翁、平衡蛋等平衡玩具；沉浮玩具（乒乓球、石头、木头等用于沉浮的材料）；挤压发声玩具、压花器、震动玩具、玩具滑道、重力玩具、摩擦力玩具、齿轮传动玩具等	3～4 件	
	空气	水枪、气筒、气球、降落伞、风筝、风速仪、纸质风车、空气车、吹球、蜡烛和瓶子等	3～4 件	
	传导	管子、小球、触物连接板、钟摆模型等，让幼儿体验力的传导现象等	3～4 件	

（续）

种类	类别	举例	数量（以班为单位）	建议
科学探究材料	天文	月相图或月相盒、四季星座图、望远镜、天文星空模型、地球仪等	3～4件	
	溶解	水、盐、糖等溶解实验材料；简单的去锈、墨渍、油渍实验材料	3～4件	
	编程	可视化编程玩具、带编程功能的颗粒玩具	1套	
	沙水	沉浮材料、大小材质不同的瓶子、海绵、软木塞、石子、木块、乒乓球、贝壳、软硬长管、漏斗、箩筐、桶、盆、水车等	1～2套	①多给幼儿自主计划和选择材料的时间和空间，支持他们迁移已有经验进行创造 ②为幼儿提供数量充足、通过操作能发现明显关系的工具和材料，以及具有开放性和多种组合可能的材料，满足幼儿动手操作的兴趣和需求 ③根据幼儿的兴趣和想法，支持和帮助幼儿准备所需材料（包括自带的材料）开展游戏，分享交流探索中的新发现 ④保留幼儿在沙水游戏中创作的作品，并及时对作品进行总结评价，帮助幼儿发现更多的探究问题 ⑤在沙水池附近准备清洁用的设施设备，帮助幼儿养成卫生习惯
		沙水箱或沙池、干/湿沙盘、沙土玩具（工具、模具）等	1套	
		沙水、石头、树叶、雪、竹筒、线绳、藤等材料	若干	
		动物、交通工具（带斗小车、铲车等）、房子、人物、树木、汽车等模型类玩具	1套	
		清洗水池或者水龙头；防水罩衣、雨靴；墩布、扫帚、簸箕、抹布等清洁工具	2套	
自然探究材料	动物	蚯蚓、蚂蚁、蚕、蝌蚪、乌龟等不同习性的动物；幼儿自带的饲料动物、饲料	2～3份	①大班幼儿的逻辑思维开始萌芽，他们更爱思考。因此，在大班自然养殖区，应更多提供能够发现动植物生存和生长基本条件的材料，支持幼儿探究自然中的神奇现象（趋光性）、现代科技带来的养殖变化（温室大棚）等内容的材料，以满足幼儿的好奇心和探究需求，认识周围的事物和现象

（续）

种类	类别	举例	数量（以班为单位）	建议
自然探究材料	植物	叶形不同的绿植；萝卜、白菜等水泡植物；种植黄瓜、扁豆等；幼儿自带的植物种子；具有趋光性和向光性的花盆；捡拾的小果子、树叶、花瓣、花朵、树枝、松塔等	4～6件	②大班幼儿观察能力的系统性提高，他们能够持续观察，发现动植物之间的细微变化，因此，可以提供支持幼儿连续观察记录的材料，培养幼儿的坚持性等良好学习品质，并让他们在观察、记录中获得有益经验
	人体器官	人体器官模型或挂图	1件	③教师要关注幼儿在操作材料过程中产生的问题或同伴之间的争论，经过筛选，把能探究的问题提炼出来，形成幼儿间经验的共享
学习方法类	方法类	图文说明书、实验步骤图、任务通关卡、记录表、彩笔、记录本、平板电脑、儿童相机等	2～3份	④大班幼儿喜欢动手动脑和挑战，因此可以准备较多的工具和材料，使幼儿有更多动手实验的机会，并能够在积极的探究过程中体验到能力和自信
其他扩展经验的辅助材料	测量工具	塑料温度计（不含汞）、天平、量具、尺子等	3～4件	⑤大班幼儿的观察逐渐细致，因此可以通过设置探究问题引发幼儿对动植物生长细微变化和生长条件的关注
	观察探究工具	锤子、镊子、改锥、剪刀、钳子等	3～4件	⑥可根据需求，将自然养殖区适当与其他区域环境结合
	计时工具	漏斗、时钟、液体计时器等	3～4件	⑦随着大班幼儿社会能力的发展，可以结合自然科学和社会科学的玩具材料，开展有关环保的主题活动
	防护工具	防护眼镜、塑胶手套、套袖、围裙等	4～6件	⑧大班幼儿更喜欢一些具有挑战性的任务，他们的动手操作能力、阅读能力、逻辑性越来越强，也会运用简单的信息技术工具。教师可结合幼儿日常探索遇到的问题，与幼儿共同讨论、准备一些可以自主学习探索和表达反思的材料。材料的提供尽量能让幼儿自主探索和学习，在与同伴的交流合作中获得有益经验和科学素养
	器皿类工具	养殖瓶（箱）、鱼缸、观察盒、放大镜、筛子、镊子、吸管等	4～6件	
	图书信息类	工具书、相关杂志、说明书、动物生长过程的图片和标本、植物根茎叶标本、五谷杂粮标本等	3～4件	

五、 案例

（一）小班

案例一　好玩的玩水游戏

同同对班里有水的地方特别感兴趣。于是，我们在盥洗室开辟了玩水区，把热水器调成温水，让他痛痛快快地玩！他在大水盆前来回轻轻地拨弄、拍打盆里的水。他看着溅起的水花，每拍一次都"啊"地叫一声，然后把手举得高高的开始甩手，并且抬头找水花，嘴里说着："啊！下雨了，下雨了（图5-1）。"

同同今天玩水时很有想法，他尝试用好几样容器去盛水倒水，在仔细地观察和尝试

图5-1

中，发现了很多水的秘密。比如，水是可以流动的，水的颜色是透明的，水放在没有洞洞的容器中流不出来，放在有缝的容器里就会流出来，水滴是会落下来的，而且落下的速度很快，时间很短。我相信仅仅一次活动是无法让他满足的，那我们可以在幼儿园继续支持他玩水。我想和他收集不同的容器进行探索，发现什么可以盛水，什么不可以；收集不同材质的物品，探索什么可以吸水，什么不可以，什么可以沉在水底，什么可以浮起来；我想我们还可以一起做一些小实验，把水变得有颜色，这样能更好地观察水落下来的样子；或许我们还可以一起用水来画画……想到这些，我都有些迫不及待了。

（北京市西城区洁民幼儿园　何无忌）

❯ 点　评

此案例生动鲜活地描述了小班幼儿同同对水的兴趣和在好奇心驱使下的一系列探索、观察、感悟的过程。可贵的是教师对同同的仔细观察、深入分析、理解和一系列支持。比如，给他打开温水，开辟玩水区，创造开放的空间让他自由地选择各种材料进行探索，让同同的好奇心得到呵护。在发现他对盛水器皿是否漏水、对水滴从高处留下等现象感兴趣后，又有目的地投放了能让他发现这类现象的各种相关材料，如瓶子、漏勺和有颜色的水等，支持、陪伴和观察他的探索，并将他的故事讲给他的父母听。家长们在家里给他创造探索机会，让他对水的探索和认知在丰富的材料支持下得以拓展，自然地了解了水的

特点。而水与颜色、科学、艺术活动的融合，还让同同的主动学习、专注力、想象力和创造力等学习品质得到了很好的发展。

（北京市西城区教育研修学院　陈立）

案例二　鱼妈妈"莎莎"的"高级待产房"

9月，冰冰从家中拿来了三条孔雀鱼，孩子们都在自然角观看小鱼，有小朋友提议给它们取个名字。经过讨论，大家一致同意，三条孔雀鱼就叫"莎莎""爱丽儿""小美"。

十一长假后，孩子们突然发现莎莎的肚子变得大大的，就像刘老师的肚子一样。"刘老师是有小宝宝了，莎莎也要生小宝宝了吧？"孩子们问。

我告诉孩子们："莎莎就要成为鱼妈妈了。"孩子们知道小鱼怀宝宝了，都兴奋不已，围上来想看看这条"鱼妈妈"（图5-2）。由于我们没有养过"怀孕鱼妈妈"的经验，所以请孩子回家问问爸爸妈妈或者上网找一些资料，学习如何照顾怀孕的小鱼。

第二天，辰辰刚一进班就跑到我的面前，很认真地对我说："兰老师，我爸爸说孔雀鱼在怀宝宝的时候一定要自己住，要不别的小鱼会把宝宝吃了，还要给小鱼吸氧，给小鱼勤换水。"这时，其他小朋友也你一言我一语地说起来。

最后，我和孩子们决定先给莎莎准备房子。"我们来商量一下给莎莎换一个屋子，但是谁愿意为莎莎做这些事情呢？"

这时候孩子们都表现得很安静，因为他们谁也没有照顾过怀孕的鱼，所以大家都不知道该怎么做。就在这时，辰辰站起来承担了这项任务，不一会儿言言也站了起来："我刚才看见自然角有一个没用的大缸，我们可以用这个大缸给莎莎做一个大大的房间，这样鱼妈妈和小宝宝就有地方住了。"于是两个小朋友开始准备起来（图5-3）。

图5-2　　　　　　　　　　　　图5-3

晚上离园时，孩子们急切地请求为莎莎准备一个氧气泵，家长非常爽快地答应了。

第二天，辰辰从家里带来了五颜六色的石头和水草（图5-4，图5-5），放进准备好的大鱼缸里，并放好水。言言也在老师的帮助下插好了氧气泵。看着冒着泡泡、漂漂亮亮的待产房，孩子们情不自禁地拍起手来。

图5-4

图5-5

小鱼莎莎搬进了豪华的待产房，所有小朋友都特别兴奋和高兴，孩子们都期待莎莎的宝宝顺利降生呢！

◯ 游戏反思

这个故事告诉我们，孩子们虽然小，但有一双善于发现的眼睛，他们非常喜欢观察自然角的小动物，对它们很有爱心。他们能根据小鱼的外形特点为小鱼起名，并说明自己的理由；当发现小鱼肚子变大时，能迁移已有经验推测答案；虽然他们缺乏照顾鱼妈妈的经验，但能够通过多种渠道去获取解决问题的办法，回到家中借助爸爸妈妈的生活经验来了解如何照顾鱼妈妈。帮助鱼妈妈准备新家对他们来说虽然是个难题，但是他们从不敢做到勇敢地试一试，帮助鱼妈妈建造了一个非常漂亮、舒适、适合待产的房子。老师为孩子们感到骄傲，是孩子们对鱼妈妈和鱼宝宝的爱，让他们增强了照顾小鱼的勇气和帮助小鱼的能力。

作为老师的我，看在眼里，喜在心中。就让爱的种子在孩子们身上生根发芽，更加关爱其他的小动物、同伴、教师和家人，更加关爱身边的一切吧！

（原北京市西城区高井幼儿园　兰晓琳）

◯ 点　评

自然角的动植物是幼儿亲近、了解自然的一个窗口，它为幼儿提供了观察了解动植物，了解生命轮回、热爱自然的机会。案例中，小班教师利用"冰冰主动为自然角带来的三条小鱼且小朋友都很感兴趣"的契机，支持小朋友为小鱼起名字、与爸爸妈妈一起查找资料，了解照顾怀孕鱼妈妈的方法。最可贵的是，教师鼓励幼儿和其一起为鱼妈妈准备待产房：一起找来闲置的大鱼缸，孩子们自主地与家长沟通赢得支持，带来了氧气泵、水草、石头等材料，和老师一起成功地给鱼妈妈创建了新家，避免出生的小鱼苗被伤害，给读者带来了温暖与感动。我们惊喜地看到小班幼儿在观察、思考、材料的选择、运用、解决问题、与人沟通等了不起的能力。教师作为幼儿自主学习过程中的观察者、倾听者、支持者、合作者和引导者，为幼儿提供了宽松、平等、愉悦的精神环境，以及自主选择、自我学习和照顾小动物的机会。让幼儿爱小动物的情感得以尊重和释放，对小动物生命变化的好奇心和求知欲得以满足，关心照料小动物的能力得以发展。

（北京市西城区教育研修学院　陈立）

（二）中班

陀螺转起来

对于中班幼儿来说，旋转的陀螺中总是蕴含着无穷的乐趣。经常看到孩子们用班中各种玩具材料代替陀螺开战。顺应幼儿的兴趣点，在充分挖掘陀螺活动对于孩子学习与发展的价值的基础上，我们鼓励幼儿带来各种陀螺放在科学区，并由此开启了一系列陀螺大比拼活动。

阶段一　识别自带陀螺种类，探索多种旋转方法

孩子们带来各式各样的陀螺玩具（图 5-6），有塑料简易小陀螺、长条发射陀螺、顶部旋转按压的音乐陀螺等。他们在结伴玩、交换玩陀螺的过程中，自主观察旋转现象，发现了不同陀螺转起来的不同方法，建构了有关陀螺旋转时长与陀螺构造之间关系的初步经验。

图 5-6

阶段二　探究发射条陀螺旋转的秘密

在比拼中，大家发现长条发射陀螺能转很久，所以都喜爱玩这个。但玩的过程中小朋友又发现，都玩长条发射陀螺，怎么有的转的时间长，有的时间很短呢？于是我们把所有的长条发射陀螺都拿了出来，让孩子们一一比拼（图5-7）。他们逐渐发现陀螺的旋转时长跟发射条有很大的关系，发射条越长，陀螺转的时间就越久，因为发射条上有齿槽（图5-8）。

 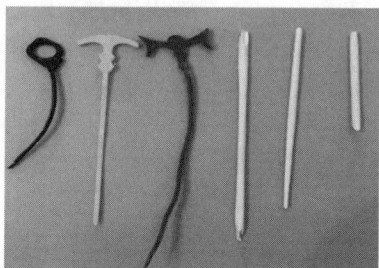

图5-7　　　　　　　　　　　　　　　图5-8

阶段三　陀螺战盘大比拼

在陀螺比拼的游戏中，两个男孩子在桌面上比拼陀螺，其中一个小朋友的陀螺掉到了旁边的泡沫地垫上，不久后他的陀螺停了。小男孩马上说："这次不算，因为泡沫垫本身就转不了多久。"由此可以看出，孩子们的游戏已经关注到了陀螺的接触面。在集体分享环节，我提出了一个问题："一样的陀螺在不同的地方旋转，会转得一样快、一样久吗？"有的孩子表示肯定，也有些孩子陷入了深思。

活动过后，我们找来了光滑桌垫、毛毯等不同材质的"游戏战盘"。为了保证比拼游戏的公平，我们还制订了相对公平的游戏规则（图5-9）。孩子们带着喜爱的陀螺来比拼了。他们通过扔色子的方式确定自己的"战斗盘"（图5-10）。

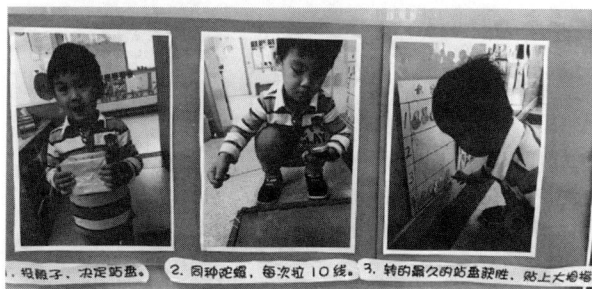

图5-9

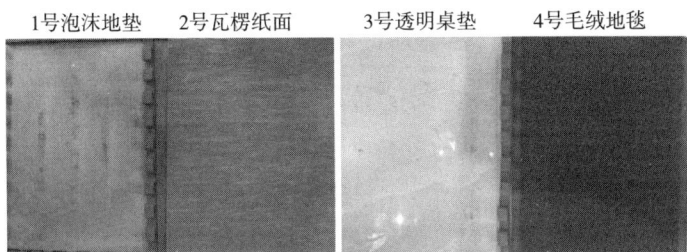

1号泡沫地垫　　2号瓦楞纸面　　　3号透明桌垫　　　4号毛绒地毯

图 5 - 10

在积分榜记录时，小闫说："看！我的积分最多，我是今天的陀螺战士，哈哈！"羿阳说："你的陀螺都在 3 号里转，那个战盘又平整又光滑，很好转，当然赢！不像我的陀螺，在毛茸茸的战盘比赛，这些毛一直阻碍我的陀螺转动，所以输了。"添添撇着嘴说："有什么了不起，我的陀螺在那么粗糙的地方，就像上次我爸爸的车子，开到泥地里，动也动不了。我爸爸说，如果摩擦力太大，什么都动不了。"

阶段四　自制陀螺大比拼

多次探索后，孩子们有了自己做陀螺的愿望，决定开展自制陀螺大比拼的活动，于是我们为他们提供了纸片和牙签（图 5 - 11）。在制作陀螺和比拼的过程中，孩子们发现陀螺的旋转跟牙签的长短、位置的高低和捻转的力度等有关。

图 5 - 11

⊙ 游戏反思

一系列陀螺游戏让孩子们玩得不亦乐乎。我想只有尊重幼儿的兴趣，给予支持，提供帮助，进行引导，才会使活动具有意想不到的教育价值和教育内涵。教师顺应孩子的天性，鼓励幼儿在玩中发现身边的科学，进而促进幼儿全方位的发展。

（北京市西城区槐柏幼儿园　白佳）

➡ 点 评

在这篇看似平常的中班陀螺游戏中，首先值得我们学习的是教师对幼儿游戏、兴趣的关注和尊重。其次，教师借助幼儿的兴趣，鼓励幼儿带来各种自己喜欢的陀螺到幼儿园大比拼，既丰富了幼儿园的探索材料和游戏内容，又聚焦了科学探索主题，让幼儿对陀螺的"旋转"现象进行深入且多角度的探秘。例如，在对比中发现什么构造的陀螺转得持久、陀螺旋转的秘密、什么接触面转得持久，再到自己制作不同陀螺进行大比拼。这些过程都让幼儿的兴趣、好奇、主动学习等学习品质得到呵护和发展，同时对于陀螺旋转与材料构造、环境等的关系积累了感性经验，提高了幼儿动手动脑解决问题的能力。

（北京市西城区教育研修学院　陈立）

（三）大班

案例一　大吊车转起来

科学区的新玩具——太阳能电动拼插玩具可真好玩。浩浩在子航的帮助下终于拼出了太阳能大吊车。"可是大吊车为什么不动呢？"浩浩马上发现了问题。"这是太阳能的玩具，得在太阳下才能转起来。"子航说道。浩浩马上跑到门口，将太阳能板对准阳光，果然不一会儿大吊车转了起来（图5-12）。

有一天，孩子们发现大吊车不动了。"没有阳光了，今天是阴天。"浩浩马上发现了原因。"咱们想个办法，让大吊车转起来。"浩浩的话让老师很惊讶，除了阳光，孩子们还能用什么方法呢？"老师，借你的手机用一下。"老师马上拿出了手机，按照孩子们的指令打开手电筒的程序，一缕光照在了太阳能板上（图5-13）。但最终手电筒没有让吊车动起来。

图5-12　　　　　　　　　图5-13

　　孩子们没有放弃，继续找办法，浩浩想了想说："太阳的光是有些发黄的，我们要找一个发黄一点的光。""咱们用灯泡来代替阳光。"子航接着说，并马上找来科学区电路玩具的小灯泡对着太阳能板照了起来（图5-14）。但是随着时间的流逝，大吊车还是没有转起来。

图5-14

　　令人欣喜的是，很多小朋友参与到这个实验中来。"太阳光很热，我觉得要有一定的温度，也许吊车就能转起来了。"第二天王子易从家拿来了吹风机。在吹风机吹了很长一段时间后，这个想法也没有成功（图5-15）。

　　在一片沉默中，汪一涵说："太阳光是很强的，我们找个光很强的手电筒来试试。"第二天，班里出现了各种大小的手电筒，激发孩子们不断尝试。当他们用汪一涵带的手电筒照在太阳能板上时，吊车转了起来（图5-16）！孩子们都激动得拍手欢呼起来。

图5-15

图5-16

◉ 游戏反思

　　这是一群特别喜欢动手的孩子，喜欢探索一切自己喜欢的事物。他们善于发现问题，也能够通过自己的想法去尝试解决问题。他们根据原来吊车的转动条件，调动自己的原有经验，猜想、尝试四种替代物（手机光线、玩具灯泡、吹风机、手电筒），代替阳光去解决吊车不转的问题，从中了解让吊车转动的最主要条件。不怕失败、执着探索的精神促使他们最终获得了成功。孩子们的探索过程让教师感到他们像小科学家一样坚持、追求真知的精神实在是太棒了！

教师一直关注孩子们的探索，为他们提供了宽松的时间和空间，同时根据他们的猜想不断调整，和他们一起准备探索的材料，并鼓励他们将自己的实验记录分享给别人。还在班里投放了关于太阳能的图书支持幼儿继续学习和探索，促使幼儿在自发探索的基础上进一步深入学习。

（北京市西城区长安幼儿园　朱丽君）

➡ 点　评

在没有看到这篇案例前，你一定想象不出幼儿是如何为了玩一个玩具而"制造太阳能"的，因为这对大多数成人来说都不是件容易的事儿，何况五六岁的幼儿呢！然而，就因为一个太阳能吊车遇上阴天不能玩了，幼儿萌生了"制造太阳能"让大吊车还能玩的想法，这是不是太天方夜谭？朱老师虽然感觉惊讶，但并没有打击幼儿的积极性，而是注意倾听，在幼儿需要时随时给予支持。于是幼儿围绕太阳能充分调动以往经验，进行了有依据的推测和实验：有光——用手电筒，黄色的光——用电路玩具小灯泡，太阳能热——吹风机都没能让大吊车转起来。最终太阳光强——强光手电筒照到太阳能板上让大吊车转起来了。他们在科学探索中运用原有经验的推理、实验、逐步排除法解决问题并获得成功的过程，体现了科学探索的精神以及方法，不亚于科学家的研究。而教师在其中的接纳、陪伴、给予空间和时间的支持，让科学区玩具实现了促进幼儿在主动探索中学习科学知识的目的。

（北京市西城区教育研修学院　陈立）

案例二　沙盘里来了只虫

阶段一　沙盘里有只虫

一天早上，区域游戏正进行得很热闹，暖暖突然跑到我面前，着急地说："老师你快来，有虫子在沙子里爬呢！"

为什么沙盘里会有虫呢？孩子们根据自己的经验猜测出各种原因。

既然有虫，那怎样避免呢？孩子们纷纷献计献策。综合大家的想法，我们制订了专属沙盘区的游戏公约。孩子们还打算把公约画出来，贴在沙盘区，提醒小朋友们遵守（图5-17）。

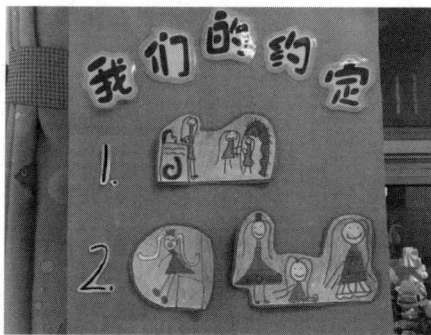
图 5-17

阶段二　沙盘大清洗

制订沙盘区游戏公约，杜绝了后患，可现在这个已经出现虫子的沙盘怎么办？没想到孩子们很有卫生经验，提议将沙子、沙偶、柜子和沙具都洗干净。

1. 先把沙子洗一洗

经过大家的共同努力，沙子终于洗干净了，我们把洗净的沙子拿到太阳下晒。户外活动时，总有孩子会过去翻动，让沙子干得更快（图 5 - 18）。他们还提醒我，千万记得给沙子消毒，这样虫子才不会来。

2. 我给沙偶洗个澡

沙偶也要清洗，可我们班有几百个沙偶，怎么洗呢？铱铱想出了大家都认可的办法，全班幼儿分成六组，每组负责玩具柜上的一层。于是各组自愿选择了一层沙偶。

孩子们拿着自己准备的工具行动起来。沙偶不同，清洗方法就不同，孩子们按照自己的办法实践着（图 5 - 19）。户外活动时，孩子们又一起把洗净的沙偶放到太阳下晾晒，清洗沙偶的工作顺利完成！

图 5 - 18　　　　　　　　　　　　　图 5 - 19

3. 记得洗沙具

"老师，沙子、沙偶都洗净了，千万别忘了清洗扫把和抹布啊！如果扫把脏，一扫，沙子就又脏了！"开心看到沙盘区的扫把大声提醒。说到做到，这天游戏结束后,他们不仅把沙偶、沙子收拾干净了,还用清水把扫把和簸箕冲干净,并用抹布把柜子擦干净了。

阶段三　把沙偶分类送回家

收区时我发现,九合在沙偶柜子前摸索好久,原来他不仅把游戏时用到的沙偶按照类别收了回去,还把之前小朋友放错的沙偶一并整理了。他还创造性地拿了个大酸奶盒,把所有蔬果放了进去(图5-20),说:"这样就不会总掉地上了。"以后,他带着同区域的仔仔一起收沙偶。在九合的影响下,能按照讨论的分类结果摆放沙偶的孩子越来越多了。更神奇的是,在其他区域,孩子们也开始主动整理和维护环境,孩子们真正把班级当成了家,爱护着自己的环境。

图 5-20

阶段四　我们的经验和约定

清洗沙盘区的高难度任务终于圆满完成,大家都特别兴奋和自豪。我和孩子们认真地召开了"清洗总结大会"。

为了沙盘区的卫生,也为了大家能开心地游戏,我们在梳理经验的基础上又补充了清洗、维护的约定:

·每个月清洗沙子,大家分工合作。

· 设立沙子回收站，如果沙子在地上被踩脏，放到回收站里，洗干净后再放回沙箱。

· 鼓励小朋友自荐担当沙盘管理员，为需要帮助的同伴提供帮助。他们还要定期去沙盘区检查整理，遇到困难可以商量解决。

◉ 游戏反思

我们总说要尊重幼儿，让幼儿积极地思考和行动，从而实现自己的想法，但究竟怎样做到呢？通过这次和孩子们一起清洗沙盘区，我有了一些心得：

（1）相信儿童的力量，大胆放手。我特别庆幸，没有因为工程大、难度高而包办清洗沙盘区的工作。当我选择信任，放手让幼儿去想去做的时候，我看到了特别有力量的儿童。他们不仅很少向老师求助，甚至可以用自己稚嫩的小手为我"遮风挡雨"：在我困惑如何消毒时，他们帮我想办法找大夫；发现沙盘区沙偶、沙子太多，清洗太辛苦时，主动要求分担；同伴不会摆放，他们互帮互助，自己尝试解决……他们拥有帮助自己、帮助他人更好成长的潜能，何不继续相信和放手，让孩子们在发挥力量的过程中不断锻炼、增长力量呢！

（2）看见儿童的学习，记录成长。在沙偶分类中，从"没人收拾"到"一个孩子主动收拾"，再到"所有孩子成为班级小主人"，我看到了主动参与；翻洗沙子虽吃力，但孩子们携手完成，我看到了坚持、责任和合作；繁多的沙偶，孩子们不急不躁，一点点擦拭，我看到了认真专注……孩子们身上有太多的"哇"时刻。这一切都值得被发现，值得用照片和文字记录下来，告诉他们我的"仰慕"，告诉他们是多么有力量。

（中国儿童中心实验幼儿园　朱绘闪）

◉ 点　评

"你给孩子机会，孩子就会给你带来惊喜。"这个案例也体现了这一论断。沙盘里突然出现了虫子，说明沙子的卫生出现了隐患，但是老师把危机变成了契机，把它作为一次跟幼儿共同反思、探索、解决问题、进行卫生消毒宣传和实施的过程，给大家带来启发。围绕如何搞好个人卫生、保障沙子的干净无菌，如何给沙子洗净消毒、保障孩子们有的玩，如何在不损坏沙偶的前提下给不同材质的沙偶消毒，孩子们各抒己见，让我们看到幼儿的智慧和力量。教师的示弱、请教、鼓励幼儿找保健医问询，给幼儿创造了多种学习、思考、发展自我服务能力和进行劳动的机会，幼儿从中获得了有关沙子和玩具卫生消毒的知识，还发展了爱护玩具、团结协作等品质。

（北京市西城区教育研修学院　陈立）

◆ 附：科学区各年龄班玩具配备参考图例

小班				
种类 类别		**举例**		

感知觉

鱼缸滤材	触摸板	管道玩具	触觉板	毛球
听声玩具	味觉瓶	嗅觉筒	触觉板	豆豆乐园

声

| 手摇铃 | 听声游戏 | 蛙鸣筒 | 回声话筒 | 小鼓 |

科学探究材料

光

| 手电筒 | 放大镜 | 万花筒 | 凸透镜 | 三棱镜 |

磁

| 钓鱼玩具 | 磁力片玩具 | 磁铁小火车 | 磁铁小迷宫 | 磁力小车 |

力

| 重力玩具 | 惯性小车 | 大力士叠叠乐 | 小球轨道 | 不倒翁 |

（续）

小班			
种类 类别		举例	

	种植三件套	玩沙玩具	沙箱	沙坑玩具

科学探究材料 — 沙水游戏

设备和工具

材料类

树叶　　麻绳　　鹅卵石　　树枝截片　　石头

情景类

沙坑人物情景玩具　　沙坑交通工具情景玩具　　沙坑动物情景玩具　　沙坑场景玩具

防护清洁类

小簸箕　　刷子　　小拖布　　围裙　　雨鞋

自然探究材料

动物

金鱼　　螳螂　　六角龙鱼　　小乌龟

植物

长寿花　　花　　爱心榕　　多肉植物　　发财树

（续）

小班		
种类	类别	举例

自然探究材料 — 自然环境

藤类植物	灌溉工具	蔬菜	草木	瓜果

学习方法类 — 方法类

探索活动过程照片	自治使用或运用感官	工具的使用图示	彩笔	用于记录的幼儿头像或标志物

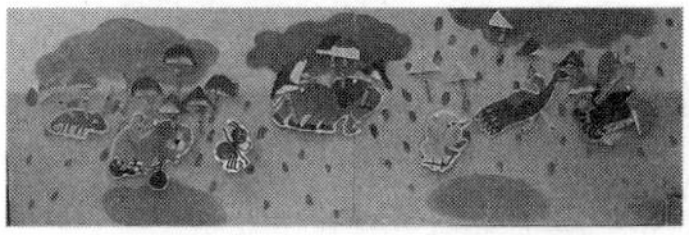

共用记录单

支持和扩展经验的辅助材料 — 图书资料类

触摸书	《我的收藏》	手电筒系列图书	科普翻翻书	《幼儿互动游戏书》

探究工具类

喷壶	实验柜	放大镜	天平	昆虫放大镜

科普常识类

切切看	认识蔬菜	小动物穿衣服	听诊器	拔萝卜游戏

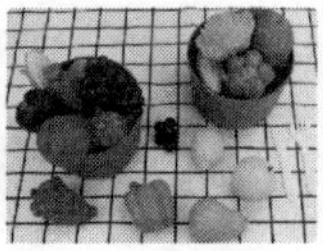

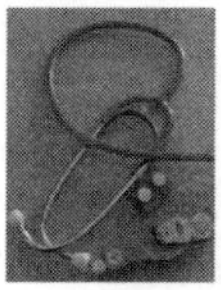

（续）

小班		
种类 类别	举例	

	其他材料					
支持和扩展经验的辅助材料		光影材料	透光彩色积木	三原色镜	数字砂纸	光影屋

中班		
种类 类别	举例	

	声					
		回声玩具	声音玩具	传声筒	毛毛虫点读笔	录音仙人掌
科学探究材料	光	放大镜	炫影机器人	反射玩具	镜像玩具	多棱镜
	热	温度计	天气瓶			
	电	电路玩具	导电土豆	静电章鱼	静电玩具	

（续）

中班				
种类 类别	举例			

科学探究材料

磁	磁力玩具	吸吸乐	磁力片	弹跳青蛙	悬浮玩具
力	 沉浮玩具	 重力小球轨道	 数字天平	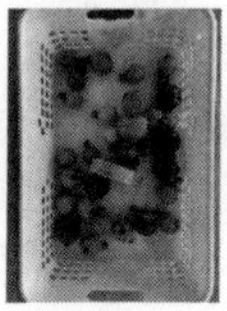 平衡树	 动物叠叠乐
空气	 风向标	 风车	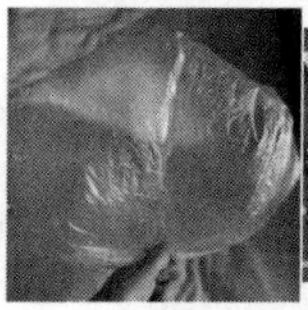 空气	 纸飞机	 风筝
色彩	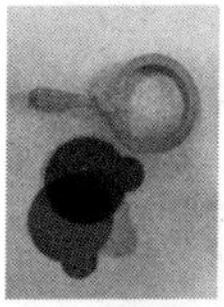 变色镜	 三原色玩具	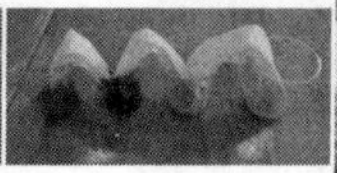 吸吸乐	 色彩溶解材料	
溶解	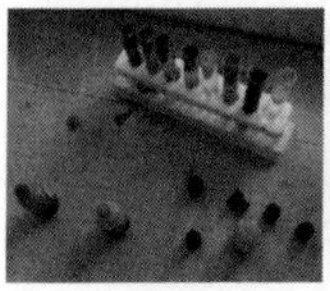 溶解试管	 彩虹泡泡	 厨房大揭秘	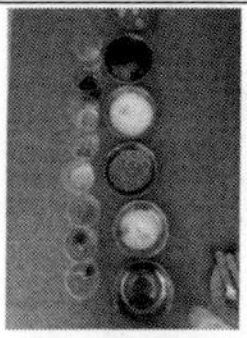 生活中的溶解	

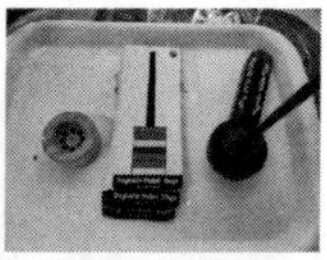

沙水游戏	设备和工具	 种植三件套	 水壶	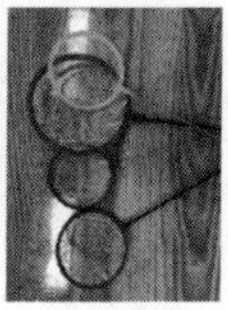 渔网	 沙水工具	 水枪

（续）

中班				
种类 类别	举例			

沙水游戏

实验类

| 溶解玩具 | 过滤玩具 | 显微镜 | 放大镜 | 观赏瓶 |

游戏类

| 种植玩具 | 沙坑玩具 | 沙水滑梯 | 蓄水池 | 吹泡泡玩具 |

情景类

| 沙坑情景玩具 | 沙坑人物情景玩具 | 沙坑交通工具情景玩具 | 沙坑动物情景玩具 | |

防护清洁类

| 雨鞋 | 沙坑清洁工具 | 扫把簸箕 | 护目镜 | 雨衣 |

自然探究材料

动物

| 蜗牛 | 蝴蝶 | 小鱼 | 蝌蚪 | 乌龟 |

植物

| 水稻 | 自然角植物 | 绿萝 | 水培植物 | |

（续）

中班				
种类	类别	举例		

| 自然探究材料 | 自然环境 | | | | |

向日葵　　室外灌溉壶　　沙坑玩具　　室外探索角　　植物角

观察记录单　　彩笔　　说明书　　步骤图　　自制简单说明书图片

任务卡　　通关记录　　幼儿自制说明图　过程性记录照片

学习方法类　方法类

量杯　　自然角测量工具　　天平　　尺子　　滴管

测量工具

拼插玩具　　拼插轨道　　机械大师　　齿轮游戏玩具　　机械游戏玩具

机械工具

支持和扩展经验的辅助材料

自然角记录区　　自然角环创　　自然角观察记录表　　蔬菜种植观察记录表　　树叶记录表

记录工具

（续）

中班				
种类	类别	举例		
支持和扩展经验的辅助材料	防护工具	护目镜	雨鞋	罩衣 手套
	科普常识资料	青蛙生长多层拼图	人体结构玩具	天平 数字对对碰
	信息材料	小鱼标本	《生命的奇迹立体书》	《可以玩的儿童百科书》系列 《揭秘食物》 《身边的科学》

大班				
种类	类别	举例		
科学探究材料	声	八音铃	铃鼓	拍拍鼓 复读鸭
	光	光影玩具	发光电路	走马灯 光的路线 镜中猜
	热	自然界的循环	扇子	风扇

（续）

大班				
种类 类别		**举例**		

科学探究材料

电

| 电路玩具 | 电力探测玩具 | 电子积木 | 机器人 | 太阳能板 |

磁

| 吸铁石 | 悬浮玩具 | 磁力玩具 | 吹气球 | 电动悬浮玩具 |

| 磁力玩具 | 磁力片 | 磁力管道 | | |

力

| 多米诺骨牌 | 超级犀牛 | 弹力乒乓球 | 重力小球轨道 | 重力迷宫 |

空气

| 风向标 | 空气炮 | 压力小车 | 水中龙卷风 | 空气小车 |

传导

| 传导小车 | 多米诺骨牌 | 传送带 | | |

（续）

大班		
种类 类别		举例

<table>
<tr><td rowspan="9">科学探究材料</td><td>天文</td><td colspan="5">星空灯　　　　天体模型　　　　地球仪　　　　星空投影灯　　　火箭模型</td></tr>
</table>

种类	类别	举例				
科学探究材料	天文	星空灯	天体模型	地球仪	星空投影灯	火箭模型
	溶解改变水的三态	水循环	水的过滤	水的净化		
	编程	万能工匠	电路老鼠	编程蜗牛	机器人	
	实验类	试管	高透明种植瓶	滴管	充气蓄水池	沙漏
沙水游戏	设备和工具	沙水工具	蓄水池	沙漏工具	沙水工具	泳镜
	游戏类	吸管	泡泡水池	泡泡机	水枪	水球

（续）

大班				
种类 类别		举例		

沙水游戏

情景类

沙水滑梯	沙坑	沙盘及模型

防护清洁类

清洁四件套	雨鞋	毛巾	手套	护目镜

自然探究材料

动物类

小鸡	恒温箱	蝌蚪	蚕

植物类

种植盆	微型温室	模拟种植	绿植	瓜果

人体器官及功用

人体拼图	《探索幼儿生命的意义》	探索人体	《揭秘人体》

自然环境

向日葵	节气环创	树屋	古树	植物景观

（续）

大班		
种类	类别	举例
学习方法类	方法类	自制图文说明书　实验步骤图　闯关卡　记录表　记录本 平板电脑　儿童相机　彩笔
支持和扩展经验的辅助材料	信息工具	放大镜　微观瓶　望远镜　钟表　温度计 显微镜　《儿童自然探索百科》　《幼儿小百科》　《小牛顿系列》　《揭秘系列》

第六章　美　工　区

一、 美工区的功能及玩具配备的原则

（一）美工区的功能

美工区是幼儿自主地进行绘画、手工制作等艺术创作活动的场所，是教师依据美术教育目标、课程内容，遵循幼儿年龄特点和发展水平，有目的、有计划地创设的美术环境，提供给幼儿感兴趣的、多样化的美术活动材料和内容，以促进幼儿自主与环境、材料、同伴充分地互动，使幼儿获得个性化的学习与发展。

美工区既为幼儿提供了练习精细动作的机会，又为幼儿审美表征能力的发展创造了条件，更是对幼儿进行创造性培养的重要场所。幼儿通过这样的机会，从简单创作逐步走向复杂创作，其想象力和创造力也将日益得到发展，并逐步展现出来。

美工区是实现美术教育目标的有效途径，是实施美术教育内容的重要环节，也是落实美术教育任务的重要手段。它以情感熏陶和兴趣萌发为重点，满足每位幼儿审美体验的需求；以材料丰富和形式多样为原则，以满足不同层次幼儿个性化活动的需要；以大胆想象和自由创作为核心，满足幼儿创造性表现的需要。

（二）美工区玩具配备的原则

美工区的设施设备和各种玩具、游戏材料要保证安全、卫生、不会对幼儿造成危险和伤害，在配备玩具时需要基于其自身的功能遵循以下几项原则：

1. 安全性

美工区里的材料要经过教师的筛选和清洗。配备剪刀和细小的操作材料、自然材料及废旧材料等会存在安全、卫生等方面的隐患，所以要特别注意工具材料的安全性，包括身体安全和卫生安全。例如，可以配备一些小盘子，用于取放剪刀、铅笔等细小材料。

2. 多样性

在美工区里，除了提供纸张、画笔、剪刀等基础性材料，还可以提供多种类型的制作材料和工具，如橡皮泥、黄泥、软陶泥、超轻黏土、泥工刀、模具等泥工类材料和工具，吸管、瓶盖、纸盘等生活中的废旧材料，叶子、果壳、

石头、贝壳、树枝等自然材料，小锤子、小锯子、针、毛衣针及各种连接材料等。注意分类存放，合理使用，引导幼儿根据需要安全地选择和使用。

3. 艺术性

创设美工区的时候要选择采光好、靠近水源、相对安静的空间。并根据幼儿的年龄特点、学习特点和兴趣需求，提供适合幼儿欣赏的、各种风格的艺术作品，营造良好的艺术氛围。如中外名家名作、传统手工艺品、名胜古迹和自然风光图片画册等。

4. 个性化

幼儿的发展存在明显的个体差异，在游戏过程中，不同孩子的表达方法和表现形式也各有不同，因此美术创作本身极具个性化特点。例如，在用自己喜欢的方式表现"春天的花"活动中，有的孩子喜欢用绘画的方式画出美丽的花，有的孩子用捏泥的方式做出立体的花，有的孩子用剪纸的方式剪出来等。所以，教师需要接纳每一个幼儿富有个性化地创作和表达的方式，为幼儿提供展示自我想法与作品的空间和机会，并利用美工区丰富多样的材料，为幼儿的美术创作和艺术表现提供个性化的支持。

二、 幼儿在美工区可能获得的相关经验

（一）艺术表现与创造

（1）幼儿感受环境及艺术活动中的美，能够感受艺术作品传达的情感内容，喜欢用绘画、手工制作、泥工等多种美术方式表达自己的所感、所见、所知和所想，丰富对各种艺术表现方式的认识和理解。

（2）幼儿欣赏、认识美术作品所表现的内容，初步了解美术作品表现的方法，感受美术作品的美感特点。

（3）幼儿喜欢参与美术创作活动，敢于尝试不同的艺术形式进行创作，能够运用多种美术材料，大胆、富有个性地表达自己的所见、所感、所想。

（二）身体动作

（1）在使用工具和材料的过程中，幼儿从大把的攥、撕、揉，到能够用中指、食指和大拇指捏住、撕和揉搓小块儿材料，手指的精细动作得到发展。

（2）幼儿通过双手的配合操作，学习剪、画、撕等基本技能，发展手眼协调能力。

（三）语言能力

（1）幼儿能够用自己的语言表达对艺术作品的感受和想法。

（2）幼儿愿意用较为连贯的语言介绍自己的作品或与同伴进行交流，能够

正面评价同伴的作品。

（四）科学感知与探索

（1）幼儿喜欢观看花草树木、日月星辰等大自然和生活中美的事物，并关注其色彩、形态等特征。

（2）幼儿喜欢探索材料的使用方法，并对颜色变化、材料特性感兴趣。

（五）社会性

（1）幼儿在艺术活动中能与他人相互配合，也能独立表现。

（2）幼儿愿意和别人分享、交流自己喜爱的艺术作品和美感体验。

（六）学习品质

（1）幼儿喜欢参与美术创作活动，敢于尝试用不同的艺术形式进行创作。

（2）幼儿富有想象力和创造力地展示自己对艺术作品的理解。

（3）幼儿在艺术创作过程中能够通过反思、调整，不断地改进艺术作品，丰富和拓展自己对于艺术创作的解释和表达。

三、 美工区玩具配备的种类及功能

（一）欣赏类

这类材料又可分为绘画类（如儿童画、年画、水墨画等）和手工类（如泥人、编织品等）两类。提供材料有助于支持幼儿欣赏和感受美术作品、自然景物和周围环境中的美好事物（如建筑、雕塑、节日装饰、服装等），初步了解对称、均衡等形式美的概念，感受其形式美和内容美，从而丰富幼儿的美感经验，发展审美情感和审美评价能力。

（二）绘画类

支持幼儿使用各种笔、纸、颜料等绘画工具和材料，运用线条、形状、色彩、构图等艺术语言，创造出可视的、有空间感的艺术形象，发展幼儿的审美创造能力。

（三）手工制作类

鼓励幼儿使用不同的工具和材料，如自然物、纸张、橡皮泥和废旧材料等，运用贴、撕、剪、折、塑等手段，制作不同形态的手工作品，发展幼儿的动手能力、表现能力和创造能力。

（四）学习方法类

美工区的学习方法类材料主要是指有助于引发幼儿绘画、手工制作的兴趣,帮助幼儿练习涂色、添画等的相关材料,如图书、模型、实物及立体、平面学法步骤分解图示等。这类材料不仅可以激发幼儿对美术活动的兴趣,在游戏中自主地选择和操作自己喜欢的材料,还可以在游戏中帮助幼儿获得相关的学习方法,提升绘画和手工制作的能力。

四、 各年龄班玩具配备的重点及建议

(一)小班配备重点

(1)安全性。小班幼儿手部肌肉力量稍显不足,使用材料的过程中往往会出现拿不稳的情况,或者在拿取材料的时候会整只手去抓握材料。投放的工具和材料首先考虑到幼儿在使用过程中的安全,例如,剪刀头要有保护套,装材料的盒子不能有裂缝,自然物要经过清洗和打磨。

(2)可操作性。小班幼儿小肌肉精细动作有待发展,画线、剪形状等方式对一般幼儿来说存在一定难度,可提供半成品材料(如剪好的各种形状的纸),便于幼儿直接进行艺术创作。

(3)同种多量。小班幼儿在绘画过程中喜欢模仿,使用的材料也会受同伴的影响,因此提供的纸张、笔等物品数量要充足,满足每个参与活动的幼儿使用。

(4)教师应当每周对材料进行一次检查和调整,及时进行补充或调换。

小班美工区玩具配备参考清单与建议见表6-1。

表6-1 小班美工区玩具配备参考清单与建议

种类	类别	举例	数量(以班为单位)	建议
欣赏类	绘画作品	儿童画(动物)、年画(福娃)、水墨画(鱼、虾、植物等)	2~3种,每种3~4幅	①小班幼儿的艺术创作内容多来源于自己的所见,例如去海边就会画海水或鱼,还会画经常见到的汽车、树木等。欣赏画的内容贴近幼儿生活,是幼儿熟悉的景物、事物,能够引起幼儿对绘画作品的兴趣 ②美术作品主要形象的线条以简单流畅为主,能够给幼儿带来轻松愉悦的感受。美术作品的色彩多以自然色为主,明快的色彩能够激发幼儿对色彩的感知和运用 ③帮助幼儿感受简单的构图方法,获得美的体验
	手工作品	泥人、虎头鞋、编织品、套娃等	3~4件	

（续）

种类	类别	举例	数量（以班为单位）	建议
绘画类	笔	水彩笔、油画棒	各5~6盒	①小班幼儿的绘画活动随意性比较强，多以大线条或者大大小小的图形为主，提供各种规格的图画纸，如16开、32开等，或者选择区域中某一面墙作为"涂鸦墙"，让幼儿有较为自由的绘画空间，满足幼儿创作的需要 ②小班幼儿在绘画过程中经常是一色到底，并不是他们对颜色的感知不足，而是沉浸在自己绘画的过程中，他们会选择自己偏爱的颜色进行绘画活动，提供的颜料色彩不必很丰富，但是量要充足 ③为幼儿提供拓印模具，也可以用自然材料作为拓印工具，如纸筒、瓶盖、果蔬的根部、切面、带有自然纹路的材料等，让幼儿直接拓印，感受多种绘画方法
		毛笔	5~6支	
	纸	图画纸、水粉纸、彩色复印纸、废报纸、宣纸等	2~3种，数量若干	
	辅助工具	调色盒、塑料桶	5~6个	
		全身罩衣	5~6件	
		抹布	3~4块	
		画架等	1~2个	
	辅助材料	水粉颜料、水彩颜料	各2套	
		拓印模具、印章、海绵碌子等	各2套	
手工制作类	工具	剪刀（圆头）	5~6把	①为小班幼儿提供工具的时候，要考虑小班幼儿身体发展的特点。该年龄段幼儿的手指、手腕的力度没有发育完全，使用的剪刀型号可以选择小一些的，握柄部分的圈不宜大，便于幼儿手指的抓握及控制剪刀的扩张力度。提供圆头或有保护壳的剪刀更安全 ②小班幼儿的纸工游戏多以发展幼儿小肌肉精细动作为目标，如揉、撕、卷等。可以提供不同种类、不同质地的纸张，满足幼儿对于纸张特点的感知 ③小班幼儿折纸时经常出现对不齐的情况，可以用游戏的语言引导幼儿将纸的边角对齐
		胶棒	10支	
		透明胶条（窄）	3~4卷	
		垫板、模具（不同形状或动物造型）	3~4件	
		套袖和围裙等	3~4套	
	纸工类	彩色手工纸、报纸、海报纸、皱纹纸、不同形状的彩色纸	2~3种，数量若干	

（续）

种类	类别	举例	数量（以班为单位）	建议
手工制作类	泥工类	软陶泥、超轻黏土	1～2 种	④软陶泥、超轻黏土的质地比较柔软、色彩鲜艳，小班幼儿喜欢揉圆或搓条，再辅以想象解析自己的作品 ⑤引导幼儿使用辅助材料添加在作品上，例如，瓶盖可以当小汽车的轮子，毛根卷一卷可以当作昆虫的触角，丰富幼儿的游戏经验
	自然物	叶子、果实、果壳、贝壳、树枝等	3～4 种，数量若干	
	辅助材料	塑料瓶、纸盒、纸袋、毛根、吸管、瓶盖、纸盘等	3～4 种，数量若干	
学习方法类	学习方法材料	涂色添画半成品、手工制作成品（老师、同伴作品均可）、引发绘画或制作兴趣的图书、模型、实物以及立体学法步骤分解图示等	涂色、添画半成品若干，手工成品 3～4 件	小班幼儿美术经验、动手操作能力有限，教师可以投放一些涂色、添画等内容的半成品，并在班级中创设作品展示区，让幼儿获得成就感、满足感。也可以利用一些能引发幼儿绘画或制作兴趣的图书、模型、实物等，丰富幼儿经验，激发幼儿进行美术创作的愿望

（二）中班配备重点

（1）数量充足。中班幼儿正处于创作"高峰期"，他们往往会一幅接着一幅地绘画；对区域中不同的创作材料都愿意尝试和探索，因此在区域材料投放时应当保证材料的数量充足，并及时进行补充。

（2）材料丰富多样。中班幼儿对于不同材料的使用经验，是在创作过程中不断积累起来的。例如，彩色手工纸或打印纸的质地比超市宣传海报纸或报纸硬，折纸飞机就容易飞得远。提供丰富的创作材料，更有利于幼儿感知不同材料的质地，积累材料的使用经验。

（3）陈列展示。中班幼儿愿意交流自己的游戏经验，在展示过程中获得被认可的满足感。有情景的陈列方式更能够激发幼儿的游戏兴趣，例如，在以大森林为背景的主题情景创作中，幼儿会主动用自己的作品去丰富大森林中的景物或事物。

（4）材料的收放便于幼儿自理。利用生活中的旧物制作成分类盒，便于幼儿将材料进行分类整理。也可引导幼儿划分收纳区域，制作标识，便于不同材料的存放，帮助幼儿养成良好的整理习惯。

中班美工区玩具配备参考清单与建议见表 6 - 2。

表6-2　中班美工区玩具配备参考清单与建议

种类	类别	举例	数量（以班为单位）	建议
欣赏类	绘画作品	儿童画、水墨画、大师画（米罗的几何绘画）欣赏等	2～3种，每种3～4幅	①为中班幼儿选择大师画，一般以西方画家米罗或凡·高的绘画作品居多，米罗的画作内容多以线条、色块、符号为基本元素，色彩更加丰富，对比色冲击视觉，贴近幼儿的艺术表现方式 ②赏析不同风格的艺术作品，例如在剪纸、扎染艺术中，感受图案的对称美，帮助幼儿感受作品所表达的内容及表现手法，丰富幼儿的创作经验 ③充分挖掘本民族或地区富有特色的民间艺术作品，帮助幼儿从外部形态到内在含义逐步认识欣赏
	手工作品	花灯、风筝、泥塑、扎染、剪纸等	同一种类、不同图案的作品4～5件	
绘画类	笔	12色或24色水彩笔、油画棒	各5～6盒	①该年龄段幼儿在绘画过程中，能够结合自己的绘画内容使用颜色，如小花用红色、粉色等。画面的颜色丰富起来，女孩子的表现更为突出一些。区域中可以提供色彩较为丰富的画笔，满足幼儿创作的需求，丰富对色彩的感知 ②中班幼儿可以尝试不同类型的绘画工具，如粉笔、树枝、石子等，引导幼儿尝试使用多种绘画材料进行绘画活动，感受用不同材料绘画的不同效果，例如在石头上绘画，用粉笔在砂纸或地面上绘画等，在享受游戏乐趣的同时，积累游戏经验 ③可以为中班幼儿提供一些关于简笔画的工具书，解决他们在绘画过程中遇到的困难
		毛笔	5～6支	
		彩色粉笔等	10支	
	纸	图画纸、彩色卡纸、宣纸、水彩纸、水粉纸、砂纸、刮画纸等	2～3种，数量若干	
	辅助工具	全身罩衣	3～4套	
		调色盒	4～5个	
		涮笔筒、垃圾筐	各1～2个	
		小扫帚、小簸箕	2套	
		抹布	4～5块	
	辅助材料	12色水粉颜料、12色水彩颜料	各2～3套	
		刮画笔、吸管	若干	
		绘画工具书	2～3本	

（续）

种类	类别	举例	数量（以班为单位）	建议
手工制作类	工具	剪刀（圆头）、花边剪刀	各5～6把	①中班幼儿愿意尝试用不同的材料来进行艺术创作，作品多以平面为主。如豆子画，用彩泥揉搓成各种形状在纸上进行拼贴组合，用不同颜色的毛根相互缠绕，或者缠绕在其他物品上……这些行为都是幼儿对材料使用方法的探索过程，在这个过程中，幼儿逐渐积累对材料特性的认知，形成自己的游戏经验 ②操作材料的数量要充足，能够满足幼儿反复探索和制作的需求，也可以借助已经做好的成品，引导幼儿模仿制作，丰富幼儿的游戏经验 ③中班幼儿已经开始尝试使用透明胶条，用捆绑的方式让自己制作的物品连接起来。但是使用双面胶的经验不足，需要教师提供帮助和指导 ④黄泥色彩单一，但是自然环保，相对丁超轻黏土来说，价位更便宜且能够提供的量较大，黄泥的可塑性也比较强，能够满足幼儿创作较大的作品 ⑤废旧材料要注意保持干净整洁，并有固定的存放位置，以便幼儿在收集后可以随时存放
		胶棒	10支	
		透明胶条（窄）、双面胶（窄）	各3～4卷	
		垫板、泥工工具	3～4套	
		套袖和围裙等	3～4套	
	纸工类	彩色手工纸、皱纹纸、报纸、包装纸等	2～3种，数量若干	
	泥工类	软陶泥、超轻黏土、黄泥	1～2种	
	自然物	叶子、果实、果壳、石头、贝壳、树枝等	3～4种，数量若干	
	辅助材料	塑料瓶、纸盒、纸袋、纸盘、毛根、吸管、瓶盖等	3～4种，数量若干	
		泥工工具书	2～3本	
学习方法类	学习方法材料	涂色、添画半成品、手工制作成品（老师、同伴作品均可）、引发绘画或制作兴趣的图书、模型、实物以及立体学法步骤分解图示等	涂色、添画半成品若干，手工成品4～5件，分解图示4～5份	中班幼儿有一定的美术经验，主动学习的能力也在不断增强，想象力丰富。教师可以通过投放模型、实物以及立体学法步骤分解图示等方式，缓解幼儿在创作中不会做、不会画等畏难情绪。投放的半成品种类可以更加丰富，便于幼儿自主选择材料进行喜欢的美术创作

（三）大班配备重点

（1）艺术性。增加欣赏类作品的种类，引导大班幼儿感受不同的艺术形式。大班幼儿乐于感知周围环境、生活中事物的发展变化，并具备一定的艺术表现能力，可以为幼儿提供多样化的欣赏类美术作品（绘画、浮雕、雕塑等），并与幼儿一起收集生活中不同类型的美术作品，以便丰富幼儿对美术作品类型的感知。

（2）种类丰富。大班幼儿创作经验丰富，能使用多种方式表达自己的所见、所感，不同类型的材料能够丰富幼儿的创作内容，在与材料的互动过程中感知材料的特性，为幼儿的美术创作积累经验。

（3）自主性。幼儿游戏经验更丰富，创作的自主性更强。大班幼儿擅于观察生活中的事物，具有一定的美术创作经验，他们能够根据自己的兴趣选择游戏内容、游戏材料。教师可以鼓励幼儿结合自己的游戏需要，参与区域材料的准备，如制作材料的收集、制作工具书的选择等，还可以邀请幼儿进行区域主题的设定。

（4）培养服务意识。鼓励幼儿参与区域材料的整理，自己制定区域规则、材料摆放的方法等，培养幼儿自我服务以及为他人服务的意识。

大班美工区玩具配备参考清单与建议见表 6-3。

表 6-3　大班美工区玩具配备参考清单与建议

种类	类别	举例	数量（以班为单位）	建议
欣赏类	绘画作品	儿童画、年画、水墨画、大师画、人物肖像画	3～4 种，每种 2～3 幅	①大班幼儿具有一定的艺术表达能力，不论是抽象派艺术作品，还是写实派艺术作品，都能通过自己的方式（语言、模仿）表达对艺术作品的感受。不同艺术表达方式的作品，如雕塑、泥人、中西方画作等供幼儿欣赏、对比，可以丰富幼儿对艺术的感知　②为大班幼儿提供的人物肖像画可以选择毕加索的《梦》，画风和色彩都能够给幼儿一种愉快的感受。重点引导幼儿感受画中人物的情绪表达，忽略人物外形本身是否"像"的问题，激发幼儿参与绘画的愿望　③充分挖掘本民族或地区富有特色的民间艺术作品，帮助幼儿从作品的线条、色彩、图案等方面感受文化内涵
	手工作品	脸谱、陶艺、雕刻、青花瓷、刺绣、皮影、书法作品等	2～3 种	

（续）

种类	类别	举例	数量（以班为单位）	建议
绘画类	笔	水彩笔、油画棒	各5~6盒	①大班幼儿的绘画内容以情节画为主，幼儿生活经验丰富，能够结合自己的经历在画面中呈现相关事物，会有目的地安排画面人物或事物的位置、动态，表达他们之间的互动关系，展示情节内容 ②该年龄段幼儿在绘画过程中比较注意体现细节，如房间中的家具摆放、装饰布局、衣服上的花纹等，幼儿会用不同的符号来进行呈现，人物的表情也更为丰富，从而表达作者内心的感受 ③大班幼儿愿意尝试在不同的材质上进行绘画创作，如地面、石头、叶子、蛋壳等
		毛笔	10支	
		彩色铅笔、马克笔	各1~2盒	
		白色及彩色粉笔、铅笔等	各10支	
	纸	图画纸、水粉纸、砂纸、宣纸、彩色卡纸、刮画纸、油画布等	3~4种，数量若干	
	辅助工具	小水桶、调色盒、抹布	各2~3件	
		全身围裙	3~4套	
	辅助材料	水粉颜料、水彩颜料、国画颜料	各1~2盒	
		棉签、刮画笔、吸管	若干	
		绘画工具书	2~3本	
手工制作类	工具	圆头剪刀、花边剪刀	各5~6把	①大班幼儿能够结合自己的兴趣，或者根据自己在其他区域游戏中遇到的问题、需求，制定制作计划，选择制作材料，并按照计划去活动，将制作的作品运用到其他区域的游戏活动中。如建筑区需要的标识，棋类区需要的棋子或棋盘，表演区需要的头饰或服装等 ②大班幼儿操作材料、工具的经验比较丰富，能够选择多种材料进行组合，完成自己的作品，愿意尝试自己解决遇到的问题，并能够用语言描述自己的想法和方法
		不同宽度的胶条和双面胶	各2~3卷	
		胶棒、乳胶	各5~6个	
		垫板、打花器	各5~6个	
		打孔机	1~2个	
	纸工类	手工纸、报纸、皱纹纸、彩色卡纸、包装纸等	3~4种，数量若干	
	泥工类	软陶、超轻黏土、黄泥	2~3种	
	自然物	树枝、植物果实、树叶、果壳类、木块、沙石等	5~6种，数量若干	

（续）

种类	类别	举例	数量（以班为单位）	建议
手工制作类	辅助材料	塑料吸管、瓶子、瓶盖、水彩笔笔帽、一次性餐具、纸盒、布料、扣子、线绳	5～6种	③为大班幼儿提供制作类工具书，帮助幼儿解决制作过程中遇到的问题，让幼儿感受阅读的重要性，提高阅读能力
		制作工具书	2～3本	
		小扫帚和簸箕	2～3套	
		垃圾桶	数量若干	
学习方法类	学习方法材料	涂色添画半成品、手工制作成品（老师、同伴作品均可）、引发绘画或制作兴趣的图书、模型、实物以及立体、平面学法步骤分解图示等	模型、实物等若干，手工成品6～7件，分解图示5～6份	大班幼儿想象力和各方面经验逐渐丰富起来，运用美术手段进行表征的能力也逐渐增强，教师可以投放模型、实物以及平面、立体学法步骤分解图示等方式，引发幼儿的自主学习，还可以请幼儿将自己在绘画、制作过程中的好方法记录下来，展示在美工区中，供幼儿与同伴相互交流

五、案例

（一）小班

案例一　彩泥变变变

区域游戏时间，小会和子欣一起来到美工区，她们两个很喜欢一起游戏，而且都喜欢玩泡泡泥。小会将泡泡泥揉成圆的，对子欣说："看，我做了一个圆球。"接着她又将圆球搓成了长条状，对子欣说道："看，我做了面条。"子欣看了看，也跟着小会一起，揉圆再搓成长条，两个人一起重复操作着。

观察了几分钟，她们还是重复着游戏，这时我走到她们身边坐了下来，将手里的工具和彩泥书放在桌上，跟她们一起将泡泡泥揉成圆球，搓成长条，一直重复着（图6-1）。她们两个人看了看我，很好奇，依旧做着她们自己的事情。我模仿她们的游戏，同时也尝试用工具切、压、印手里的泡泡泥。终于，子欣走到我的面前，好奇地问道："程老师，你在做什么？"我说："我想用工具刀把橡皮泥切开，把它们变个样子。你和小会在做什么呢？"她们互相看了看，没有说话。我接着打开了工具书，翻看着。子欣看了一下小会，看了看我，走了回去。两个人继续重复刚才的游戏。

重复了一次后，小会突然走到玩具架上找来一个硬纸板和一本工具书，她将书打开翻找到小花的那一页，用硬纸板将圆球按压成扁圆形，子欣也跟着她一起将圆球摁扁，只见小会停了停，看了看书，接着拿起旁边揉成长条的彩泥，围绕在了摁扁的圆形周围，变成了一个小太阳，她们还用工具刀将长条切断，制作成了太阳光芒……

不一会儿，桌上就出现了红太阳、黄太阳、蓝太阳……（图6-2）。这时，美工区的几个小朋友围过来看这些五颜六色的小太阳。我悄悄地站起身，走到孩子们的后边，看着小会努力地跟小朋友讲解怎么做这些小太阳。在孩子们不停地尝试后，还用小眼睛、小毛球、小毛根等材料给这些小太阳加上了有趣的表情，从而使单调的游戏变得有趣，充满色彩。

图6-1

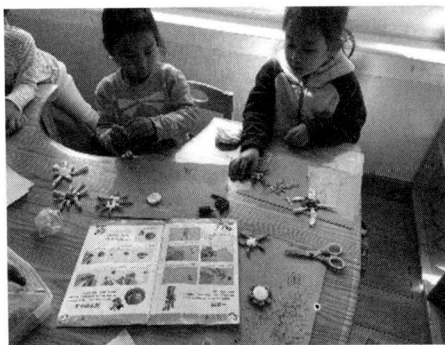

图6-2

◯ 游戏反思

（1）观察幼儿的行为，尊重幼儿的想法。游戏过程中，子欣在模仿、学习小会的行为。我并不确定小会为什么一直重复游戏行为，可能是她受到她自身技能限制的一种行为表现，也可能是她觉得重复游戏很有意思、不想改变，或者是她还有其他的想法。当看到两个孩子重复游戏的时间比较长的时候，我觉得是时候要介入她们的游戏中去了。但是，因为抓不准小会的想法，所以我也只是在简单地模仿她的行为，并将可能使用到的工具和工具书投放到她面前，而没有进行其他方式的介入。

（2）根据幼儿的兴趣，提供适宜的材料。材料是孩子隐性的老师，是幼儿认知的中介和桥梁，可将教育目标渗透在投放的材料中，渗透在我们创设的环境中。泡泡泥的色彩鲜艳，可塑性和操作性强，幼儿可以随心所欲地将它变化，因此小班的小朋友更加喜欢摆弄它。我发现我们班的小朋友也很喜欢玩泡泡泥，于是依据幼儿的兴趣，在美工区投放了泡泡泥、泥工工具和相关的工具书等。

（3）发现幼儿的需求，支持幼儿的游戏。小班幼儿动手操作能力较弱，缺少一定的生活经验和想象。就像游戏中，小会和子欣一直在重复操作，作为老师的我，及时介入到游戏中，以平行游戏的方式支持幼儿游戏，和幼儿一起感受和尝试团、搓、捏、压等制作方法。在游戏环节，投放贴近幼儿生活的材料，并且在桌面上、墙面上等幼儿比较常见的地方，投放一些简单的操作步骤图等，供幼儿观察、学习并使用。幼儿可以根据自己的兴趣和需要，选择合适的材料和工具书进行创作。

（4）调动幼儿热情，促进幼儿成长。幼儿很喜欢做“小老师”的感觉，在小会看到子欣和我跟着她学习制作的时候，可以看出她的自豪感。在给小朋友讲解的时候，小会虽然开始有点害羞，但是看着其他小朋友都很喜欢，而且学得特别认真，她就越来越自信了。多种材料和工具的投放，给予了幼儿体验成功的机会，同时可以看出孩子们很享受被别人肯定与表扬，所以教师应该及时发现幼儿创作的作品，并给予表扬和肯定，激发幼儿创作的热情和兴趣。

（北京市北海幼儿园　程子威）

点　评

案例中，幼儿能够从自己的兴趣出发，自主地选择游戏伙伴、游戏内容和游戏材料，源于教师在活动中做到了观察孩子的行为和表现，适时地介入孩子们的游戏中去。教师尝试用适宜的方式，如模仿幼儿的行为，使幼儿觉得自己是被肯定的；以提问的方式“我也很好奇你们在做什么”，引导、激励并促进幼儿去思考、去改变、去创造；多种材料的投放和使用，支持幼儿在区域中自主、自发、自由而又快乐地创作；与幼儿一同探索多种材料的使用，激发幼儿探索和使用多种材料的热情。在分享环节，教师适时退出游戏，给了孩子足够的空间和机会在同伴面前大胆表达，同时也发挥了同伴学习的作用，使单调的游戏变得丰富、有趣、生动。

（北京市西城区教育研修学院　梁燕京）

案例二　"呜呜呜"　小火车

早饭时间过后，坦克和我分享了在刚结束的假期中和父母乘坐高铁的经历，这让一旁有相同经历的笑笑对这个话题产生了兴趣。两个小朋友经过讨论，决定在美工区制作一辆小火车。

坦克和笑笑一边拿出彩笔，一边挑选出自己制作车厢需要用到的彩纸。笑笑先在纸上画了一个长方形，很得意地对我说："看！张老师，这是它的窗户！"坦克见状说："我记得我坐的火车有两个圆圆的窗户，所以我的是圆形的！"我走过去及时对他们的作品给予肯定："哇！你们对火车的观察太仔细了，火车窗这么快就安好了！"他们俩高兴地点了点头。我顺势提出了疑问："这辆小火车上还有什么呢？"坦克马上说："轱辘，是轱辘！"说着他便在彩纸最下方画上了几个小圆点。笑笑迟迟没有下笔，仿佛有什么新点子。"我要用圆形贴一个轱辘。"说着他起身挑选了几个大小合适的黑色圆形纸片，用胶棒一个一个贴在了火车下方。坦克画完轱辘后说："火车上还有什么呢？""还有乘客、火车司机！"笑笑回答道。"但我不会画人。"坦克向我投来求助的目光。"那你看一看美工区里有什么材料能作为乘客吗？"我说。我们在美工区走了一圈，坦克终于发现了他的乘客，只见他手中挥舞着星星形状的纸片回头看我，露出甜甜的笑容。在一旁的笑笑看到后，也起身在美工区中寻找装饰材料……

就这样，两个小朋友利用美工区的各种材料对火车进行了装饰。笑笑用皱纹纸条给火车做裙子，坦克用星星形状的彩纸制作火车乘客，最后他们将两节车厢用胶棒黏在一起，一辆迷你火车完成了！"呜呜呜，火车出发了！"坦克和笑笑一起拿着小作品走出了美工区，一瞬间吸引了正在其他区域游戏的小朋友，他们自发加入开火车的游戏中，并产生了制作一个属于自己的车厢的愿望。在后几天的美工区中，越来越多色彩丰富、充满想象的火车车厢出现了，而且班里的小火车也越接越长！

游戏反思

（1）美术的创作与表达，源于孩子的生活经验。在本案例中，坦克和笑笑因共同有乘坐火车、高铁的经历，产生了制作火车的愿望。在制作过程中，可以看出他们是基于自己乘坐火车时对火车的观察，制作出了不同的火车车厢。在后续的创作中，他们还添加了乘客、轱辘、司机、旅行箱等。

（2）尊重孩子的艺术表达，及时给予回应与肯定。孩子们刚刚画完窗户就立即想与教师分享，这时我及时回应了孩子，没有用"像或不像""好或不好"这样模糊的语句评判孩子的作品，而是根据孩子作品的内容进行具体的肯定，如"你对车窗的观察很仔细""你用皱纹纸给火车添加的裙子很有创意"等。

（3）丰富区域游戏材料，给予更大的创作空间。在制作过程中，坦克和笑笑遇到了一些困难，如乘客该如何画？轱辘一定要画出来吗？当孩子遇到这些问题的时候，如果材料丰富，他们就可以在区域中寻找到替代物，充分利用美工区的材料、工具，从而丰富想象力、创造力。

（4）提出开放性的问题，引发孩子的进一步思考。当孩子们遇到问题或不知该如何进行下一步时，我提出了开放性问题，如"火车上还有什么?""什么东西可以替代××?"引发孩子对创作的进一步思考，使得活动进一步开展。

（中共中央组织部机关服务中心幼儿园　张润可）

⭕ 点　评

案例中，孩子们自由结伴，并结合自身的生活经验和兴趣，运用多种材料制作车厢，教师也能以观察者、陪伴者、引导者的身份参与其中，使孩子们有机会选择自己喜欢的方式进行创作。在孩子与教师分享作品时，教师对孩子的作品及时给予肯定，并提出开放性问题，引发孩子对丰富车厢的进一步思考，同时鼓励孩子在遇到困难时尝试用区域中的其他物品代替，发展孩子的想象力。最后，坦克与笑笑自发的火车游戏引发了班级中其他孩子的兴趣，教师则追随着孩子的兴趣继续给予支持。

（北京市西城区教育研修学院　梁燕京）

（二）中班

案例一　迷宫真有趣

吃过早饭，欣言和轩轩就迫不及待地拿着设计好的迷宫图，来美工区寻找制作迷宫的材料了。轩轩先拿到了超轻黏土，捏成了长条形，再按照图纸上的样子把黏土摁在桌子上（图6-3），而欣言正在一旁捏着小房子，他们各司其职，都很认真地在做自己的事情。

过了一会儿，我发现他们遇到了困难，设计的迷宫有很多条路，但是两人没有协商好到底先做哪条路。

设计迷宫的希希过来一看，说："你们这路太少了，得有死路才行。"说着希希就拿起了超轻黏土帮他们制作，一会儿把这条路截断做一个死路，一会儿又把另一条路打通做一个连接（图6-4）。看得出希希对于迷宫已经很熟悉了，而欣言和轩轩在旁边听的同时，也开始和希希一起制作。

图6-3

图6-4

轩轩一直没说话，还是继续沿着一条路做下去。欣言给轩轩出主意说："你在这里用毛根圈一个圈，就是陷阱，是无底洞。"轩轩非常喜欢这个主意，于是找来一根毛根折了一个小圆圈，粘在道路上。经过希希的帮助，欣言和轩轩领悟到迷宫游戏的要领，掌握了迷宫的制作方法。他们用各种材料制作迷宫中无法通行的路，为"迷宫探险"增加了趣味。拿着制作好的迷宫，欣言和轩轩邀请班里的小朋友来走一走这个迷宫，看谁能从迷宫里走出去。在随后的过渡环节里，总能看到不同的小朋友过去玩迷宫游戏。

● 游戏反思

通过观察欣言、轩轩制作迷宫的游戏，我看到了欣言、轩轩能为了同一个目标与好朋友相互配合完成迷宫的制作，并在遇到问题时能通过主动协商来解决问题。他们在游戏中提升了注意力、观察力、分辨能力、思维能力以及记忆能力，较好地实现了游戏的主要目的，即充分享受游戏过程后获得成功的快乐。

在孩子们的整个游戏中，我一直以陪伴者的身份参与游戏。游戏刚开始时，孩子们就遇到了不会制作迷宫的问题，为了保持住孩子们刚产生的兴趣，我试着引导他们去找别人帮忙，鼓励他们遇到问题不放弃，并为孩子们提供一个想说、会说、敢说的环境和机会。这样，幼儿不但表达了自己的需求，同时增强了自信心，社会交往能力也得到了大大的提升。

当孩子们再次遇到困难时，我则默默地站在他们身后支持着他们，并以提问的方式引导他们自己想办法，鼓励他们坚持完成自己的迷宫游戏。随后，我看到了他们互相帮助，这种自发的合作意识及解决问题的意识是难能可贵的。

（北京空军蓝天宇锋幼儿园　陈晨）

➲ 点　评

在游戏活动中，希希利用自己玩迷宫游戏的经验，和同伴一起制作自己设计的迷宫。幼儿在制作的过程中利用毛根、瓶盖、小石子等多种材料来对应迷宫路线中不同的"关卡"，材料的材质或外形符合幼儿的想象，激发了幼儿游戏过程中的创作热情，让幼儿的迷宫设计更加生动形象。教师在幼儿的游戏过程中观察幼儿的具体表现和遇到的问题，并不急于给出解决问题的方法，而是耐心等待幼儿自己的发现，记录幼儿的学习过程。

（北京空军蓝天宇锋幼儿园　段茬）

案例二　四层宝塔

今天，有小朋友带来了闪亮亮的纸放在了美工区，孩子们想要用它来折纸。

这时，安安被吸引了过来。他全神贯注地看着我和小朋友一起照着工具书折宝塔，不时还会说："我会折双三角！""我知道这里怎么折。"但由于美工区人数的限制，安安今天并没有动手和我们一起制作宝塔。

第二天区域活动时，安安迫不及待地选择了美工区，他拿出了折纸书和正方形彩纸，翻到了宝塔的那一页，准备折一个宝塔。在折叠的过程中，安安并没有看摆在一边的工具书，而是通过回忆昨天看其他小朋友折的经验来折叠。

折着折着，他遇到了困难。推出塔尖的时候，他不知道该如何操作。安安仍没有看旁边的工具书，而是找到了我，询问这个步骤的叠法。"我们来看看书上是怎么折的吧！"我提议道。在我的提示下，安安学会了看工具书，能通过"看书"来解决问题。在尝试了几次之后，安安终于做好了一个宝塔。

这个时候他指着书上画的四层宝塔问我："牛牛老师，最后这个要怎么变成这样（四个宝塔摞在一起）？"我告诉他："这一共是四层宝塔，需要你再去折叠三个一样的宝塔拼在一起。"听完我的话，安安又去拿来了三张折纸。

接下来的15分钟，安安一直在认认真真地折宝塔，在折纸过程中遇到困难时就会看看我，看看工具书。终于在快要收区的时候，他折好了四个宝塔。他接着询问我连接的方法，我装作不太懂的样子问："对呀，怎么办呢？怎么让这些纸连接在一起呢？""用胶粘吧，我去拿双面胶，双面胶最结实。"安安突然说道。接着他找来了双面胶尝试粘贴。粘的过程中，他有一次把宝塔贴反了，但是他没有慌张，而是小心翼翼地撕下来，换个方向继续粘。

终于，在经历了 20 分钟后，安安的四层宝塔完成了！

⊙ 游戏反思

通过对安安持续的观察，可以发现安安在坚持性这一学习品质方面的良好发展，他能够集中很长一段时间的注意力在自己的制作上。遇到困难时，他也可以向老师寻求帮助；学会使用工具书后，能够通过看工具书来解决问题；在连接材料时，他能够根据自己的前期经验，选择合适的工具进行连接。

在安安的制作过程中，我发现他的前期经验来源于前一天对小朋友制作宝塔过程的认真观察。他通过仔细"看"，记住了折宝塔的大部分操作。所以，在这个年龄阶段，模仿同伴也是幼儿学习的主要方式之一。

虽然安安一开始就拿来了工具书，但是在制作的过程中，工具书对他丝毫没有起到支持作用。这就是教师在投放材料时没有充分考虑到幼儿的经验水平。一般而言，教师都会在区域中投放折纸、彩泥、绘画等不同内容的工具书，但是幼儿在不了解折纸符号的时候，工具书对孩子的操作来说没有任何意义，所以会出现孩子们在区域游戏的时候不看工具书，或是出现看了工具书也不能够解决问题的现象。因此，教师应该注重对幼儿工具书使用情况的了解，帮助幼儿梳理使用工具书的相关经验，让工具书真正地支持幼儿游戏。

（北京市西城区洁民幼儿园　牛今）

⊙ 点　评

在美工区，根据孩子们的经验水平投放各种绘画、泥工、剪纸等常用的工具书，目的是帮助幼儿自主解决在游戏中遇到的问题。工具书的使用对于幼儿来说也是一种学习，我们可以在幼儿有需要的时候，适时地给予引导，还可以借助幼儿的经验，相互学习，互相启发。案例中的教师注重观察幼儿的行为表现，对幼儿的原有经验有一定的了解，对幼儿在使用工具书方面存在的问题也有一定的思考。当幼儿遇到问题时，教师能够适时地抓住机会，让幼儿在解决问题的过程中体会到工具书的作用。教师还通过把问题抛回给孩子，让幼儿在边思考边尝试的过程中，自己找到解决问题的方法，使幼儿获得了更加多元的发展。

（北京市西城区教育研修学院　梁燕京）

（三）大班

案例一　我的心情

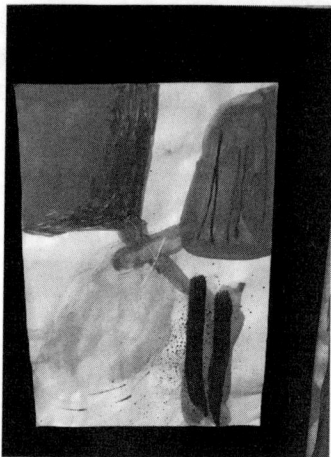

图 6-5

近期，孩子们迷上了《神奇的色彩女王》这本书。周一，高登拿着自己的计划说："我想去美工区，用颜色画一幅画。""你想用颜色画一幅什么样的画呢？"我问道。"我想用颜色，把我和妈妈周末去游乐场的心情画下来。"高登说道。"你这个想法真是太有意思了，快去试试吧。"听了高登的回答，我有些期待。于是，我默默地观察他的活动。只见他先画了红、绿、黄三个色块，然后在三个色块中间打了叉子，在一旁的空白处画了两条线。画完这些，高登看了看，似乎不太满意。只见他拿笔蘸了黑色颜料，然后重重地描在刚刚画的两条线上。画完这些，高登满意地收起了颜料（图 6-5）。"高登，你画了这么多颜色，画的是什么呀？"自由回顾时，高登的作品引发了孩子们的关注。高登看到小朋友对自己作品的好奇，非常开心地与小朋友分享起自己的作品。"我用不同的颜色画完一幅画。画的是我和妈妈周末去游乐场时的心情。我和妈妈去游乐场玩，我特别兴奋，所以我涂了一些黄色。""那红色呢？"赫赫赶忙问道。"因为和妈妈坐过山车时，我有一些紧张，所以我用红色表示。坐完后我觉得很好玩，就放松了，所以我用绿色表示。"高登答道。"去游乐场那么开心，为什么还有黑色的线呀？"亮亮有些疑惑地问道。"我用的是米罗的方法，黑色的线是因为我感觉很累。""那中间的叉子是什么意思呢？""这表示我这一天有这几个心情变化。"在孩子们有问有答的过程中，高登自信地讲述着自己的作品。

➡ 游戏反思

绘本《神奇的色彩女王》中，讲述的是每一种色彩代表不同的性格、情绪。明亮的色彩、黑色的线条、奇怪的图形等是米罗作品中明显的特点。在日常生活中，应引导幼儿用自己的多种感官感知生活中美的事物。当幼儿充分感受后，会将自己的情绪情感用自己喜欢的方式、风格创作出来，并且每名幼儿对颜色都有不同的感受和认识。

基于阅读、理解绘本，幼儿的艺术表现经验更加丰富。在创作中，孩子愿意根据自己的理解，尝试运用不同的颜色来表达心情变化。在这个过程中，幼儿将自己的经验输出并进行了再创作，他们所表现的不仅是一个作品，更是一段美好的情感，每一个孩子的创作过程都是独一无二的。

在幼儿分享自己作品的过程中，鼓励幼儿大胆表达自己的感受，引导幼儿以欣赏的眼光看待同伴的作品，既激发了孩子的自信，又发展了孩子的审美、语言表达等多种能力。

（北京市第六幼儿园　陆歆宇）

● 点　评

幼儿在作品中运用了不同的色彩表现心情，而这一经验源于日常活动中对艺术作品进行的欣赏。在潜移默化的欣赏中，幼儿在观察、感受了画作的情绪情感后，丰富了表达自己情绪和感受的经验。随着感受、经验的丰富，幼儿将自己去游乐场的情绪情感，通过米罗的艺术方式表达出来。幼儿运用米罗作品的特点（如颜色、线条等）来表达自己的心情变化，抒发自己的情绪情感，也发展了创造力和想象力。幼儿的想象力比绘画技巧更重要，这就要求教师要做教育的有心人，敏锐地抓住幼儿的兴趣，倾听和尊重幼儿的每一个想法，保护幼儿的想象力，巧妙利用各种资源，鼓励幼儿大胆进行创作，促进幼儿的多元发展。

（北京市西城区教育研修学院　梁燕京）

案例二　批量生产

区域活动时间开始了，派派迫不及待地来到了美工区。

"派派，你今天的计划是做什么？"我问道。派派一边用材料筐拿取材料，一边回答道："我要做一串猴子啊，你忘了？"

回到座位后，派派拿起笔，熟练地在橙色纸上画了一只小猴子，并沿着外轮廓剪了下来。然后，她迟疑了一下，接着又在橙色纸上画了另外一只，剪了下来（图6-6）。这次，她停了下来，看着我。我问她："怎么了，是遇到什么困难了吗？"派派无奈地笑着说："我好累啊，这样一只一只地画了再剪，我肯定完不成今天的计划了！"

我试着提醒她道："要不，你两个一起剪呢？"派派疑惑地看着我说："怎么两个一起剪啊？"还没等我说话，她突然灵机一动说："我知道了！我知道了！"

图 6 - 6

只见她拿来一张紫色的纸，从中间对折，然后在一面上画了一只猴子，并认真地剪了起来（图 6 - 7，图 6 - 8）。这次，她一下子得到了两只剪好的小猴子。

图 6 - 7　　　　　　　　　　　图 6 - 8

这回，派派想一次得到更多只猴子，便将这张紫色的纸对折、再对折，又翻了翻说："这回我能一次剪出来 4 只了！"她有点儿兴奋地在第一页上画了一只小猴子，然后拿起剪刀开始剪。可是，剪的过程中又遇到了新的问题，"太硬了，我剪不动啊，尾巴都要掉了！"派派沮丧地自言自语着。这时，不知是谁突然喊了一句："快点拼啊，马上就要收区了！"派派看着桌子上的 4 只小猴子，着急起来。只见她将剩下 4 张不同颜色的纸对齐摆好，快速地在第一张绿色纸上画了一只小猴子，然后拿起剪刀开始剪。剪着剪着，她发现纸张太大了，拿着很不方便，于是她将大纸剪成了小块儿。很快，派派一下得到了 4 只小猴子，而且还是不同颜色的。她看了一眼时间，发现还有 5 分钟，松了一口气，开始认真地添画剩下的 3 只小猴子。

最终，派派一共完成了 8 只小猴子，她高兴极了。她在桌子上将它们按照颜色排队，然后拿起双面胶，边贴边说："这只猴子要拉着它的尾巴，这只要拉着它的脚，这只要拉着它的手……"派派开心地做着最后的工作。

⊙ 游戏反思

在本次游戏中，派派使用了彩纸这种材料进行剪纸游戏。结合大班幼儿的年龄特点及他们对美工区工具、材料的使用经验，接下来我会在美工区投放各种各样、数量充足的纸张类材料，以丰富幼儿的创作经验，激发幼儿的创作欲望。

（北京市西城区棉花胡同幼儿园　王芷若）

⊙ 点　　评

案例中，幼儿计划利用剪纸的方法制作一串小猴子，可在制作过程中发现一只一只地画与剪有点儿累，还浪费时间，于是试图通过"批量生产"的好办法解决自己遇到的问题。当幼儿主动提出自己的困惑时，老师没有直接告知幼儿可解决的方法，而是提供思路与建议："要不，你两个一起剪呢。"幼儿受到启发时，教师也没有急于介入，而是给予幼儿思考的空间，让幼儿主动思考方法的可行性。幼儿积极思考并大胆尝试自己想到的"批量生产"的方法，虽然又遇到了新问题，但是这一次幼儿能够结合自己的已有经验，主动思考进一步解决问题的办法并实施，在有限的时间里一步一步面对出现的新问题，坚持完成并实现了"批量生产"的创意。教师在材料投放中能够考虑到大班幼儿自主学习、喜欢尝试和持续探究的特点，为幼儿的想象与创造提供了更多的空间和支持。

（北京市西城区教育研修学院　梁燕京）

◆ 附：美工区各年龄班玩具配备参考图例

小班		
种类 类别	举例	

绘画类

笔

12 色水彩笔　　12 色油画棒　　小班毛笔

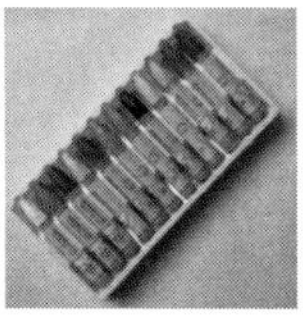

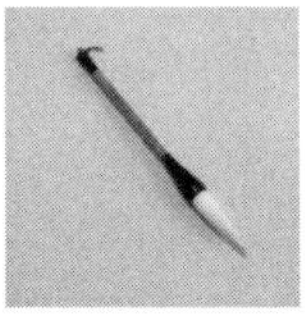

纸

图画纸　　　　水彩纸　　　　彩色卡纸

（续）

小班				
种类 类别		举例		

绘画类

辅助材料

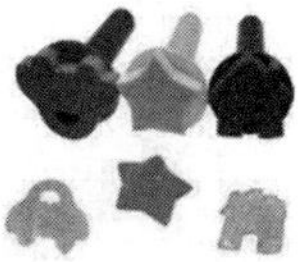

| 水粉颜料 | 水彩颜料 | 大瓶水彩颜料 | 海绵碌子 | 拓印工具 |

辅助工具

| 调色盒 | 全身罩衣 | 抹布 | 小塑料桶 | 画架 |

手工制作类

工具类

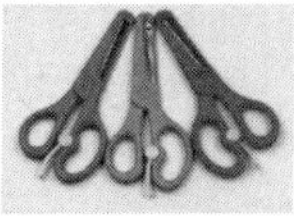

| 圆头剪刀 | 固体胶棒 | 超轻黏土模具 | 轻黏土模具 | 全身罩衣 |

| 垃圾桶 | 扫帚簸箕 | | | |

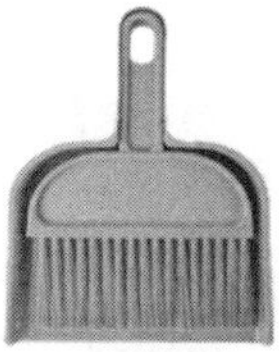

纸工类

| 手工纸 | 彩色卡纸 | 皱纹纸 | 包装纸 | 报纸 |

（续）

小班		

种类	类别	举例			

手工制作类

纸工类	不同形状的彩色纸			

泥工类	超轻黏土	软陶泥		

自然物	落叶	枯枝	植物果实	果实	果壳

| 辅助材料 | 吸管 | 瓶子 | 瓶盖 | 纸杯 | 纸盘 |
| | 纸盒 | 纸袋 | 塑料勺 | | |

（续）

小班		
种类 类别	举例	

半成品

添画半成品　　　　涂色、添画半成品

手工制作成品

幼儿作品　　　　　　　　　　　　　　教师作品

学习方法类

引发绘画或制作的图书、模型、实物

模型情景　　　　　纸印工具书　　折纸工具书

立体学法步骤分解图示

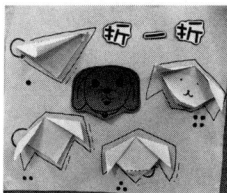

折纸步骤图

中班		
种类 类别	举例	

绘画类　笔

24色水彩笔　　24色油画棒　　彩色粉笔　　　毛笔

（续）

中班				
种类　类别		举例		

纸

图画纸　　　　水彩纸　　　　宣纸　　　　彩色卡纸　　　彩色砂纸

刮画纸

绘画类

辅助材料

水粉颜料　　　水彩颜料　　大瓶水彩颜料　　刮画笔　　　　吸管

国画颜料　　绘画工具书

辅助工具

调色盒　　　全身罩衣　　　抹布　　　小塑料桶　　　画架

（续）

中班		
种类 类别	举例	

圆头剪刀　　花边剪刀　　打花器

工具类

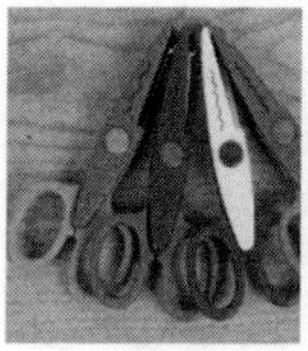

固体胶棒　　双面胶　　透明胶条　　黄陶泥工具　　塑料垫板

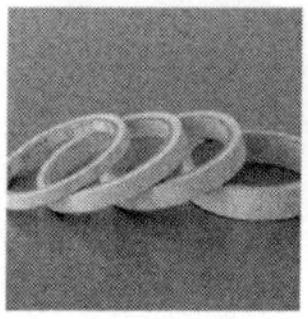

手工制作类

扫帚簸箕　　垃圾桶　　全身罩衣

纸工类

手工纸　　彩色卡纸　　皱纹纸　　包装纸　　报纸

不同形状的
彩色纸

（续）

中班				
种类　类别	举例			

泥工类

超轻黏土　　软陶泥　　黄陶泥

手工制作类

自然物

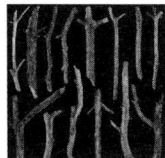

落叶　　枯枝　　植物果实　　果壳　　贝壳

石子

辅助材料

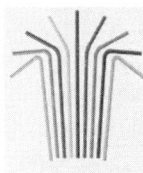

吸管　　瓶子　　瓶盖　　纸杯　　纸盘

纸盒　　纸袋　　塑料勺　　毛根　　废旧的彩笔

（续）

中班		
种类 类别	举例	

手工制作类

辅助材料

扣子　　一次性筷子　　塑料叉　　彩色线绳　　麻绳

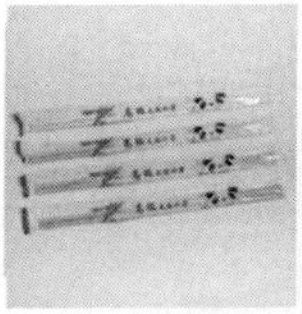

泥工工具书　　制作工具书

半成品

涂色、添画半成品

手工制作成品

幼儿作品

学习方法类

引发绘画或制作的图书、模型、实物

绘画、制作参考实物　　剪纸工具书　　折纸工具书

立体学法步骤分解图示

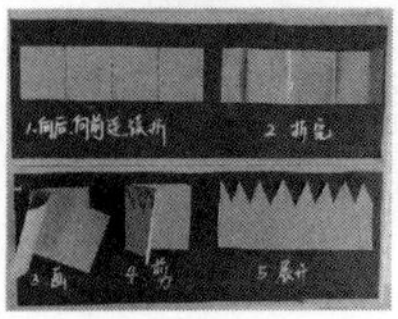

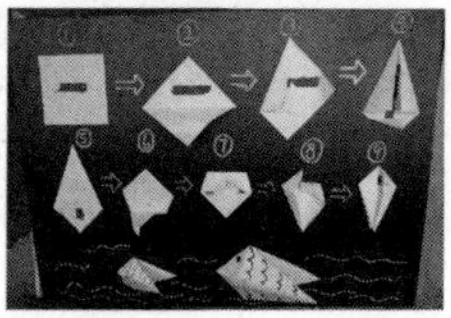

折纸步骤图

（续）

大班				
种类 类别	**举例**			

绘画类

笔

| 24 色水彩笔 | 24 色油画棒 | 毛笔 | 粉笔 | 铅笔 |

| 彩色铅笔 | 马克笔 |

纸

| 图画纸 | 水彩纸 | 宣纸 | 彩色卡纸 | 彩色砂纸 |

| 刮画纸 | 油画布 |

辅助材料

| 水粉颜料 | 水彩颜料 | 大瓶水彩颜料 | 刮画笔 | 吸管 |

（续）

大班				
种类 类别		**举例**		

绘画类

辅助材料

国画颜料　　绘画工具书

辅助工具

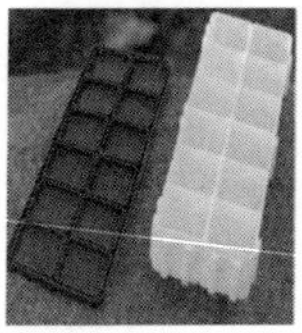

调色盒　　全身罩衣　　抹布　　小塑料桶　　画架

手工制作类　工具类

圆头剪刀　　花边剪刀　　压花器　　打孔器　　固体胶棒

白乳胶　　双面胶　　透明胶条

黄陶泥工具　　塑料垫板　　全身罩衣　　扫帚簸箕　　垃圾桶

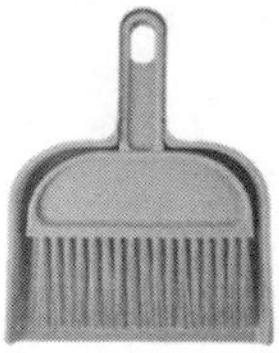

（续）

大班				
种类 类别	举例			

纸工类：手工纸　彩色卡纸　皱纹纸　包装纸　报纸

泥工类：超轻黏土　软陶泥　黄陶泥

手工制作类

 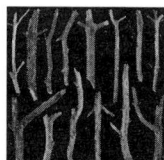   

自然物：落叶　枯枝　植物果实　果壳　贝壳

石子　木块

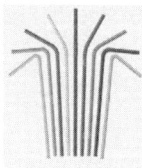    

辅助材料：吸管　瓶子　瓶盖　纸杯　纸盘

（续）

大班		
种类 类别	举例	

纸盒　　　　纸袋　　　　塑料勺　　　　毛根　　　　布头

手工制作类　辅助材料

废旧彩笔　　　扣子　　　一次性筷子　　　塑料叉

彩色线绳　　　麻绳　　　制作工具书　　　折纸书

学习方法类　半成品

涂色、添画半成品　涂色半成品　涂色、添画半成品

手工制作成品

教师作品　　　幼儿作品

（续）

大班			
种类 类别	举例		
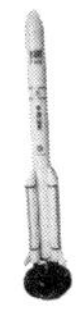 学习方法类 引发绘画或制作的图书、模型、实物 绘画、制作参考实物	 参考书	 版画工具书	
立体、平面学法步骤分解图示	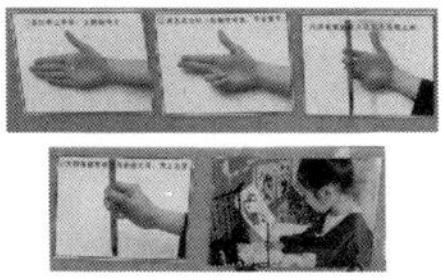 握笔示范图	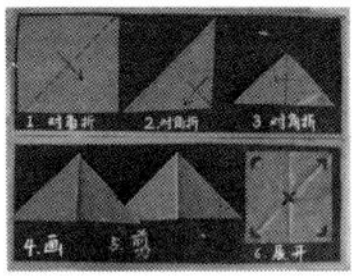 剪纸步骤图	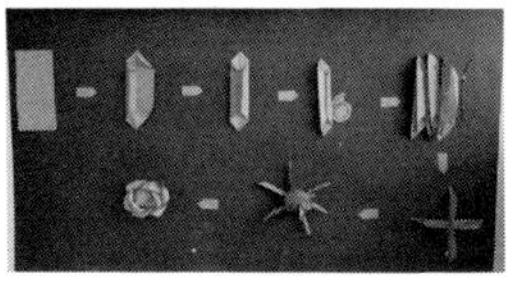 折纸步骤图

第七章　语言区

一、语言区的功能及玩具配备的原则

（一）语言区的功能

语言区是幼儿园语言教育活动的有机组成部分，是围绕幼儿的语言发展而创设的语言学习环境。《指南》中指出："幼儿的语言能力是在交流和运用的过程中发展起来的。应为幼儿创设自由、宽松的语言交往环境，鼓励和支持幼儿与成人、同伴交流，让幼儿想说、敢说、喜欢说并能得到积极回应。为幼儿提供丰富、适宜的低幼读物，经常和幼儿一起看图书、讲故事，丰富其语言表达能力，培养阅读兴趣和良好的阅读习惯，进一步拓展学习经验。"

语言区包括口头语言交流环境和书面语言运用环境。幼儿不仅能够自由地交谈和操作，有机会运用和练习口头语言，而且能够更好地实现自主阅读和讲述表演。在语言区，幼儿有机会接触到优秀的文学作品和常见的简单标记、图画书和文字符号，有利于提高幼儿的早期阅读和前书写能力，使幼儿学习和掌握日常语言表达，创造性地运用所学的口头语言和书面语言表达个人的生活和学习经验，为幼儿个别化和浸润式学习语言提供了良好的活动环境，更好地促进幼儿的全面发展。

（二）语言区玩具配备的原则

1. 方向性

依据教育部印发的《中小学生课外读物进校园管理办法》，幼儿园语言区配备的各种读物、玩具、材料等，均须遵守国家相关法律法规要求，坚持育人为本，符合国家倡导的、正确的价值取向，应体现社会主义核心价值观，传承中华优秀传统文化，弘扬爱国主义情怀，内容积极向上，坚持"五育"并举，满足幼儿全面发展的需要。

2. 安全性

首先，配备的各类图书、读物、玩具、材料等，其材质及印刷都必须保证是安全、环保、卫生的。此外，在摆放和使用这些物品布置语言区环境时，还要注意自然采光良好、阅读环境相对安静、幼儿的用眼卫生等方面的设置要求，以保护幼儿的视力。

3. 适宜性

所配备的各类图书、玩具、材料等都应符合幼儿的认知发展水平，能满足不同年龄段幼儿的学习需求和阅读兴趣，并应具有一定的启发性、趣味性，能够激发幼儿的好奇心、想象力、创造力，增长见识，启迪智慧，增强幼儿的综合素质，有助于培养幼儿成为社会主义事业的建设者和接班人。

4. 多样性

一方面，要提供内容丰富的优秀图书和读物，图文并茂，可读性强，类别多样，兼顾不同领域、体裁、题材、风格、表现形式，有条件的地方还可以配备有声读物，以满足幼儿不断增长的阅读需求，并丰富其多方面的阅读经验。另一方面，还要投放具有可操作性的讲述类玩具材料等，以满足幼儿操作和讲述的需求，进而促进其语言表达能力的发展。

5. 目标性

为了更好地支持和促进幼儿语言经验的获得和语言能力的发展，语言区的图书、玩具和材料应该隐含一定的语言教育目标。教师应当依据《纲要》《指南》中语言领域的发展目标，有计划、有目的地配备图书、玩具和材料，并根据幼儿的认知水平和发展需要，不断地调整教育目标和投放策略，使活动的开展能更好地贴近幼儿语言学习的最近发展区。

6. 整合性

从关注幼儿整体和谐发展出发，将语言区与其他活动区加以有机整合，包括目标的整合、内容的整合、资源的整合等，基于幼儿的游戏和学习需求建立语言区与其他区域的自然联系，进而形成一个开放、互联、整合的学习环境。因此，语言区配备的图书、玩具、材料并非只局限在语言区中运用，尤其是各类图书可以投放到各个活动区中，满足幼儿多方面的发展需求，以最大化地发挥图书资料的作用，更好地为促进幼儿的主动学习服务。

二、 幼儿在语言区可能获得的相关经验

（一）语言能力

（1）倾听能力。幼儿能听懂周围人的语言，并从中获得有益的信息；能安

静地倾听故事、儿歌、散文及传统文学作品等。

（2）表达能力。幼儿能用语言讲述自己有意义的经验，用语言表达自己的情感；能描述物体、事件和关系，从语言的使用过程中得到乐趣；能用涂、画、写等方式进行语言表征，并能用记录的方式表达自己的情感；能自然地根据场合调节说话声音的大小，依据所处情境使用恰当的语言进行表达。

（3）阅读理解能力。幼儿喜欢听故事、看图书，逐步养成良好的阅读习惯和行为；在自主阅读中学习理解阅读的内容和基本的阅读策略（如预期、假设、比较、验证等）；能对自己喜欢的阅读内容进行叙述、表达与评判；能辨析符号、标识，自主阅读出版的各类故事书及自制书等；在与材料的互动中发展符号和文字意识。

（4）前书写准备。幼儿对前书写活动感兴趣，喜欢用纸、笔进行写、画；萌发初步的书写意愿，愿意用自己喜欢的符号、标记等记录和表征自己的想法、自己喜欢的故事或身边发生的事件。

（二）认知能力

幼儿在阅读各类图画书、念儿歌、听故事、与同伴交流自己想法的过程中，可以获得生活常识、社会规则、自然世界、科学技术、文化习俗等多个方面的知识经验，了解周围事物之间的关系，逐步建立自己对儿童文学作品及周围各种事物的认识和理解。

（三）思维能力

幼儿在语言表达、阅读图书的过程中，从各个角度认识事物、描述事物，在续编、创编故事、诗歌活动中，需要积极活跃的联想和想象，在发展语言能力的同时，获得初步的逻辑性思维、发散性思维、批判性思维等方面的发展。

（四）审美能力

幼儿在阅读故事、诗歌、绘本等文学作品的过程中，可以通过可爱的形象、浪漫的意境、优美的语言、多彩的画面，感受意境美、词句美、画面美、情趣美，获得对美的自我体验，开启想象，创造美的事物，不断增强审美意识，提高审美能力。

（五）社会性

幼儿在与同伴一起阅读图书、讲述故事、交流表达时，尝试用恰当的语言表达自己的想法，控制和调节自己的行为，发展交往技能，习得社会规则；通过阅读经典的故事和绘本了解中华优秀文化和传统美德，增强对真、善、美的感知，增强道德感，从而获得社会性发展。

(六) 学习品质

幼儿在良好的语言区学习环境中，可以安静专注地阅读，不断激发对生活的探索欲望，开阔视野；在潜移默化中获得积极向上、专注、独立自主、自信、自我欣赏、乐于探索等良好的学习品质。

三、 语言区玩具配备的种类及功能

(一) 阅读类

阅读类材料是幼儿园语言区最主要的材料，包括图书、幼儿杂志等，可以是幼儿园提供的，也可以是幼儿从家里带来的。经常投放的图书主要包括中国传统文化类、情绪情感类、认知类、健康类、艺术类、科普类、益智类、社会类、幽默类等各类图书，还有幼儿基于自身兴趣和活动需要自制的图书，可根据不同年龄班幼儿的兴趣和需求，选择和投放不同类型的图书。配备幼儿喜闻乐见的图书为幼儿的自主阅读提供了良好的物质环境，幼儿自觉、自主地选择自己感兴趣的图书进行阅读，探索、体验、学习基本的阅读方法，有助于养成良好的阅读习惯，引发对书籍和阅读的兴趣。

(二) 讲述类

讲述类材料主要包括图片类和操作玩具类，如看图讲述、排图讲述、拼图讲述等方面的材料。提供可以操作的、平面或立体的讲述材料，让幼儿通过自主摆放、自由组合，在摆摆、拼拼、玩玩、说说中动手、动脑、动口。幼儿可以自我讲述，也可以和同伴轮流讲述、共同讲述，在轻松的玩乐中进行积极的语言活动，发展语言表达能力、倾听能力、观察能力、思维能力和创造能力。

(三) 工具类

工具类材料主要包括涂画工具、修补工具和装订工具，如剪刀、纸、笔、粘贴材料、订书器、打孔器和装订夹等。这类材料可以让幼儿在剪剪、贴贴、讲讲中，修补图书、自制图书、制作独一无二的小书签，体会动手的快乐和成功的喜悦，有助于幼儿增强自信心，养成良好的阅读习惯，也可以激发幼儿对于前书写的兴趣，满足幼儿书写的需要，帮助其做好前书写准备。

(四) 环境类

语言区的环境类材料包括柔软材料和家具设施。在明亮、安静的区域，铺上地毯，放上造型可爱的布艺靠垫、小圆桌、小书架、小沙发、小椅子等，摆上绿色小盆栽，使幼儿在温馨、舒适的环境中尽情享受阅读的乐趣，专注地投入阅读等语言活动中。

（五）学习方法类

语言区的学习方法类材料主要是指帮助幼儿学习听、说（讲述和创编）、读（阅读理解）和前书写的相关材料。例如，学习倾听的音频故事、可以出声的电子书及点读笔、播放器等；学习看图讲述的图片、排序讲述的图片和记录单；学习创编故事情节或诗歌句式的结构图和记录单、创编故事自制书；学习阅读理解的故事角色和故事情节线索图片；学习运笔和控笔的迷宫，辨识空间方位的图片、幼儿名字卡片和书写名字的卡片等。配备这些材料的主要目的是在引发幼儿感知和探索语言材料的同时，增强他们对于听、说、读和前书写的兴趣，进而帮助他们获得相关的学习方法。尤其是在大班更应投放一些这类材料，帮助幼儿通过游戏的方式，轻松、自主地进行选择和操作，为幼儿做好入学准备。

四、 各年龄班玩具配备的重点及建议

（一）小班配备重点

（1）创设温馨、舒适的环境。选择光线自然明亮、比较安静的空间，投放颜色鲜艳、吸引人的小沙发、柔软的地垫、毛绒玩具、形状各异的抱枕、高度适宜幼儿取放的书架、一些柔软不宜撕坏的布书或硬板书等，以便激发幼儿的阅读兴趣，使其获得舒适的感官体验。

（2）投放激发兴趣的材料。投放小班幼儿熟悉的、贴近幼儿生活经验、大小适宜的图画书，可以翻翻找找、粘粘贴贴的游戏书，以及可听的故事、儿歌等，提供可以操作和摆弄的立体场景和手偶玩具，以激发幼儿操作材料进行讲述的兴趣，边玩边看，边玩边说。

（3）提供好玩的有声设备。利用小巧、便于幼儿操作的播放机播放幼儿熟悉的故事、儿歌，提供形象、有趣、好玩的录音设备，可将幼儿讲故事的声音录下来，播放给幼儿听。也可以在条件允许的情况下投放点读笔和配套图书，激发幼儿听故事、儿歌的兴趣。

（4）注意数量和内容的适宜性。幼儿熟悉、喜欢的图书要多投放一些，所选择的绘本内容角色突出、颜色鲜明、情节线索简单，具有重复、形象的语言。

小班语言区玩具配备参考清单与建议见表 7-1。

表 7-1　小班语言区玩具配备参考清单与建议

种类	类别	举例	数量（以班为单位）	建议
阅读类	图书类 — 中国传统文化类	中国经典童话故事书、传统节日的图画书等	8～10本/类，人均不少于10册；每班复本量不超过5册	①小班图书区要创设温馨、舒适、半封闭的环境，光线明亮不刺眼，具有相对安静的阅读条件，减少干扰。图书摆放的方向尽量能让幼儿看得见，能吸引幼儿阅读 ②投放符合小班幼儿年龄特点、贴近幼儿生活经验的不同材质的书（布书、硬皮书等结实不易损坏的图书） ③选择故事情节相对简单，形象、色彩能吸引幼儿，画面背景较简洁，内容具有一定重复性的图书 ④要根据幼儿的兴趣和班级活动主题及时调整和更新图书 ⑤不但可以在图书区摆放图书，也可以在娃娃家、建构区、美工区等投放相应的图书，增加幼儿与图书接近的机会，并体现课程的整合 ⑥可根据幼儿的兴趣、课程的需要，提供师幼共读的大书 ⑦所列举的图书只是作为参考，各地幼儿园教师应根据本班幼儿的实际需要，灵活地选择、配备和运用
	益智类	可以翻折、触摸、粘粘贴贴的游戏书、立体书等		
	情绪情感类	亲子故事、家庭成员之间的亲情故事书；认识和感知自己情绪的图画书等		
	健康类	认识自己的身体部位，养成良好的生活习惯（如不挑食、爱吃水果、蔬菜）、卫生习惯（如洗手、洗澡、大小便等）的图画书等		
	认知类	认识色彩及其变化的图画书；认识5以内的数字、简单形状、渗透点数的图画书；认识常见动植物的图画书；认识常见交通工具的图画书等		
	杂志类	幼儿画报等	2～3本	
讲述类	图片类	线索单一、角色主体突出、背景和情节简单、以单幅图片为主的看图讲述图片等	1～2套	①材料应使用方便，便于幼儿操作 ②提供收纳图片的盒子，便于小班幼儿收放玩具材料
	操作玩具类	手指偶、毛绒玩具手偶、动物、人物模型、自制故事盒；与故事、	1～2套	①让小班幼儿"玩"故事，将各种幼儿感兴趣的故事作为幼儿玩书的素材

(续)

种类	类别	举例	数量（以班为单位）	建议
讲述类	操作玩具类	绘本内容有关的可以粘贴、互动的背景板或墙饰；与故事有关的立体玩具、故事立体场景等	1～2套	②提供更立体的环境和形象，激发幼儿摆弄材料、讲述故事的兴趣 ③鼓励幼儿通过操作材料讲述自己熟悉的故事、儿歌等
工具类	涂画工具	不同规格、质地和颜色的纸张、画笔、画架等	1～2套	工具类材料也可以到美工区自取
	修补工具	胶棒、透明胶条等	1～2套	
环境类	柔软材料	地毯、靠垫、坐垫、图书布袋、纱幔、毛绒玩具等	1～2套	①按书的大小或类型、材质进行分类摆放，可以做上标记，方便小班幼儿收放图书 ②提供方便幼儿取放图书的开放式书架，能让幼儿看到书的封面 ③刚讲过的书放在书架最显眼的位置
	家具设施	桌子、椅子、木质书架或书柜、沙发、书挡板等	1～2套	
学习方法类	学习倾听的材料和电子设备	幼儿喜欢且熟悉的儿歌和故事的音频材料、电子书及点读笔、播放器等	2～3套	①根据小班幼儿的年龄特点、认知水平和发展需求，提供他们喜欢且熟悉的倾听、讲述和阅读材料，激发幼儿对于倾听、讲述和阅读的兴趣 ②小班幼儿操作电子设备时，需要有教师陪伴和指导，保证幼儿安全使用
	学习讲述的材料	看图讲述用的压模图片、讲述故事用的手偶及与故事内容相关的立体操作卡片等	2～3套	
	学习阅读理解的材料	与故事内容相关的人物角色图片、背景图片和故事情节图片等	2～3套	

（二）中班配备重点

（1）创设开放、多元的环境。中班幼儿喜欢和好朋友一起聊天、一起看书，观察和讨论图书故事内容，所以中班语言区的环境应更加开放，情境更加多元，如提供能和同伴一起看书的书桌、沙发，还可以创设"小剧场""小书友"

等环境，鼓励幼儿与同伴进行语言交流。也可创设与故事、图书内容相适应的具体场景和氛围，巧妙地设计问题情境，激发幼儿主动表达、主动阅读的愿望。

（2）投放多样化的游戏材料。中班幼儿开始认识简单的文字和符号，喜欢涂涂画画、动手操作，可提供角色头饰和卡片、供幼儿描画、添画的纸和笔，投放与故事内容相适应的场景模型、挂图、半成品等材料，让幼儿自己动手创设情境，调动幼儿参与活动的积极性。中班语言区材料相对小班应更加多样，能极大地满足幼儿的兴趣和需要，促进其语言能力的发展。

（3）提供有针对性、层次性的阅读材料。中班幼儿可以进行独自观察，提供的图画书的故事线索应更加清晰，有重复情节，色彩丰富，内容有趣；还应具有一定的层次性，可以提供单幅图片、连续四幅图片、插页小图书等，支持幼儿从观察简单的单幅图到观察连续的多幅图片。

（4）提供修补和装订图书的工具。相比小班幼儿而言，中班幼儿的动手操作能力增强了。当图书出现破损时，可以提供透明胶条、胶棒，支持幼儿自己学习修补图书，同时提供展示修补图书方法的照片，帮助幼儿养成爱护图书的好习惯。还可以提供小型订书器、打孔器等，支持幼儿将自己的作品装订在一起，做成自制图书，丰富阅读和讲述的内容。

中班语言区玩具配备参考清单与建议见表 7-2。

表 7-2　中班语言区玩具配备参考清单与建议

种类	类别		举例	数量（以班为单位）	建议
阅读类	图书类	中国传统文化类	中国经典童话故事、寓言故事、传统诗歌等	8～10本/类；人均不少于10册；每班复本量不超过5册	①中班要选择故事线索清晰、有一定的情节、易于幼儿理解、形象鲜明、内容有趣的图书 ②要注意中班幼儿学习的连续性。如将小班的绘本也投放到中班，阅读指导时应注意突出层次性 ③中班幼儿喜欢与同伴一起看书，喜欢边看边说，可以开展故事会或书友活动，吸引更多幼儿一起读书
		情绪情感类	识别和调控自我情绪的故事书；关于热爱祖国、热爱家乡、爱国主义教育的故事书；感受亲人、朋友之间的爱和情感的故事书等		
		认知类	认识和感受自己的身体、特点和独特性，学习自我发现和自我接纳的图画书；认识数字、形状、数量关系的图画书等		

（续）

种类	类别		举例	数量（以班为单位）	建议
阅读类	图书类	健康类	保护牙齿和眼睛、认识和调节自己的常见情绪、认识自己身体部位和内部器官的图画书等	8～10本/类；人均不少于10册；每班复本量不超过5册	④其他活动区也可投放相关图书 ⑤鼓励幼儿自带图书，与大家分享 ⑥教师要经常和幼儿一起阅读图书，关注幼儿阅读过程中的反应，在图书区创设情境，提出问题，引导幼儿一页一页地翻看图书，仔细观察画面内容，细致了解故事线索、人物特点等，培养幼儿的阅读兴趣和阅读理解能力 ⑦可利用家长资源，建立幼儿借阅图书和图书交换制度，鼓励幼儿回家读书 ⑧所列举的图书只是作为参考，各地幼儿园教师应根据本班幼儿的实际需要，灵活地选择、配备和运用
		艺术类	有关色彩变化、形状组合变化、剪纸、绘画、拼贴等艺术表达的图画书等		
		益智类	培养观察力、记忆力、专注力等的思维游戏书，如找不同、走迷宫等		
		科普类	认识动植物和大自然（昆虫、恐龙等）、交通工具、城市建筑、海洋等类型的科普书		
		幽默类	情节有一定重复、充满想象、富有童趣、幽默有趣的故事书等		
		自制图书	幼儿将自己续编的故事或诗歌绘画作品装订成图书等		
	杂志类		有关自然常识、小百科、旅游、幽默漫画、手工制作等内容的杂志	3～5本	
讲述类	图片类		单幅或连续性看图讲述图片；指向单一线索的排图讲述图片；故事拼图（平面、立体）；谜语、诗歌、新闻图片等	2～3套	①材料使用方便，便于中班幼儿操作，提供收纳图片的盒子，便于幼儿收放玩具材料 ②鼓励中班幼儿把故事或图书中自己喜欢的形象卡片贴在墙饰中

（续）

种类	类别	举例	数量（以班为单位）	建议
讲述类	操作玩具类	手偶（指偶、袋偶、毛绒玩具手偶）、动物和人物模型、木偶架、木偶台、自制话筒、自制电视机、白布幕布架等；各种人物、动物、工具、场景卡片或模型等	2～3套	①让中班幼儿"玩"故事，将各种幼儿感兴趣的故事作为玩书的素材 ②提供更立体的环境和形象，激发幼儿摆弄、讲述的兴趣 ③设立"故事会"，吸引更多幼儿读书、讲故事 ④引导幼儿尝试使用多种操作材料、模型，运用多种方式进行故事、儿歌、谜语、绕口令等多种形式的讲述
工具类	涂画工具	不同规格、质地和颜色的纸张、透明胶片纸、沓写纸、与图书内容一致的添画材料、画笔、画架、A4或B5活页夹、自制书签等	2～3套	①中班幼儿对书写、文字符号非常感兴趣，教师要抓住这个时期，用有趣的方式鼓励幼儿在纸上表达自己的想法 ②中班幼儿是在反复观察画面的过程中体会故事的内涵的，因此教师应提供能描画的工具，多鼓励幼儿"画"书，画感兴趣的画面，让幼儿在画的过程中理解故事线索及内容发展，包括人物的情绪情感等，体会文学作品的魅力
	修补和装订工具	胶棒、透明胶条、剪刀、订书器、打孔器、装订夹、废旧布块、背景墙面或板子等	2～3套	①工具类的材料也可以与美工区相结合，可以让幼儿到美工区自取需要的工具材料 ②提供修补图书和装订的工具、材料筐等，以游戏的形式引导幼儿爱护图书

（续）

种类	类别	举例	数量（以班为单位）	建议
环境类	柔软材料	靠垫、地垫、坐垫、图书布袋、绿植、毛绒玩具等	1～2套	①书桌要与游戏操作桌子分开设立 ②需要经常带领幼儿一起整理图书收放架 ③和幼儿一起以图文并茂的方式制作图书分类标志
	家具设施	小沙发、桌子（地垫上的矮桌、培养良好坐姿和书写姿势的桌子）、木质椅子、塑料凳子、木质书柜、书架、书挡等	1～2套	
学习方法类	学习倾听的材料和电子设备	幼儿喜欢且熟悉的儿歌和故事的音频材料、电子书及点读笔、播放器等	2～3套	①根据中班幼儿的特点和需求，提供他们喜欢且熟悉的倾听、讲述、阅读材料，支持幼儿认真倾听、连贯讲述、尝试创编简单的故事情节 ②指导中班幼儿学习电子设备的使用方法，鼓励幼儿尝试自己操作
	学习讲述和创编的材料	看图讲述用的压模图片、排序讲述用的图片和记录单、讲述故事用的手偶、故事盒及与故事内容相关的立体操作卡片、创编简单的故事情节和诗歌句式结构的图片等	2～3套	
	学习阅读理解的材料	与故事内容相关的人物角色图片、背景图片、具有重复性情节的故事线索图片、幼儿自编自制故事书等	2～3套	

（三）大班配备重点

（1）创设开放、合作的环境。大班幼儿自主能力增强，可以共同讨论制定语言区的规则，根据他们的学习兴趣和活动需求，改变、增加或删减语言区的材料。教师应提供圆桌供多人一起交流、讨论，提供角色丰富、情节变化、有想象和创造空间的故事和图书，整合美工区、表演区等多个区域，支持幼儿合作创编故事情节、合作表演故事。还可以开设小课堂，让幼儿在合作互动的游戏中发展语言表达能力和交往能力。

（2）提供可操作、可探索的语言材料。结合幼小衔接入学准备要求，投放画面细节丰富、可操作、可探索的图书和文字卡片，设计适宜的游戏规则，支持幼儿在游戏中创编故事、讲故事，初步探索汉字的奥秘。提供包含多条逻辑线索的图片，支持幼儿根据逻辑线索排列和讲述图片，按照不同的排列顺序编出合乎逻辑的故事，发现不同的排列可以构成不同的故事情节，提高幼儿的逻辑思维能力和讲述能力。

（3）投放多样化、拓展性的阅读材料。为丰富大班幼儿阅读的内容，增加语言区的信息量，应提供多种类型和体裁的图书，如故事书、童谣、诗歌、科普读物、工具书、幼儿画报、连环画以及蕴含中华优秀传统文化的绘本、成语故事、古诗词图书等，支持幼儿根据自身兴趣、需求主动查阅资料，不断拓展知识面，积累多方面的知识经验。

（4）创设适宜的前书写环境。大班幼儿对其周围的文字、图表、符号产生更加浓厚的兴趣，应为幼儿创设适宜的前书写环境，提供符合幼儿身形的桌椅，不同类型、颜色、尺寸的纸张，多种类型的笔和可以写写画画的沙盘等，激发大班幼儿对前书写的兴趣。还可以提供空白书、单页的各种纸张材料，鼓励幼儿用绘画、自己喜欢的符号等方式记录自己的做法、想法和感受，将作品制作成图书，不仅可以促进幼儿语言运用能力的发展，而且可以培养幼儿的前书写能力。

大班语言区玩具配备参考清单与建议见表 7-3。

表 7-3　大班语言区玩具配备参考清单与建议

种类	类别		举例	数量（以班为单位）	建议
阅读类	图书类	中国传统文化类	关于中国传统节日和二十四节气、中国经典童话故事、成语故事、寓言故事、古诗、儿童诗歌、散文类图画书等	8～10本/类；人均不少于 10 册；每班复本量不超过 5 册	①大班图书的选择，故事线索要清晰，情节有一定的发展和变化，大班幼儿喜欢形象鲜明、线条明快、有趣、细节丰富的图书②鼓励大班幼儿尝试利用图书解决自己在活动中遇到的困惑和问题，体会通过阅读获取信息、解决问题的乐趣③图书也可按幼儿感兴趣的不同主题进行分类摆放
		情绪情感类	识别和调控自我情绪的故事书；关于热爱祖国、热爱家乡、爱国主义教育的故事书；感受亲人、朋友之间爱和情感的故事书；带给幼儿自信和勇气的故事书；感受团结就是力量、同伴合作的故事书等		
		健康类	有关换牙、保护牙齿和眼睛、认识疾病、学习安全常识和自我保护的故事书等		

（续）

种类	类别		举例	数量（以班为单位）	建议
阅读类	图书类	认知类	认识和探索人体奥秘，探索大自然和外太空，关于数量、测量、运用数学解决生活中问题的图画书等	8～10本/类；人均不少于10册；每班复本量不超过5册	④鼓励和支持幼儿参与对图画书的分类摆放和收拾整理，指导幼儿制作分类标识 ⑤鼓励幼儿把自己编的故事画成图，教师配以文字，制成自己喜欢的图书 ⑥所列举的图书只是作为参考，各地幼儿园教师应根据本班幼儿的实际需要，灵活地选择、配备和运用
		艺术类	富于色彩变化，用剪纸、粘贴、水墨、油画等多种艺术手段表现的图画书等		
		益智类	培养观察、记忆、专注、分类、推理等逻辑思维能力的益智游戏书，如找不同、走迷宫、视觉大发现等		
		科普类	百科全书（动物、植物、交通工具、城市建筑、海洋、天文、地理、宇宙）等		
		社会类	认识社会角色、职业分工和社会关系的故事书等		
		幽默类	情节富于变化、富有童趣、充满想象的幽默故事书		
		自制图书	幼儿自己创编、制作的故事书		
	杂志类		关于动物、植物、交通工具、城市建筑、海洋、天文、地理、宇宙等内容的杂志	5～8本	
讲述类	图片类		有多条逻辑线索的看图讲述图片，能按照不同顺序排序的排图讲述图片等	3～4套	①大班幼儿对文字的兴趣增强，可提供生活中常见的文字符号，满足幼儿喜欢认读、理解文字符号的兴趣和需求

（续）

种类	类别	举例	数量（以班为单位）	建议
讲述类	玩具操作类	手指偶、提线木偶、皮影材料、白布幕布架、橡皮泥、故事沙盘和沙盘小人、各种自然物、带灯的沙箱等	3～4套	②提供操作性的材料，使大班幼儿在语言情境和游戏活动中不断丰富词汇，并能在生活中加以运用 ③可提供与幼小衔接有关的操作材料，通过游戏活动帮助大班幼儿识别自己和他人的名字，为幼儿顺利适应小学生活做准备 ④在使用中注意避免"小学化"倾向，切忌脱离幼儿兴趣和生活经验，将小学阶段的学习内容强加给幼儿
工具类	涂画工具	不同规格、质地和颜色的纸张、透明胶片纸、拓写纸、有格子的纸、白卡片、画笔、画架、小黑板、幼儿作品展示架、A4或B5活页夹、自制书签、扣环等	3～4套	①和大班幼儿一起制定图书区的规则，鼓励幼儿画下来，并关注幼儿执行规则的情况 ②引导幼儿爱护图书，用正确的姿势看书，及时修补破损图书
	修补和装订工具	胶棒、透明胶条、双面胶、剪刀、订书器、打孔器、装订夹、废旧布块、背景墙面或板子等	3～4套	
环境类	柔软材料	靠垫、地垫、坐垫、图书布袋、绿植等	1～2套	①书桌要与大班幼儿的游戏操作桌子分开设立 ②鼓励幼儿参与到语言区的环境布置中来 ③帮助幼儿养成定期整理图书收放架的习惯
	家具设施	小沙发、便于书写的桌子、木质椅子、塑料凳子、木质书架、木质书柜、书挡等	1～2套	

（续）

种类	类别	举例	数量（以班为单位）	建议
学习方法类	学习倾听的材料和电子设备	幼儿喜欢且熟悉的儿歌和故事音频的材料、电子书及点读笔、播放器等	3～4 套	①根据大班幼儿的特点和需求，适度提供他们喜欢的倾听、讲述、阅读材料和电子设备，支持幼儿专注地倾听，连贯地讲述、创编故事情节 ②在电子设备上粘贴幼儿能够看懂的符号和标志，鼓励幼儿根据需要自主进行操作 ③注意观察幼儿在操作和使用材料中的行为表现，结合幼儿平时书写中的常见问题（如把 6 和 9 写反），及时进行指导和纠正 ④将这些材料与幼儿正在进行的班级活动相结合，多为幼儿提供用符号做记录和练习前书写的机会，帮助幼儿在迁移和运用中不断巩固
	学习讲述和创编的材料	看图讲述用的压模图片、排序讲述用的图片和记录单、讲述故事用的手偶、故事盒、与故事内容相关的立体操作卡片、创编故事情节和诗歌句式结构的图片等	3～4 套	
	学习阅读理解的材料	与故事内容相关的人物角色图片、背景图片、情节比较复杂且有变化的故事线索图片、幼儿阅读计划的记录单、读书笔记的记录单、幼儿自编自制的故事书等	3～4 套	
	学习前书写的材料	用来书写的笔和纸、学习运笔和控笔的迷宫及连线图卡、辨识空间方位的图片、幼儿名字卡片和书写名字的卡片等	3～4 套	

五、案例

（一）小班

案例一　迷你故事屋

　　在小班，教师经常能够在语言区听到孩子们自发的对话，他们有的在讲书中自己知道的事情，有的在围绕书中出现的画面表达自己的想法。关注到孩子的这一表现后，我们在区域中添置桌面故事板（图 7-1，图 7-2），创设微型立体情境，让幼儿在多变的场景中大胆地讲述。

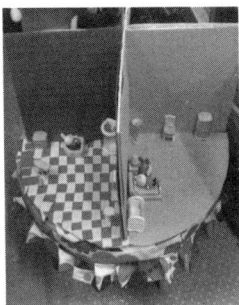
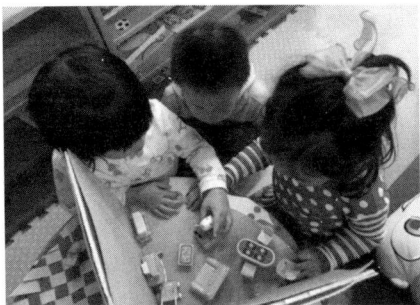

图 7-1   图 7-2

    孩子们在故事屋里谈论的话题不单是绘本里出现的内容，真实生活中的趣事、关心的问题也都成了他们的话题。他们在小小的故事屋里还原着、模仿着大人的语句，在交流和运用中发展语言能力，建构着自己的语言宝库。迷你故事屋这种自由、宽松的语言交往环境，也让孩子们更加放松地在玩中发展语言表达能力。

    随着孩子们对材料慢慢地熟悉，他们已经不满足于只是摆弄材料了。有一次末末走进了故事屋，他拿着小猪从卧室走到厨房，"好饿啊！我好想吃东西呀！"末末学着小猪的声音说。话音刚落，他又拿起猪妈妈说："好的好的，别着急，我来给你做意大利面吧！""太好了，妈妈。"说完，末末拿着猪妈妈走到了灶台前，只见他皱着眉头，看看这儿看看那儿，然后有些低落地走到了"厨房"的餐桌前。"给，你的意大利面做好啦！"末末假装把面条端到了小猪的面前。然后他就结束了这个角色扮演游戏。末末一开始声情并茂地扮演两个角色，为什么后来情绪一下就低落了呢？活动区结束后，我终于在末末那里得到了答案，"这个家里什么都没有，只能假吃。"末末的话让我恍然大悟，原来只有场景和人物已经不能满足孩子们的需求了，他们希望有更多简单易操作的低结构材料，这样不仅能满足他们的各种需求，而且能保护他们持续的兴趣和想象力。于是第二天，我提供了彩泥，放在了故事桌旁边。彩泥、故事桌、不同的角色，这些都满足了不同幼儿个性化的故事讲述和表达的需求，为不同发展水平的幼儿提供了更为广阔的表达空间，从而促进他们的语言表达能力在原有基础上得到发展。

（北京市第六幼儿园　何子婧）

◉ 点　评

    小班幼儿的游戏往往是由材料引发的。案例中教师创设了"迷你故事屋"的立体游戏场景，为幼儿提供了能操作摆弄的游戏材料，巧妙地让幼儿在"玩"的过程中，讲述自己喜欢的小猪故事。教师提供的不同的角色材料和幼儿生活中较为熟悉的场景，满足了不同幼儿个性化的故事讲述和表达的需求。教师在观察幼儿游戏表现、发现其真正需求的基础上，能及时调整区域材料，投放彩泥等低结构材料支持幼儿更有想法的游戏，为幼儿提供了更为广阔的表达空间，使小班幼儿边玩边说，在"玩"中发展了语言表达能力。

（北京市宣武回民幼儿园　赵燕燕）

案例二　让语言区"动"起来

区域游戏时，铭铭举着"大狮子"，对着小宝"嗷呜，嗷呜"地叫着。"狮子来啦！狮子来啦！"小宝被逗得咯咯直笑。"让我看看吧！"两个小朋友一边看，一边说着自己看到的小动物，时不时将书放到面前，每次放上去，都会变身成小动物的样子，吸引所有小朋友都来围观。接下来的几天，不断有小朋友到语言区，拿起这本《如果我是一只狮子》的面具书，把书举到面前，模仿着动物的叫声（图7-3）。

小班孩子对于书中的动物十分感兴趣，能够通过动物的特点说出动物的名字，并且能模仿动物的声音和动作，有强烈的表达愿望。但是在表达时，还是以简单的词汇为主，没有说一句完整话的意识。而这本书中"如果我是……我会……"的句式十分符合小班幼儿的表达特点，因此我在语言区中放了会说话的小兔子玩具，录下了绘本中的语言。孩子们听到后，也打开书模仿着，"如果我是一只猫，想喝水时，我就会撒娇，喵喵喵……"

孩子们在看、听、说中丰富了自己的语言表达，不但模仿书中的动物角色，还模仿自己熟识的动物进行游戏。于是，我又提供了摸箱，摸箱中放有各种孩子们熟知的动物的图片，每摸到一张图片，就用"如果我是……我就会……"的句式表达自己的想法。这一幕幕也被我们拍照记录下来，形成一面照片墙，再制作成小书（图7-4）。这样，孩子们不仅可以用摸箱玩游戏，而且能看着自己的照片讲故事。

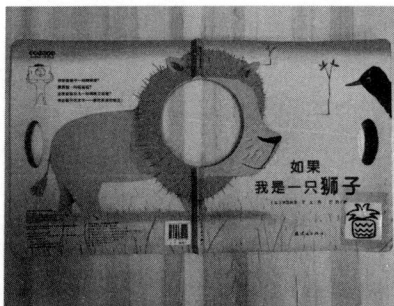 

图7-3　　　　　　　　图7-4

有了神奇面具书的游戏，孩子们对于动物的认知更加丰富了。除了翻看各类有关动物的绘本，语言区软软的毛绒玩具也成了他们的道具。毛绒玩具给了孩子们想象、创编的空间，但有些玩具太大，孩子们不好操作，于是我又投放了手偶。套着手偶，从模仿句式到说一句完整的话，再到用手偶讲故事，孩子们跳脱出绘本的局限，丰富着自己的表达。

基于孩子们对立体书、翻翻书和手偶的兴趣，我们以孩子们喜欢的农场为背景，创设了立体游戏墙饰，把各种各样的盒子掏出洞，做出门、窗，还投放了玩具车（图 7 - 5）。立体游戏墙的创设让语言区"动"了起来。

图 7 - 5

小班幼儿在语言区中既获得了安全感，又能够在游戏中更加喜欢幼儿园，体会到语言游戏的快乐。我们利用可操作的立体书、翻翻书，丰富幼儿对不同动物、角色的认知经验，幼儿在知道动物特点的同时，了解动物的习性及神态。同时，结合幼儿对图书的兴趣，丰富环境中的游戏材料，在倾听中鼓励幼儿模仿句式"如果我是……我会……"，通过摸箱游戏，使幼儿能够更加清晰、完整地表达一句话。在手偶游戏中扩展思维，帮助幼儿有自己独特的想法，从词语到句子，再到讲述一个简短的小故事。在可操作的游戏材料中，不断丰富幼儿表达、表现的经验，用语言、肢体动作模仿自己熟悉的角色，促进幼儿在游戏中与同伴间的交流和交往。

（北京市第六幼儿园 张慧馨）

🔵 点 评

小班幼儿对"游戏书"特别感兴趣。案例中，教师提供的神奇面具书吸引了幼儿，使我们看到了幼儿真实的游戏。从神奇面具书出发，教师一步步跟随幼儿的兴趣，把握绘本的教育价值，使小班幼儿在"玩书"的过程中主动表达，学习说完整的话。教师能注意观察幼儿的兴趣和游戏需求，结合绘本内容，提供了摸箱动物卡片、立体游戏墙、毛绒玩具和手偶等材料，通过创设能"动"起来的语言区，不断丰富幼儿的游戏内容，支持幼儿的个性化表达，给予幼儿广阔的游戏空间，让幼儿在游戏中调动原有经验，丰富语言表达，乐于想象与创造。教师通过创设"照片墙"呈现幼儿游戏的过程，让孩子获得自信，使小班语言区在幼儿、绘本、环境、材料等的相互作用下发挥了更大的价值，促进了幼儿的主动学习。

（北京市宣武回民幼儿园　赵燕燕）

（二）中班

案例一　光影故事盒

木木和果果在语言区一起读绘本，书中黑乎乎的影子激发了他们的兴趣，果果说："黑影上有一圈亮亮的东西。"翻开一看，"原来是大熊，他上面是猴子。"随着图书内容的展开，他们观察得也越来越仔细。在阅读后，他们到美工区用绘画的方式续编了这本书，创作影子画时还能注意到黑影的形状与后面动物的形状是一样的（图 7-6）。

看到孩子们对影子故事非常感兴趣，我们马上在语言区投放了用纸箱和白布自制的"光影故事盒"，里面配上小手电，同时在美工区投放了能打开的门形绘画纸和透明胶片纸等材料（图 7-7）。鼓励幼儿在轻松愉快、自然的氛围中积极表达，发展幼儿的语言能力，支持幼儿实现自己的想法。

图 7-6 　　　　　　　　　　　　　　图 7-7

❖ 游戏反思

中班幼儿随着生活经验的丰富，语言能力和动手能力有所提高，在解决问题的能力上不断发展。同时，他们的创编能力较小班幼儿也有了很大提高，不仅能创编出富有想象力的故事情节，而且能够更有想法地进行游戏。在语言活动中，幼儿不仅语言能力得以发展，而且获得了艺术、科学、社会等多个领域的经验。

我们在语言区投放光影故事盒和各种材质的低结构美工材料，满足了幼儿讲述彩色影子故事的愿望，给他们提供了创作、展示自己作品的空间。幼儿还可以在里面进行光与影的科学探索游戏，满足了自己的好奇心和探索欲，不断创编出新的影子故事。

（北京市第六幼儿园　钱琨　陆歆宇）

> 点　评

光影故事盒能激发幼儿的好奇心，一扇门、一束光，动物和乐器组成了奇妙的组合。教师让幼儿在边猜边读的过程中大胆想象，通过创设"光影故事盒"的游戏情景，让幼儿体验绘本游戏的乐趣，加深对绘本内容的理解，学习讲述故事。在这个过程中，教师能及时发现幼儿在游戏中遇到的问题，捕捉幼儿的兴趣点，不断丰富、调整游戏材料，支持幼儿创编彩色影子故事，不断扩展幼儿的学习。幼儿的思维发展与语言发展是同步的，从案例中可以看出，教师创设的语言游戏环境不仅能促进幼儿语言的发展，还能促进幼儿的思维发展。此外，幼儿在发现问题、解决问题、讲述故事、创编故事的过程中，得到了语言、科学、艺术等多领域的发展。

（北京市宣武回民幼儿园　赵燕燕）

案例二　我的读书小画

中班新学期开学初，我在语言区投放了友谊类的系列绘本。绘本中有两只河马，它们是一对好朋友。它们个性鲜明，画面直观形象，文字简洁，故事内容幽默有趣。中班幼儿喜欢与同伴一起游戏、一起阅读，就像书中的两只河马一样，有自己喜欢的好朋友，因此孩子们对书中两只河马之间发生的种种趣事特别感兴趣。

当孩子们看到这本书时，他们觉得书上的两只河马长得很像，便产生了疑问："谁是公的？谁是母的？"为了让孩子们更细致地观察两只河马的特征，表达自己的发现，我提供了画有河马形象的图案纸。孩子们发现公河马有一颗黄色的牙齿，喜欢打领结，喜欢玩木棍儿，而母河马的头上戴了一朵花，喜欢穿漂亮的裙子。孩子们把自己的发现添画在纸上。为了让孩子们看得更清楚，我把它们画的河马展示在墙面上（图7-8）。通过细致观察和对比两只河马的不同装扮，孩子们发现两只河马的喜好和性格不同。他们能够通过观察细节，加深对角色特征的理解。

中班幼儿喜欢和同伴一起看书，有时语言区会传来孩子们的笑声，他们在乐什么呢？原来，孩子们是因为书中幽默的画面和故事情节乐个不停。为了让孩子们分享自己的有趣发现，我在环境中创设了"问题"情境：两只河马在一起发生了什么有趣的事儿（图7-9）？幼儿把自己的发现画下来，并讲给同伴听。孩子们在阅读的过程中表达着自己的发现，在快乐中感受故事的温馨、幽默、友爱。

图7-8

图7-9

随着阅读的深入，孩子们会联想到自己和朋友在一起发生的有趣的事情，他们从画两只河马的故事到画自己和好朋友的故事，语言区的小画越来越多，墙面上已经贴不下了。于是，我提供了活页夹，方便孩子们把自己的小画插到夹子里。随着孩子们的小画越来越多，活页夹变成了一本一本的"小画书"（图7-10）。

图7-10

⊙ 游戏反思

中班幼儿在反复观察画面的过程中理解故事的内涵。因此，我们提供了涂画材料，可以鼓励幼儿画感兴趣的画面，让幼儿在画的过程中理解故事线索、内容发展以及人物的情绪情感，进而体会文学作品的魅力。

（北京市宣武回民幼儿园　赵燕燕）

⊙ 点　　评

中班幼儿已经积累了阅读画面的经验，能从图画中读出故事，能够用语言说出与书中情节相似的故事。教师能够重视幼儿对绘本的独特体验，发挥绘本的熏陶感染作用，让幼儿发现故事线索，提出问题，在书中寻找答案，得到新的启示。在涂涂画画中，引导幼儿深入地理解绘本的内涵，使幼儿能够将故事里的人和事与自己的真实生活经验联系起来。教师通过创设问题情境，投放制作读书小画的材料，让幼儿在发现、表达、交流中加深对故事的理解，不仅提高了幼儿初步的阅读理解能力，而且发展了幼儿联想和想象的能力，培养了幼儿良好的阅读和学习习惯，使幼儿爱上阅读，兴趣盎然地赏读，让幼儿的心灵获得愉悦。

（北京市西城区教育研修学院　左晓静）

（三）大班

案例一　在材料创新中享受阅读乐趣

大班区域游戏时，语言区传来一阵笑声，我看到三个小朋友正聚精会神地扮演着不同角色，根本就没注意到我，原来他们正在利用皮影道具表演《三打白骨精》。

皮影戏动态的画面让幼儿感受到故事情节的趣味性，也领悟到图画里面的细节内容，给大家带来好一阵的新鲜感。可是小朋友喜欢的故事图书越来越多，这个皮影戏已经不能满足更多的小朋友了，他们想开展更多的故事会活动。于是我们将幼儿喜欢的故事列出来呈现在墙面上（图7-11），通过这样的形式继续支持幼儿主动创想的思路。紧接着，图图说：“我想用故事盒把我喜欢的图画书故事讲给大家。”于是，在我的引导下，大家经过讨论自愿分成四组——讲故事组、道具制作组、故事盒制作组和表演组（图7-12）。大家自由分工，积极进行练习、制作和表演。在制作过程中遇到的难题，我们通过努力都一一解决了。特别是故事盒需要带电池的小灯泡，教师利用科学小实验的原理，让大家明白了语言区还需要科学区玩具的支持。这样，我们期待已久的故事盒终于完成了（图7-13）。道具制作组的幼儿兴趣依然很高涨，他们用自己喜欢的方式绘画和制作，让我们也看到语言区需要的材料与美工区的材料是分不开的。在材料的使用上，幼儿可以自由选择，而非由教师来分配。幼儿通过自己寻找零散的材料，整合成自己所需要的道具，然后兴致勃勃地给大家讲故事，充分展示了幼儿运用想象和创造来解决问题的良好学习品质。

 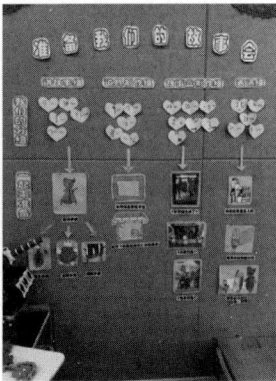 

图 7 - 11   图 7 - 12   图 7 - 13

既然语言区里新奇的材料对幼儿有强烈的吸引力，幼儿需要与材料之间进行互动，那我们教师就需要做很多的支持和辅助工作。特别是在后期，幼儿自发地将语言区有趣的故事活动延伸到表演区。当时孩子们迷上了《白羊村的美容院》，他们想要通过表演展示故事情节，起初他们只是站在那里讲，几个听众就说了："你们手里怎么什么东西也没有，头上也没戴着头饰啊？我哪儿知道你是谁啊？"短短的一句话激起幼儿的灵感，他们找到老师寻求帮助："老师，我们可以拿一下美发店的假发吗？"禾禾接着提议："我们就缺少一个大大的羊村了。"为了满足幼儿的需求，我提供了大纸箱子，它能展开并立在幼儿的后面。幼儿可以在纸盒上面画上白羊村美容院的背景图。于是表演暂时停止了，孩子们开始画"羊村"，虽然并不像图画书中的那样漂亮，但幼儿很满足。故事中栩栩如生的角色、丰富有趣的情节激发幼儿身临其境地体验，通过与材料的互动，提高大胆表现的能力。

（北京市公安局幼儿园　刘素玲）

◯ 点　评

幼儿发挥自己的想象力，利用皮影戏演示《三打白骨精》，利用头饰和道具表演《白羊村的美容院》片段，一方面体现了幼儿在利用材料方面的创新性，对故事中各种角色间的关系也进行仔细地观察和判断，更加深刻地理解了图画书中的内容；另一方面体现了幼儿间的互动性、自发性和合作性，这样的互动方式更能促进幼儿深入地探究绘本。教师鼓励幼儿自己想办法解决遇到的问题，给孩子自主思考、选择的机会，整合科学区、美工区等其他区域，支持幼儿实现自己的想法，促进区域之间的相互配合，增强幼儿与环境、材料的互动，在交往、互动的过程中增强幼儿的阅读理解能力和语言表达能力。

（北京市宣武回民幼儿园 赵燕燕）

案例二 "小主播" 开讲啦

"阅读越快乐"读书日活动开始啦！大一班在语言区里开展了好书借阅和好书分享活动。孩子们纷纷把家里最喜欢的一本书带到幼儿园，当时班里最不爱说话的诺诺对诗诗说："我最喜欢《我的情绪小怪兽》这本书了，你看过吗？"诗诗说："我没见过这本书，能让我看看吗？"诺诺说："当然可以呀。"诺诺非常熟悉这本书的故事内容，而且她对这本书很感兴趣，激发了诺诺想要把这本书讲给诗诗听的强烈愿望，于是，诺诺一页一页地给诗诗讲了起来。

就这样，孩子们每天都很主动地把自己在家最喜欢的图画书带到班上放到语言区里。有一天，勺子小朋友带来了一本《消防车的故事》。吃过早饭后，勺子和两个小朋友就进语言区了。过了一会儿，语言区传来了热闹的声音，我当时心想："语言区应该是一个很安静的地方，她们到底在吵什么呢？"我便悄悄地走过去，原来她们在玩当"小主播"的游戏，正讨论今天谁广播呢。勺子拿着自己带来的《消防车的故事》和另外两个小朋友说："今天是我带的新书，所以我当小主播，你们先当观众吧。"西西说："好，我下次也给你们讲。"最终，勺子以这个理由说服了另外两个小朋友。游戏开始了，两个小朋友认真地听着勺子津津有味地讲消防车的故事。讲完以后，勺子有模有样地提出了问题，两个小朋友争先恐后地回答。就这样，孩子们自发地游戏起来。这种"小主播"的游戏不仅发展了孩子们的交往能力、倾听能力，而且激发了孩子们愿意表达、敢于表达的欲望，这才是孩子们真正喜欢的游戏内容。好书分享活动适合大班幼儿，一方面保证了语言区的图书可以定期更换，另一方面鼓励幼儿把家里的图书带到幼儿园交换和分享，不仅使幼儿的阅读范围大大拓展，而且加强了同伴间的交往。每位幼儿带来的图书一定是自己最喜欢最熟悉的，激发了孩子们大胆讲述、愿意讲给别人听的愿望，这对于带书幼儿及全体幼儿都会有很大收获。在幼儿相互交流的过程中，语言表达能力及逻辑思维水平都会有相应提高，而且可以看出，幼儿感兴趣的内容、熟悉的故事情节仍然是他们主动阅读的前提与契机。

好书分享活动使得语言区"热闹"起来，为了支持孩子们"小主播"的游戏内容，我在语言区里投放了小话筒、笔、纸和黑板等游戏材料（图 7 - 14）。我想给孩子开辟一块真正的"广播站"，创设"小主播"环境，进一步激发幼儿看书的欲望并提高阅读兴趣，从而更有效地发展幼儿的想象力、观察力、知识迁移能力等。

第二天，活动区时间到了，腾腾拿着从家里带来的《法布尔昆虫记》系列丛书，拿着话筒模仿主播的样子，开始给坐着的两个小朋友讲了起来。"小主播"活动发展了孩子们的交往能力、语言表达能力，同时鼓励大班孩子记读书笔记，将自己最喜欢或最感兴趣的内容记录下来（图 7 - 15）。

图 7 - 14

图 7 - 15

⊃ **游戏反思**

"小主播"游戏激发了幼儿的阅读兴趣，使幼儿能大胆表达自己的想法和感受，也能够运用表演、动作、表情等方式表达对于图画书内容的理解。在游戏中，幼儿可自主选择喜欢的图书及感兴趣的内容，这样既调动了幼儿自主阅读的积极性，又增强了幼儿的交往能力。

（北京市第六幼儿园　刘洋）

⊃ **点　评**

教师抓住"读书日"活动的契机开展"好书分享"活动，丰富大班幼儿的阅读材料，使幼儿能够在活动中分享自己喜欢的图书，大胆讲述故事内容。孩子们自发地在语言区玩起了"小主播"的游戏，教师及时捕捉幼儿的兴趣点，投放小话筒、笔、纸和黑板等游戏材料，给孩子开辟了一块真正的"广播站"，创设"小主播"环境，让孩子们大胆表达自己独特的想法和感受。通过不断调整和丰富游戏材料、游戏内容，幼儿不仅提高了语言表达能力，而且获得了自信。

（北京市宣武回民幼儿园　赵燕燕）

◆ 附：语言区各年龄班玩具配备参考图例

小班		
种类 类别	举例	

讲述类

图片类

《小兔找太阳》　　　　《小狗的足球》　　　　《小鸭找朋友》

操作类

动物手偶　　　　故事盒　　　　操作墙饰

工具类

涂画工具

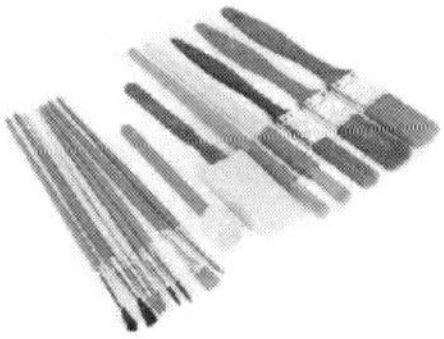

图书区的涂鸦墙　　　　画板架　　　　各种涂鸦笔

修补工具

双面胶　　　　胶棒　　　　透明胶条

环境类

柔软材料

软地垫　　　　沙发和靠垫　　　　毛绒玩具

（续）

小班		
种类　类别	举例	

环境类	家具设施	桌椅	书柜	书架
学习方法类	学习倾听的材料和电子设备	火火兔智能故事机	凯叔故事机	有声书
	学习讲述的材料	手指偶故事背景	手偶故事盒	"故事吧"互动墙饰
	学习阅读理解的材料	绘本故事游戏板	绘本故事墙	绘本故事围裙

中班		
种类　类别	举例	

讲述类	图片类	《大象救小兔》	《三只蚂蚁》	故事拼图

（续）

中班		
种类　类别	举例	
讲述类　操作类		
	故事沙盘　　　　　　彩泥　　　　　　故事转盘	
工具类　涂画工具		
	画夹　　　　　涂画本和笔　　　　涂画纸	
修补、装订工具		
	订书器　　　　　装订夹　　　　　装订器	
环境类　柔软材料		
	漂亮的桌布　　　　纱幔　　　　　绿植	
家具设施		
	椅子　　　　　沙发和书桌　　　　书柜	

（续）

中班		
种类 类别	举例	
学习方法类 学习倾听的材料和电子设备	录音笔	智能故事机 智能点读机
学习讲述和创编的材料	"故事剧院"立体场景	故事盒子 讲述图片
学习阅读理解的材料	看图讲述	阅读小书签 读书小画

大班		
种类 类别	举例	
讲述类 图片类	汉字图片	《西瓜船》 排图讲述图片
操作类	文字收集材料	皮影 故事沙盘

（续）

大班		
种类　类别	举例	

工具类

涂画工具

纸和笔	故事展板	黑板架

修补、装订工具

装订夹	打孔器	胶条

环境类

柔软材料

地毯	坐垫	沙发

家具设施

圆桌	书架	书档

学习方法类

学习倾听的材料和电子设备

智能阅读机	智能话筒	录音机

（续）

大班		
种类　类别	举例	
学习 方法类	学习 讲述 和创编 的材料	故事转盘	故事筛子	排图讲述小火车
	学习 阅读 理解的 材料	阅读墙	阅读笔记	排图讲述图片
	学习前 书写的 材料	书写黑板	文字收集卡	记录纸和笔

第八章 室外运动游戏区

一、 室外运动游戏区的功能及玩具配备的原则

(一)室外运动游戏区的功能

《指南》中提到,发育良好的身体、愉快的情绪、强健的体质、协调的动作是幼儿身心健康的重要标志,也是其他领域学习与发展的基础。幼儿园室外运动游戏区是根据《指南》中幼儿动作发展目标,因地制宜地创设户外游戏区域,有计划、有目的地配备牢固安全、功能齐全、丰富多样的户外运动器械及玩具、材料,让幼儿在户外运动中发展平衡能力、协调能力及力量和耐力等多种运动能力,同时养成爱运动的良好生活习惯,积累安全自护和运动经验。

幼儿园室外运动游戏区的游戏内容主要包括器械游戏、徒手游戏、情境游戏、竞赛游戏、自然物游戏、自由结伴游戏等,幼儿在区域内借助玩具材料进行游戏。室外运动游戏区有助于培养幼儿参加户外运动游戏的兴趣,养成乐观开朗的性格,发展走跑、钻爬、攀登、投掷等多项基本动作,完成 10 米往返跑、网球掷远、双脚连续跳、坐位体前屈、立定跳远、平衡木六项体能测试项目的达标,促进身心健康发展。

(二)室外运动游戏区玩具配备的原则

1. 安全性

坚持安全第一的原则。2003 年我国发布《国家玩具安全技术规范》,这是有关玩具最基础和最重要的国家标准。2014 年,国家质检总局(现国家市场监督管理总局)、国家标准委批准发布了 GB 6675—2014《玩具安全》国家标准。新版《玩具安全》系列国家标准以安全为核心目标,扩大了标准适用范围。户外游戏具有竞争性、大运动量、挑战性等特点,因此环境设置和玩具材料的提供一定要重视安全性。幼儿园在购买玩具时要严格遵照《玩具安全》国家标准,定期检查大型玩具各类器械和自制玩具的安全状态,及时检修,保证

玩具牢固安全，确保幼儿在游戏过程中不出现意外。

2. 目标性

区域游戏是实现《指南》中幼儿发展目标的重要途径，配备玩具材料时要清晰把握幼儿各年龄阶段的教育目标，有针对性地选择和配备对幼儿发展具有促进作用的游戏玩具和材料。玩具材料要蕴含健康领域的教育目标，幼儿通过与玩具材料的互动，在游戏中实现教育与发展目标。

3. 层次性

幼儿的能力和运动发展水平存在个体差异，因此配备的玩具要具有层次性，让不同年龄、不同能力水平的幼儿都能够在原有基础上得到发展，按照自己的能力选择适宜的玩具材料开展游戏，在游戏中获得成功体验，增强自信心。

4. 情境性

有情境、有角色的游戏玩具会吸引幼儿，激发幼儿参与游戏的兴趣，可以让幼儿保持积极、持续的游戏热情，让幼儿体验成功的喜悦，沉浸在童话世界里，获得全面发展。

5. 挑战性

户外游戏玩具应具有一定的挑战性，便于幼儿根据自己的游戏水平和能力，探索并突破自我的运动能力，自主解决游戏中遇到的问题，使身体在不断尝试、不断创新、不断挑战中达到健康发展。

6. 低结构化

户外游戏区中的玩具材料应具有低结构化的特点，具有可移动、可自由组合的特性。玩具可以支持幼儿在不同的游戏中发挥创造性想象，满足多种游戏的需求，为幼儿的游戏提供无限探索与发展的空间。

二、 幼儿在室外运动游戏区可能获得的相关经验

（一）身体发展

（1）幼儿积极地参与各种游戏活动，通过运动熟练掌握走、跑、跳、攀、爬、投掷等各项基本动作。

（2）幼儿全面锻炼身体各个部位的协调性和灵活性，发展身体平衡和协调能力，具有一定的力量和耐力，不断增强体质，获得运动经验。

（二）社会性发展

（1）幼儿在运动中可以增强勇敢、顽强、坚持不懈、克服困难等良好的意志品质。

（2）幼儿在游戏中与同伴团结协作，协商、合作、沟通等交往能力得到良好发展。

（3）幼儿逐渐养成自觉遵守运动游戏规则、诚实公正执行规则的良好习惯。

（三）情绪情感发展

幼儿在游戏中精神愉快，心情放松，在与同伴游戏的过程中建立良好的人际关系，能适度表达和调节自己的情绪，有助于形成活泼开朗、积极乐观的性格。

(四）认知发展

（1）幼儿在游戏中调动多种感官共同参与，在较短时间内判断距离的远近、速度的快慢、物体的轻重等，发展各种感知觉能力。

（2）幼儿参与室外游戏不仅锻炼了身体，而且发展了观察力、模仿力、判断力以及反应的灵活性和思维的敏锐性。

（五）学习品质发展

学习品质是终身学习与发展所必需的宝贵品质。室外运动中包含很多创意游戏的形式，幼儿在游戏时表现出来的积极态度和动机等，尤其是当他们在游戏中遇到有趣的事情或者遇到问题时，表现出的好奇、主动、勇于挑战、探索多种解决问题的办法、坚持不懈地反复尝试等态度和行为倾向，会使幼儿的学习品质在游戏中自然地得到培养与发展。

三、 室外运动游戏区玩具配备的种类及功能

幼儿园室外运动游戏区的主要功能是促进幼儿多项基本动作的发展，通常可以划分为大中型运动器械区、行驶区、球类区、传统民俗游戏区等几大区域，每个区域都配备相应的玩具材料，达到锻炼身体和增强体能的目的。

（一）运动器械类

幼儿园户外运动器械主要包括中大型固定器械、小型可移动器械、轻器械。其中，小型器械和轻器械都可以分散放置在各个游戏区中，与区域内的其他玩具和材料进行组合搭配，开展多种游戏。中大型固定器械需要放在特定的位置，方便幼儿进行游戏。

运动器械类玩具具有多方面的发展功能：发展四肢和躯干的肌肉力量及身

体控制能力；发展多项身体素质、平衡力和灵敏协调性；发展多层次的空间知觉能力，增强前庭器官的机能，在运动过程中，幼儿能体验到特殊的视觉、听觉、动觉以及平衡感觉；发展幼儿按规则游戏、自我保护的意识和能力、责任感和勇敢的精神。

（二）行驶类

行驶类玩具主要包括各种骑行车和手推车，如三轮脚踏车、自行车、独轮手推车、三轮运货车、小汽车、摇摇车等。在幼儿园里，提供各类车辆，让幼儿游戏时自由选择，可以帮助幼儿锻炼不同部位的大肌肉，增强下肢和上肢肌肉力量，发展幼儿对身体和物体整体控制的协调性和灵敏性，提高平衡能力和反应速度；获得视觉运动经验，发展空间知觉和判断力；发展对事物进行控制的自信心和自豪感；了解常见的交通标志和基本的交通规则等。

（三）球类

球类玩具主要包括篮球、足球、羽毛球、棒球、羊角球、保龄球等。幼儿在游戏中可以进行滚、抛、拍、击打、投、踢、吹、托、顶等多种形式的身体运动。

球类玩具可以发展幼儿全身肌肉、韧带的力量和关节的柔韧性；提高幼儿的视觉运动能力，发展目测能力及动作的灵敏性、协调性和准确性；发展幼儿双手动作的协调性，增强其手指、手掌、手臂等部位的肌肉力量，提高手腕关节的灵活性；发展腿部的肌肉力量和耐力，提高下肢关节的灵活性和柔韧性，发展双脚跳起时保持身体稳定及轻轻落地的能力。在足球、篮球、棒球等集体游戏中，还可以激发幼儿对球类运动的兴趣，培养机智、果断、勇敢、合作、集体荣誉感等良好品质。

（四）传统民俗类

这类玩具主要包括扁担、皮筋、担架、竹竿、高跷、舞龙、挑棍、跳跳球、跳绳、跳长绳、花轿、毽子、接力棒、气球、风车、空竹、铁环、陀螺等。其主要功能是帮助幼儿了解民族民俗玩具的种类、玩法，丰富幼儿户外游戏的内容，还可以提高幼儿身体素质及运动技能，发展伙伴间愉快相处、合作游戏的能力。

（五）自然物游戏类

为幼儿提供沙、水、石子、雪、树枝、果实、贝壳、海螺等多种多样的自然物，在沙水游戏区中提供水管、吊车、铲子、小桶、筛子等设备和工具，让幼儿在沙池、水池或水箱等场地环境中进行游戏。利用大自然赋予的自然物开展各种各样有趣的游戏，可以满足幼儿好奇的愿望，丰富其自然常识，在游戏过程中促进幼儿积极思考，发展想象力和创造力，提高身体对外界环境的适应能力。

（六）自制类

自制类玩具主要包括布类玩具材料，如大棉布沙包、布动物、布糖果、布花朵、布棍、背包、跳袋、彩旗、渔网、松紧带。废旧材料如牛奶盒、饮料瓶、轮胎等。自制类玩具和废旧材料可以丰富户外游戏内容，发展幼儿的自主性、创造性，促进幼儿多项基本动作和运动机能的发展，增强幼儿之间的接触与交往，满足幼儿自由游戏的需求和愿望。

（七）情境类

幼儿园的活动以游戏活动为主，需要创设游戏情境，可以制作大树、车站、加油站、鲜花店、山石、果树等情景材料。创设游戏情景可以使运动游戏更加有趣，游戏内容更加丰富，让幼儿在游戏中得到全面发展。

（八）学习方法类

在户外游戏中，需要恰当地投放一些尺子、哨子、铃鼓、秒表、计时器、计数器等材料。这些材料可以帮助幼儿学习测量运动距离的长短和远近，听信号做动作，对相关运动数量进行记录、统计和比较多少等，从而在提升运动能力的同时，自然融入科学领域的学习内容，促进幼儿多方面的发展。

四、　各年龄班玩具配备的重点及建议

（一）小班配备重点

（1）操作性。小班玩具材料的尺寸要适宜，不宜过大，易于幼儿操作。

（2）充足性。小班幼儿好模仿，在投放玩具材料时可适当注意同种类玩具配备的数量多一些，满足小班幼儿游戏的需要。

（3）趣味性。创设富有童趣的游戏情境，激发幼儿积极参与。

（4）层次性。为幼儿提供不同层次的材料，以满足每名幼儿发展的需要。

小班室外运动游戏区玩具配备参考清单与建议见表 8-1。

表 8－1　小班室外运动游戏区玩具配备参考清单与建议

种类	类别	举例	数量（以班为单位）	建议
运动器械类	攀登滑行	波浪滑梯、城堡爬行组合、攀爬隧道小屋等	1种以上	①小班幼儿运动经验较少，并且有的幼儿胆子较小，教师需要在游戏前鼓励幼儿克服恐惧心理，拉着幼儿的手，给他加油和鼓励　②小班幼儿的平衡能力较弱，游戏中教师注意加强保护　③小班幼儿在转动游戏中容易出现害怕、紧张的情绪，所以会出现大声喊叫等表达情绪的现象，教师要有耐心地引导幼儿保护好嗓子，及时给予安慰和鼓励　④幼儿在软网中爬行更安全，建议配备软网
	旋转	飞船转椅、金鱼戏水等	1种以上	
	摆动、颠簸	轮胎秋千、座椅秋千、荡船、荡桥、音乐弹簧座椅等	2种以上	
	攀爬	攀爬网	1种	
	钻爬	拱形门、钻杆、钻绳、隧道钻桶、塑料滚钻桶、体操垫等	10件以上	①小班幼儿喜欢模仿，在看到别人玩的时候，自己也会想玩，所以玩具材料要同种多样　②小班幼儿喜欢将自己想象的角色融入游戏中，教师要支持幼儿大胆想象，当幼儿提出互动需求时，教师要给予回应和支持　③小班幼儿能够灵活地完成走、跑、钻、爬的动作转换，教师每次提供的玩具可以丰富一些，有助于幼儿选择　④颜色鲜艳的玩具可以激发小班幼儿投掷的乐趣，教师在准备材料时应注意颜色的丰富性
	掷击	低矮篮筐、趣味投掷板、布飞盘、纸飞盘、布包等	10件以上	
	平衡	平衡木、百变组合平衡板、平衡梯、大号梅花桩、荷叶板等	10件以上	
	弹跳	弹跳球、带扶手的安全弹跳床、羊角球、悬挂物等	10件以上	
轻器械类	滚动、挥舞	呼啦圈、软棍儿、小彩带等	10件以上	鼓励幼儿自主尝试，逐步掌握技能

（续）

种类	类别	举例	数量（以班为单位）	建议
行驶类	脚踏车、手推车	三轮脚踏车、步行车、乌龟脚踏车、拖斗三轮车、双轮小推车等	10辆以上	①小班幼儿喜欢骑车，各类型的车可以锻炼幼儿的四肢力量 ②引导幼儿了解交通规则，学会礼让，不相互碰撞
球类	软球、硬球	大皮球、小皮球、小软球、小刺球等	10件以上	①小班幼儿在游戏时常以自我为中心，教师要注意场地的分散，保证幼儿之间的安全距离 ②小班幼儿喜欢玩球、拍球、踢球等游戏，球的数量要充足
传统民俗类		风筝、沙包、跳房子、竹蜻蜓、套圈等	10件以上	①提供宽阔的场地进行游戏 ②教师与幼儿共同游戏，保证玩具人手一份
自然物游戏类		沙池、戏水池、卵石路、土坡等	2种以上	①幼儿在一起游戏时容易出现扬沙、撩水等动作，教师要加强关注，注意安全，及时引导 ②配备与小班幼儿相匹配、方便穿脱的防水衣裤、雨靴等
自制类		软沙包、降落伞、软棍儿、小彩带、捉尾巴、布袋等	10件以上	提供较为宽阔平坦的场地，教师演示基本玩法，陪伴幼儿一起游戏，鼓励幼儿利用玩具进行大胆尝试
情景类	主题游戏	大树、车站、红绿灯等	若干	根据运动游戏内容的需要，创设一定的情境，增加幼儿参与游戏的兴趣
	道具材料	组合车厢	若干	
学习方法类	方法类材料	铃鼓、小竹马、彩旗	若干	听懂铃鼓的声音，有节奏地走步，能听铃鼓声集合与分散。会分辨彩旗的颜色，知道游戏中哪队起跑（红旗举起红队跑）。学会听指令运动。

（二）中班配备重点

（1）丰富性。中班幼儿的游戏经验更加丰富，在游戏兴趣和动作发展等方面有了更多样化的需求，所以要提供多种多样的玩具和游戏材料，来满足幼儿的自主选择。

（2）规则性。中班幼儿开始对游戏规则感兴趣，因此教师可以为幼儿提供粉笔、指示牌、分数牌等辅助材料，帮助幼儿更有意思地进行游戏。

（3）便捷性。中班幼儿开始尝试自主收放材料，因此教师应该注意材料的收纳摆放方法易于幼儿操作。

中班室外运动游戏区玩具配备参考清单与建议见表 8-2。

表 8-2　中班室外运动游戏区玩具配备参考清单与建议

种类		类别	举例	数量（以班为单位）	建议
运动器械类	中大型固定运动器械类	攀登滑行	螺旋滑梯组合、波浪滑梯组合、滑梯秋千组合、中型综合攀登架、滑梯等	1 种以上	①鼓励幼儿大胆尝试不同高度、不同角度的攀登活动 ②活动中，鼓励幼儿坚持完成，锻炼不怕累的意志品质 ③游戏中，支持幼儿间的想象和交流，鼓励幼儿自发组合游戏，如一人推、一人荡，教师注意进行安全提示 ④鼓励幼儿以勇敢快乐的心态选择稍微有难度的转动类游戏材料
		旋转	亭子转椅、灯笼形转椅、大转桶等	2 种以上	
		摆动、颠簸	轮胎秋千、座椅秋千、中型荡船、中型荡桥、跷跷板等	1 种以上	
	小型可移动运动器械类	钻爬	拱形门、钻桶、钻圈、体操垫等	10 件以上	①中班幼儿的钻爬能力进一步增强，教师可以鼓励幼儿在钻爬中尝试多种钻爬动作 ②幼儿在练习爬的时候，教师要为幼儿准备安全的体操垫 ③提供宽阔的场地进行游戏，避免游戏之间相互干扰，教师与幼儿共同游戏，保证玩具人手一份 ④给幼儿提供与同伴共同游戏的机会，尝试开展竞赛游戏 ⑤在游戏中注重培养幼儿的安全意识和自我保护意识 ⑥游戏中注意幼儿跳跃的姿势，轻轻落地
		掷击	投掷篮筐、投掷板、投掷物、拳击袋、飞行类等	10 件以上	
		平衡	平衡木、平衡步道、平衡梯、滚筒、大龙球等	10 件以上	
		弹跳	弹跳球、蹦床、跨栏、悬挂物、小跳箱等	10 件以上	

（续）

种类		类别	举例	数量（以班为单位）	建议
运动器械类	轻器械类	圈类、舞动类	呼啦圈、体操圈、小轮胎、海绵棒、跳跳球等	10件以上	教师可以激发幼儿探索玩具之间的组合游戏，引导中班幼儿尝试玩竞赛游戏
	行驶类	脚踏车、滑动车、手推车	三轮脚踏车、平衡脚踏车、儿童自行车、步行车、滑板车、独轮小推车、双轮小推车等	10辆以上	①为幼儿提供能满足快速移动的宽阔、安全的场地②可以在游戏中渗透交通规则和交通安全常识③车的种类和数量要多一些，增加发展平衡能力的车型，锻炼幼儿四肢力量和平衡能力
	球类	软球、硬球	大皮球、小皮球、小软球、小刺球、按摩球、气球等	10种以上	①中班幼儿玩球的方法越来越多，教师可以引导幼儿与其他小朋友一起玩球②鼓励幼儿探索多种形式的玩球方法，如传球、抛球、拍球等③教师要定期为球类玩具充气，保证幼儿安全使用
	传统民俗类		风筝、拍洋片、弹球、翻花绳、滚铁环、坐花轿、沙包、跳房子、竹蜻蜓、套圈等	10件以上	①提供宽阔的场地进行游戏②教师与幼儿共同游戏，保证玩具人手一份③创设有趣的情境，激发幼儿参与游戏的兴趣
	自然游戏类	设施	沙池、戏水池、卵石路、土坡等	2种以上	①幼儿在一起游戏时容易出现扬沙、撩水等动作，教师要加强关注，注意安全，及时调解②配备与中班幼儿相匹配、方便穿脱的防水衣裤、雨靴等
		设备	玩沙水器皿、玩具、防水衣裤、雨靴	2种以上	
	自制类		沙包、降落伞、软棍儿、彩带、马缰绳、拉力器、梅花桩等	10件以上	①鼓励幼儿与同伴合作游戏②鼓励幼儿利用玩具开展竞赛游戏

（续）

种类	类别	举例	数量（以班为单位）	建议
情境类	交通游戏环境材料	大树、车站、红绿灯、加油站等	若干	①创设游戏情景，增强幼儿对游戏的兴趣 ②教师可以引导幼儿开展有目的的主题性活动，激发幼儿持续游戏的愿望 ③引导幼儿根据游戏需求，尝试使用多种工具自制一些小道具
	道具材料	纸箱的车、船、"花轿"、轮胎垒砌的碉堡	若干	
学习方法类	方法类材料	哨子、尺子、沙漏	若干	幼儿尝试听懂哨声、集合、分散、列队，会使用尺子测量距离，会使用沙漏把控时间长短

（三）大班配备重点

（1）层次性。大班幼儿动作发展得更加灵敏，因此教师要注意材料投放的层次性，并提供辅助材料，支持幼儿在游戏中进行自我挑战。

（2）多样性。大班幼儿的游戏内容逐渐增多，提供多样化的玩具和材料供幼儿在游戏时选择，使幼儿的游戏丰富有内涵。

（3）创新性。大班幼儿喜欢创造性游戏，提供一些具有独特个性的材料，帮助幼儿大胆创造。

大班室外运动游戏区玩具配备参考清单与建议见表8-3。

表8-3　大班室外运动游戏区玩具配备参考清单与建议

种类		类别	举例	数量（以班为单位）	建议
运动器械类	中大型固定运动器械类	攀登滑行	螺旋滑梯组合、波浪滑梯组合、隧道组合小屋、大型综合攀登架、大型滑梯、攀岩墙等	1种以上	①大班幼儿能够自如地攀上、滑下，喜欢停留在高处，眺望远方，教师注意加强安全提示 ②在幼儿做冒险动作时，教师要给予耐心引导，提示幼儿守规则，按照正确的姿势进行游戏 ③大班幼儿喜欢新鲜、冒险的活动，教师要尊重幼儿的想法，耐心地进行安全提示
		旋转	转亭、转椅、转桶、旋转器等	1种以上	
		摆动、颠簸	座板秋千、大型荡船、中型荡桥、跷跷板、大晃板等	2种以上	

（续）

种类	类别	举例	数量（以班为单位）	建议
运动器械类	小型可移动运动器械类	钻爬	拱形门、钻桶、钻圈、钻绳、体操垫等	10件以上	①教师为幼儿提供能满足快速移动的宽阔、安全的场地 ②可以在游戏中渗透交通规则和交通安全常识 ③鼓励幼儿之间进行竞赛，可以增加竞赛规则，增强游戏的趣味性和挑战性 ④大班幼儿更喜欢在运动状态下投掷并打中移动的人或物，因此可以适度增加相关的运动游戏规则 ⑤教师可以为幼儿提供不同材质、硬度、重量的投掷材料，通过丰富的感知体验，激发投掷兴趣 ⑥支持幼儿在平衡木上完成一些较难的动作，如持物过平衡木，或者做简单的体操动作等 ⑦可以鼓励幼儿从单人游戏发展到多人游戏，通过商量制定规则，使游戏更加多元有趣
		掷击	投掷篮筐、投掷板、投掷物、拳击袋、飞行类等	10件以上	
		平衡	平衡木、动态平衡板、平衡梯、大龙球等	10件以上	
		弹跳	弹跳球、蹦床、跨栏、悬挂物、小跳箱、跳袋等	10件以上	
	轻器械类	圈类	呼啦圈、体操圈、小轮胎、铁环等	10个以上	①幼儿可以在圈类游戏中发现圆形物体滚动的规律，教师可以为幼儿提供斜坡等辅助材料，支持幼儿探索 ②教师可以激发幼儿探索玩具之间的组合玩法，促进幼儿逐步掌握游戏技能
行驶类	脚踏车、滑动车、手推车		脚踏车、双轮小推车、步行车、轮滑鞋、滑板车、儿童自行车	10辆以上	①教师为幼儿提供能满足快速移动的宽阔安全场地 ②有意识地在游戏中渗透交通规则和交通安全常识，帮助幼儿增强规则意识

（续）

种类	类别	举例	数量（以班为单位）	建议
球类	拍大类、投接类、滚动类	皮球、足球、实心球、粘靶、保龄球、小羽毛球等	10种以上	①大班幼儿更喜欢篮球掷准、儿童羽毛球等多人互动的游戏，所以当幼儿自发活动时，教师要给予幼儿场地的支持 ②提供丰富的球类材料，让幼儿体验球的不同质感、重量及游戏所带来的快乐
自然游戏类	设施	沙池、戏水池、卵石路、土坡、果实、树枝等	2件以上	①鼓励幼儿有计划地分工合作，利用工具进行游戏 ②要保护幼儿活动的热情，给予幼儿持续游戏和探索的机会 ③配备与大班幼儿相匹配、方便穿脱的防水衣裤、雨靴等
	设备	玩沙水工具、测量工具器皿、雨靴	2种以上	
传统民俗类		抽陀螺、抖空竹、跳竹竿、舞龙、踩高跷、投壶等	10个以上	①提供宽阔的场地进行游戏 ②教师与幼儿共同游戏，保证玩具人手一份 ③给幼儿提供有挑战性的环境，鼓励幼儿大胆尝试 ④鼓励幼儿从单人游戏发展到多人游戏，通过商量制定规则 ⑤鼓励幼儿自己创编游戏玩法
自制类		纸球、双人鞋、马缰绳、高跷、纸棍等	10个以上	教师要鼓励幼儿自制玩具到户外游戏，发现问题，加以调整，以获得更好的游戏效果
情境类	主题游戏环境材料	大树、车站、红绿灯、加油站、商店、山洞等	若干	①给幼儿提供有挑战性的环境，鼓励幼儿大胆尝试 ②鼓励幼儿从单人游戏发展到多人游戏，通过商量制定规则 ③鼓励幼儿根据情境创编游戏玩法
	道具材料	纸箱的车、船、"花轿"，轮胎垒砌的碉堡	若干	
学习方法类	方法类材料	哨子、尺子、计数牌、沙漏、钟表	若干	在游戏中集中注意力，会运用尺子、测量距离，会使用沙漏控制时间、会在竞赛运动中计数、分出多少、比出输赢

五、案例

（一）小班

> ### 快乐玩球记

　　开学后，班里投放了好多球，有皮球、足球、篮球、高尔夫球、溜溜球、弹力球、流星球、发射球、保龄球等。每到户外活动的时候，孩子们就争先恐后地将装着各种各样球的球筐抬到户外，丰富玩法，增加难度，自己创编游戏（图 8 - 1）。

图 8 - 1

游戏一　滚球大比拼

　　利用滚动的球，幼儿玩起了滚球大比拼的游戏。东东跟着快速滚动的球跑了起来，然后脚猛地一发力，皮球向远处放着的一个拱形门滚了过去。皮球从拱形门中间穿了过去，掉到了树坑里，东东兴奋地大叫："老师你看我滚得准不准，我的球能从拱形门里滚过去。""这个玩法真不错！"几名幼儿一起玩起了游戏，他们逐渐增加拱形门的数量，让球连续滚过，当添加到第五个拱形门的时候失败了，小球并没有顺利到达树坑。幼儿不停地进行尝试，一会儿快一会儿慢，一会儿又调整一下拱形门的距离，让拱形门排成直线。功夫不负有心人，后来他们终于成功了。

游戏二　球儿拍拍乐

　　喜欢拍球的悦悦总是拍个不停。一次悦悦一边拍球一边数数，然后对在一旁的苏苏说："我拍了 578 个，多不多?"苏苏说："我也能拍，上次我在家里和妈妈拍了好几百个呢。我们比赛拍网球吧。"说完两个小朋友开始了拍网球比赛，因为球变小了，所以难度增加了。悦悦说："这个球太小了，总是跑。"苏苏说："球小不能太用力，我拍得多好，都不会坏，咱们比赛吧。"后来，幼儿又尝试着拍弹力球，这个球更小，难度更大。小朋友们探索拍各种各样的球，拍球的能力不断提升。

游戏三　热闹的球儿嘉年华

一段时间过后，孩子们不满足于只玩一种球类游戏，他们将各种各样的球连在一起玩了起来。羊角球、保龄球、流星球等混合在一起，先拍球，然后跳羊角球，接着玩保龄球，最后把球推过拱形门。孩子们开始在新的游戏中玩得不亦乐乎，创编了一些新的球类游戏，还能利用原有经验，用其他的体育器材辅助游戏。孩子们的游戏一下子变得丰富多彩了!

（北京市第六幼儿园　马庄凝）

⭢ 点　评

（1）球类运动与幼儿体能发展。球类玩具可以发展幼儿全身肌肉、韧带的力量和关节的柔韧性，提高幼儿的视觉运动能力，发展目测能力及动作的灵敏性、协调性和准确性，幼儿在球类游戏中获得了身体和心智的多方面发展。

（2）让幼儿常见的、喜欢的玩具玩出精彩。球类玩具是幼儿园中常见的一种户外游戏玩具，是小朋友们最喜欢的玩具之一。教师给予幼儿充分的自由，让幼儿不断有兴趣、有创意、快乐地玩球，发挥小球促进幼儿体能发展的大作用。

（3）让幼儿在玩中思考与学习。怎样让游戏更加好玩? 怎样玩可以成功?教师不断提出问题，引导幼儿进行讨论。教师走近幼儿，了解他们的兴趣与需求，支持幼儿从玩一种球到多种球类组合一起玩，创编出多种组合游戏。

（北京市西城区教育研修学院　张平）

（二）中班

案例一　趣味投掷

近期的体能测试结果显示，班内幼儿的网球掷远测试成绩普遍较低，因此，我与班中老师协商，户外活动时加强对幼儿投掷动作的练习，丰富投掷材料，如网球、沙包、报纸球、飞盘等。材料调整后，我发现幼儿的投掷兴趣很强，但是玩着玩着就不玩了，更换材料很频繁。于是我们再次进行分析，发现问题有可能是我们提供的投掷材料很丰富，但是缺少掷远的游戏情境。询问幼儿想要什么样的材料时，孩子们各抒己见，有的说我们可以画很多的怪兽，贴在操场上，看谁能打中；有的说可以像手机游戏"砍水果"那样玩。后来，教师与幼儿共同制作了各种图板，户外活动的时候将图板粘贴到操场的墙壁上，增强了投掷的情境性，孩子们的趣味投掷游戏就这样开始了（图 8-2，图 8-3）。

图 8-2　　　　　　　　　　　　　　　　图 8-3

　　趣味投掷游戏使孩子们的兴趣一下被激发了，他们都想要投中水果，有的幼儿成功了，但是大部分幼儿还是投不中，原因是动作不正确。教师编了一个顺口溜，从孩子们的动作、发力点着重指导，帮助孩子们纠正动作。渐渐地，孩子们的动作协调了很多，往地上砸的、歪着投的现象减少了很多。最难的就是发力问题了，怎么办呢？如何让孩子感受全身发力带动手臂发力的动作呢？我先请投中的幼儿做示范，请其他幼儿观察他哪里用力了，然后请大家体验，并创编了游戏"谁最有力气"和一问一答式的儿歌"谁的身体最有力气""我的身体最有力气"，接着请小朋友做一个自己认为最牢固的姿势，我去推他们的身体，看谁站得最稳，以此激发他们感知身体的发力。游戏后再尝试投掷，在投掷儿歌里强调全身用力。这样一番操作下来，逐渐帮助孩子们解决了瞄准和发力的问题，并且利用推小车、拉绳子、荡吊环等辅助活动，增强幼儿的上肢力量和全身力量，孩子们的投掷能力在逐渐提升。

　　⊙ 游戏反思

　　游戏是孩子们最喜欢也是最适合的学习方式，如何通过游戏帮助孩子们提升运动能力，解决运动中遇到的难题，是我们要持续探索的。希望每个孩子都能从游戏体验中获得身心健康发展，能够在拥有健康体魄的同时，也拥有愉快、开心的成长体验，我想这就是游戏的魅力所在。

（北京市西城区名苑幼儿园　苏博）

➡ 点　评

（1）投掷运动与幼儿体能发展。投掷运动主要发展幼儿的上肢力量、手眼协调能力和身体平衡能力等，教师注重在游戏中发展幼儿的投掷运动能力，促进幼儿全身体能发展。

（2）基于问题，采用多种支持方法，提升幼儿的投掷能力。教师首先观察幼儿的游戏，发现幼儿在游戏中存在的主要问题有三点：一是场地中缺少游戏情景；二是投掷的姿势不正确；三是幼儿的上肢力量不足。围绕这些问题，教师与幼儿一起创设了有主题的游戏情景，给单调的投掷活动赋予了游戏的趣味性，让幼儿可以对准目标进行打怪兽和砍水果的游戏，增强了幼儿参与游戏和持续进行游戏的兴趣。当幼儿喜欢参与游戏后，教师逐一发现幼儿投掷姿势中的问题，从动作不正确、身体不端正以及出手低几个方面进行纠正，使幼儿掌握比较标准的投掷姿势。最后采用儿歌、游戏、推小车、拉绳子、荡吊环等辅助活动，增强幼儿的上肢力量和全身力量，提升了幼儿的投掷能力。

（北京市西城区教育研修学院　张平）

案例二　轮胎井

户外游戏时间到了，孩子们就像一只只快乐的小鸟，飞快地奔向了操场上、草地上，玩起了轮胎。

阶段一　合作摞轮胎

云萱飞快地跑向了轮胎，但没有像平时那样将轮胎抬着玩、滚着玩，而是将两个轮胎摞了起来，然后爬了进去。可能是觉得挺有意思，所以她又爬出去搬了一个轮胎，想摞在上面，但努力了几次都没有成功。这时，她放下轮胎跟旁边的小明说："这个轮胎有点沉，你可以帮助我一下吗？一会儿我再帮你。"小明放下手里的跳绳笑着说："可以啊。"连续帮她搬了两个（图 8-4）。云萱站在轮胎旁比了一下高度说："这个还没有我高呢，再搬一个吧。"小明又帮助她搬了一个上去。两个人气喘吁吁地弄完以后，云萱激动地和小明说："你看，你看，它比我高了，我藏进去你是不是都找不到我啦?"

图 8 - 4

阶段二　怎样才能不晃呢

　　云萱迫不及待地想爬上轮胎,教师走过去扶住摆好的轮胎。只见她一边爬一边晃,好不容易爬了进去,在里面自言自语道:"哎呀,太危险了,怎么一直晃呢?"我说:"你要不然出来看看这个轮胎,看看是哪儿出了问题?"她听了以后,爬出来绕着轮胎转了一圈,突然激动地喊道:"我知道了,我知道了。是因为轮胎没有摆整齐。"她边说边把歪歪扭扭的轮胎一个个挪正,然后准备再次尝试往上爬,可上面的轮胎还是晃。她又下来看了一下轮胎,突然笑了起来:"哎呀,原来我把大的轮胎放在了最上面,小的放在下面啦。应该把大的放在底下的,这样就不会晃了。"说完就"哗"的一下把轮胎全推倒了,又开始找小伙伴跟她一起摆。他们把轮胎摆在地上比较大小,然后按照"下大上小"的规律摆起来。就这样,他们摆摆拆拆好几回,终于成功地让这个和自己一样高的轮胎变得稳固了。

阶段三　"轮胎井"里的奥秘

　　她激动地从外面爬上轮胎,准备钻到洞里去。因为轮胎比较高,所以她爬起来比较吃力。好不容易爬上去,成功地钻进洞里,她开心地哈哈大笑起来,笑声在里面竟然还有回音(图 8-5)。她像发现了宝藏一样喊道:"老师,老师,你看我这个像不像井啊,我告诉你哦,它还有回音呢!你听,哦,哦……"说着在里面吼了两声,让我听听她的新发现。

图 8 - 5

　　玩轮胎的游戏就像给孩子们开启了一扇智慧之门，他们每天都会创新出不一样的玩法。多多会请同伴在缓坡上把轮胎慢慢滚下来，而自己手拿皮球，站在一旁等轮胎滚到自己不远处，把球投向轮胎，让球从中间穿过去。而突突则用一根跳绳拉住轮胎拖着走，就像拉一辆小车，上面还坐着两个小朋友呢。甚至还有小朋友想出了拉车接力的竞赛小游戏。就这样，孩子们每天都沉浸在不断探索与创新游戏的快乐中。

（北京市公安局幼儿园　王婷婷）

➡ 点　评

　　（1）让幼儿充分享受游戏的快乐。轮胎是一种幼儿园中常见的废旧材料。户外游戏时，幼儿愿意摆弄轮胎，从中获得了丰富的经验。首先，幼儿尝试把轮胎码高，然后钻进去，并把自己藏起来。在伙伴和教师的帮助下，她不断码高、调整，码放稳定后，还可以顺利地爬上爬下。幼儿与同伴多次推倒又重新码放，最终获得了成功的体验。然后，幼儿在轮胎井中发现了回声这一奇妙的科学现象。教师则在一旁观察，在幼儿有需要时进行回应和参与。当云萱被轮胎总晃悠的问题所困扰时，教师提出"要不要出来看看"的建议，助力她寻找原因。教师提供一点线索，让幼儿不断解决问题，收获自信，建构经验，获得多方面的发展。

　　（2）充分利用低结构材料，开展创意游戏。轮胎属于低结构材料，无规则、无固定玩法，为幼儿提供了无限的想象创造空间，可以萌生出多种玩法，让幼儿体验到游戏和创造的快乐。另外，轮胎较重、表面不平整、有弹性及大小的差异等，会让它在使用过程中出现不同的情况，使幼儿的游戏面临不同问题和挑战，产生丰富的学习机会，可见材料在幼儿的游戏中起到了非常重要的隐性支持作用。

（北京市西城区教育研修学院　张平）

案例三　"大恐龙"爬网

升入中班，后操场的爬网恰巧安置在班级门口。孩子们特别高兴，很多小朋友说："它像一只大恐龙，四只脚使劲地撑着地，小朋友能钻过去。"我们就开展了创造大恐龙的活动，幼儿自己动手制作恐龙的头、身子、大脚丫，把大恐龙装饰得非常形象、有精神。

接着我们开展了挑战大恐龙的活动。每天户外活动时，幼儿都会自发地来到大爬网前，做各种他们喜欢的动作和游戏。开始的时候，有的小朋友抓住爬网架下的栏杆悬垂着悠来荡去，有些胆子大的小朋友尝试从爬网两边倾斜的栏杆处上下，还有的小朋友抓住爬网下的栏杆，头使劲儿向后仰，倒着看老师和小朋友，起来后呵呵地笑个不停。幼儿自主自发的游戏体现了爱玩的天性，锻炼了臂力和悬垂的能力。

幼儿主要探索了攀爬网的三种玩法：第一，在网里面钻爬；第二，在一侧外面走栏杆，幼儿手握着栏杆从侧面走到头；第三，从爬网的上面爬过去。这三种玩法是有层次的，在网里钻爬最简单、最安全；在外面走栏杆有些难，需要幼儿双手和双脚的协调一致，慢慢地侧身走；在网上面爬行是最难的，因为比较高，网是半圆形的，周围没有保护措施。三种玩法幼儿都很喜欢，他们每天都在进行着自我挑战（图8-6，图8-7），感受成功，获得自信。真没想到这个不起眼的大爬网能给孩子带来这么多运动和锻炼的机会。

图8-6　　　　　　　　　图8-7

幼儿不断地用自己的方式玩着攀爬网，用挑战、探索的形式开展着由恐龙延伸的游戏。在活动形式上，集体活动和幼儿自主活动相互结合。幼儿的玩法在每天的游戏中越来越多，不断地进行着自我挑战。

（北京市西城区洁民幼儿园　高艳）

➡ 点　评

（1）呵护自发玩法，挖掘运动发展价值。孩子们每天户外活动时，都会自发地来到大爬网这里玩。荡悠悠的游戏增强了幼儿的上肢力量，锻炼悬垂能力；网上网内的爬行，发展了幼儿的攀爬能力和手眼协调能力。幼儿开发的几种玩法，充分发挥了大型运动器械的功能，幼儿在游戏中发展了多种运动能力，促进了他们身体的健康成长。

（2）探索多种玩法，促进意志品质发展。教师和幼儿一起先后开展了多个活动，幼儿开创了三种玩法，利用大型器械的特点从中间、侧面、上面进行游戏，不断探索攀爬网的玩法。三种玩法具有层次性，充满了挑战。大恐龙攀爬网的游戏促进了幼儿勇敢、自我挑战等良好意志品质的发展。

（北京市西城区教育研修学院　张平）

（三）大班

案例一　好玩的 PVC 拼插管游戏

在第一次活动时，我告诉孩子们："我们要去玩一种新的玩具，这种玩具老师也没有玩过，更不知道该如何玩，也不知道它有什么特点，可以怎么玩。我们大家来试一试，看看能不能找到这种玩具的玩法。"活动开始后，孩子们三三两两地去取材料，初步探索材料的特性、连接方法、零件种类及可能的用法。孩子们搭出了一些框架式的结构（图 8-8）。

在第二次活动时，我又给孩子们提供了新的材料，能和用 PVC 管搭成的架子连接的塑料板。有了前面的经验，幼儿开始在框架中安装塑料板。他们发现有的像桌子，有的像椅子。于是，孩子们开始修改之前的框架，要做出能够真正使用的桌子和椅子。

由于有了之前的搭建经验，孩子们开始有自己的想法和搭建计划。有了桌子椅子，孩子们就想到还可以搭成柜子玩过家家（图 8-9）。有的小朋友说可以搭成钻爬架钻着玩，于是开始设计自己小组的搭建计划，在室内活动区时用磁力棒来搭建自己设计的模型，拍好照片作为图纸；也有的组用的是绘制的设计图，到户外搭建时使用。在小组讨论中，孩子们各抒己见，共同讨论设计方案，最终大家统一意见，拿出共同的设计稿。从开始的随意玩到有目的、有计划地玩，孩子们游戏的水平逐渐提高。

图 8－8

图 8－9

随着搭建的东西越来越复杂，孩子们希望能用搭出来的作品做游戏。浩轩说："我搭建出城堡要塞。"在城堡中，幼儿搭建出家具系列。他们拼搭出的桌椅、高低柜是其共同创作的最难的家具。当家具准备好了以后，幼儿玩起了过家家的游戏。随后他们又搭建起游乐场，搭建出滑梯、秋千等玩具。幼儿在拼插中自主地解决了一些问题，比如连接的问题、弯角的问题和高矮的问题等。

在游戏过程中，孩子的学习能力、创造能力、解决问题的能力都得到了提升，通过不断尝试验证，孩子们在实践中理解了事物之间的关系，在不断的改进中，磨炼出了乐观积极、不怕困难、勇于尝试和改进的良好学习品质。在游戏中，他们学会了不断尝试、探索、发现和反思。在交往中，他们学会了交流和理解，尊重他人。在不断改进中，他们体会到了成长的快乐！

（北京市公安部幼儿园　柳青）

点　评

（1）*充分探索材料，感知材料特性。*PVC 拼插管是一种低结构玩具材料，它由许多长短不同的圆管、弯管、多角度转角管组成，这些材料本身都具有各自的特性。开始的时候，教师给幼儿充分的时间探索玩具材料，在掌握特性的基础上，通过自由组合拼插出多种造型。

（2）*制订计划，有目的地开展户外搭建游戏。*幼儿先设计并画出图纸，教师组织幼儿共同使游戏从易到难地有序推进，由开始的基础搭建，慢慢地到单个物体的造型搭建，再到有主题的组合搭建，幼儿拼插出城堡、家具系列、游乐场中的玩具系列等难度不一的造型。PVC 拼插管这种低结构材料有助于幼儿对物体外形和结构功能的充分感知，可以发展幼儿的动手能力、想象力、观察力及空间知觉和建构能力，是幼儿很喜欢的、有价值的玩具材料。

（北京市西城区教育研修学院　张平）

案例二　滴滴打车

有一天户外游戏时，我站在游戏场地一招手，大壮的车停了下来。他问我："刘老师，您要打车呀！"我说："对呀，我要打车，我想去火锅店！"他呵呵地笑着说："上车！"其他司机看见之后，便询问我有没有同伴："你要打车吗？需要用车吗？"越来越多的孩子加入打车的队伍中，滴滴打车游戏的雏形出现了。

我与小朋友一起探索小车怎么玩更好玩、怎样骑更有趣。滴滴打车游戏经过了大概一周后，有了很大的变化，也变成了我们班小朋友最喜欢的户外游戏（图8-10）。在游戏中，小毕好几次跑过来跟我说："老师，他们违反规则了。"出现这样的问题该如何解决呢？幼儿自发地开展了发驾驶证的活动。

图8-10

阶段一　制作驾驶证

针对游戏中的一些问题，我们开展了集体讨论。"小朋友们，你们在游戏中遇到什么问题了吗？"当我抛出这样的问题后，孩子们纷纷讨论了起来。阿璋说："小朋友玩的时候不按道路骑行。"子枫说："小朋友骑车时违反规则。"我紧接着问他们该怎么办。孩子们想了想，弯弯说："可以扣他的车呀。"想想说："可以扣进步星。"（进步星是我们班的奖励机制，如果孩子有好的行为发生、有进步时，老师便会给小朋友一颗进步星）"太严重了吧！玩游戏是很高兴的事，都扣了，谁还敢玩呀？"小祖反问道。紧接着，他又提出，"那就扣分、扣钱，我妈说闯红灯不行，要扣分、扣钱。"小祖的这个办法可行，他联系了生活实际解决问题。教师接着问："那什么情况下扣分？什么情况下扣钱呢？"小朋友热闹地讨论了起来，最终我们做了以下约定：当小朋友逆行、翻车的时候，就要把车交换出来，也就是扣车；当小朋友闯红灯、追尾的时候就扣分，每次扣一分，扣到3分就把车扣掉。"那怎么扣分呢？我们没有分呀？"我又接着问他们。弯弯说："可以在身上贴三朵小花。"经过讨论，最终确定每次游戏有3分，孩子们自己制作最初始的"驾驶证"，尝试带着驾驶证的户外滴滴打车游戏开始了。

阶段二　制作交通安全标志

在游戏开展过程中，孩子们持续存在着对游戏的看法。游戏中，孩子们都关注到了撞车的问题。我询问他们："针对车速快、撞车的问题，你们有什么好的解决办法吗？"

孩子们给出了自己的解决办法，从解决办法中可以看出孩子们都在认真思考，有的孩子还在迁移生活中的经验。在孩子们的回答中，教师抓住了交通标志，让幼儿收集或者制作交通标志，并且养成自觉遵守交通规则的好习惯。

玩着玩着，游戏中的车辆慢慢地在孩子们口中有了不同的功能，有的车是专门接送客人的，有的车是警车……幼儿共同创设了收费站、加油站、火锅店、超市等游戏情境。小朋友们在游戏中的角色也更加明确了，有的是乘客，有的是司机，还有维持秩序的小警察（图8-11、图8-12）。

图8-11

图8-12

（北京市西城区曙光幼儿园　刘昭）

➡ 点　评

（1）骑行运动与幼儿体能发展。骑车游戏可以增强幼儿上肢和下肢肌肉力量，发展对身体和物体进行整体控制的协调性和灵敏性，提高平衡能力和反应的速度；获得视觉运动经验，发展空间知觉和判断力；发展对事物控制的自信和自豪感；了解常见的交通标志和基本的交通规则。

（2）源于生活的情境游戏趣味多多。"滴滴打车"游戏利用幼儿园中的骑行玩具开展。骑车是幼儿非常喜欢的运动形式，打车的游戏来源于生活，具有情境性、趣味性、游戏性，是孩子们非常愿意参与的游戏。

（3）将规则、礼仪的学习融入游戏中。幼儿升入大班之后，生活经验越来越丰富，他们将生活经验迁移到游戏中的能力也越来越强。制作驾驶证、交通标志的自发活动，促进了幼儿社会性的发展，使他们在游戏的同时，知道要相互礼让、合作、自觉遵守规则。滴滴打车游戏是幼儿的游戏，在整个游戏开展的过程中，老师尊重了他们的兴趣和需要，让幼儿真正成为游戏的主人。

（北京市西城区教育研修学院　张平）

◆ 附：室外运动游戏区各年龄班玩具配备参考图例

小班		
种类	举例	
攀登滑行类	攀登架	彩虹桥　 攀爬架
平衡类	梅花桩	平衡梯　 云梯

（续）

小班		
种类	举例	
摆动颠簸类	转盘	摇摇马　 脚踏车
弹跳类	塑料圈	羊角球　 跳房子
球类	小皮球　 篮球　 保龄球 软球　 拉拉球　 运西瓜	
圈类	塑料小圈　 呼啦圈　 大滚筒	

（续）

小班		
种类	举例	
运动类		
	扭扭车	脚滑车	三轮车
转动类		
	滚轮	转转圈	平衡桶
自制类		
	荷叶	布尾巴	梅花桩
钻爬类		
	拱形门	钻筒	墙来了
掷击类		
	投掷桶	投掷板	小象套圈

（续）

小班	
种类	举例
其他类	彩虹伞　　　　　跳绳　　　　　降落伞
民间游戏类	跳房子　　　　　竹蜻蜓　　　　　彩带
中班	
种类	举例
攀登滑行类	攀岩壁　　　　中型滑梯　　　　迷宫
平衡类	平衡木　　　　穿大鞋　　　　石子路 踩高跷　　　熊掌爬爬乐　　　小勺托球

（续）

中班		
种类	举例	
摆动颠簸类	荡桥	转盘　 跳跳球
弹跳类	跳跳圈	跨栏　 袋鼠跳袋
转动类	滚筒	半月摇　 轮胎
球类	网球　 篮球　 抛接球 粘接球　 羊角球　 瑜伽球	

（续）

中班		
种类	举例	
运动类	 三轮脚蹬车	 手推车 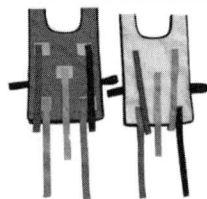 撕撕乐
钻爬类	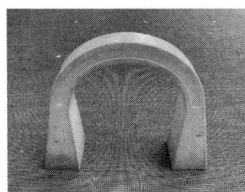 拱形门	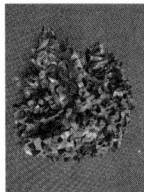 爬网 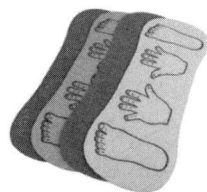 手脚爬
自制类	 沙包	 布尾巴  百变小棍
掷击类	 篮筐	 流星球  套圈
	 投掷网	 打飞盘 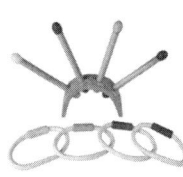 套圈

（续）

中班		
种类	举例	
抛接类	飞盘	火炬接球 降落伞
民族民间类	舞龙	弹球 大嘴投球

大班		
种类	举例	
攀登滑行类	大型滑梯	大型综合攀登架 万能工匠
平衡类	平衡木 小推车	平衡步道 梅花桩 跷跷板 迷宫球

（续）

大班		
种类	举例	
摆动颠簸类	荡桥	转盘　　　　 平衡车
弹跳类	跨栏	羊角球　　　　 跳跳乐
转动类	滚筒	轮胎　　　　 爬行圈
球类	篮球	保龄球　　　　 呼啦球
运动类	平衡脚踏车	滑板车　　　　 三轮车

（续）

大班		
种类	举例	
运动类	阻力伞	跨跳锥桶	平衡车
圈类	跳圈	呼啦圈	小象套圈
钻爬类	钻网	钻桶	十字钻筒
其他类	纸棒	绑带	交通指示牌
	跳绳	打地鼠	跨栏

（续）

大班		
种类	举例	

托球接力　　　　　四面八方　　　　　火炬接力

合作类

接力棒　　　　　网球　　　　　合作伞

乒乓球　　　　　连接绳　　　　　大转盘

拳击袋　　　　　沙袋　　　　　数字九宫格

掷击类

打靶　　　　　投壶　　　　　小熊投掷

（续）

大班		
种类	举例	

民俗民间类

投壶

踩竹竿

抽陀螺

陀螺

跳竹竿

滚铁环

图书在版编目（CIP）数据

幼儿园活动区玩具配备实用手册／左晓静，乔梅主编．—北京：中国农业出版社，2023.9
ISBN 978-7-109-30999-9

Ⅰ．①幼…　Ⅱ．①左…②乔…　Ⅲ．①幼儿园－活动区－玩具－配备－手册　Ⅳ．①G614-62

中国国家版本馆 CIP 数据核字（2023）第 150145 号

幼儿园活动区玩具配备实用手册
YOUERYUAN HUODONGQU WANJU PEIBEI SHIYONG SHOUCE

中国农业出版社出版

地址：北京市朝阳区麦子店街 18 号楼
邮编：100125
责任编辑：马英连
版式设计：王　晨　　责任校对：张雯婷　　责任印制：王　宏
印刷：三河市国英印务有限公司
版次：2023 年 9 月第 1 版
印次：2023 年 9 月河北第 1 次印刷
发行：新华书店北京发行所
开本：700mm×1000mm　1/16
印张：18.5
字数：352 千字
定价：58.00 元

版权所有·侵权必究
凡购买本社图书，如有印装质量问题，我社负责调换。
服务电话：010－59195115　010－59194918